Cours & entraînement

prépabac

2ᵈᵉ NOUVEAU BAC

Physique Chimie

- **Nathalie Benguigui**
Professeur agrégée de sciences physiques
Lycée Bellevue du Mans

- **Patrice Brossard**
Professeur agrégé de sciences physiques
Lycée Europe Robert-Schuman de Cholet

- **Jacques Royer**
IA-IPR de physique-chimie
de l'académie de Nantes

Le site de vos révisions

L'achat de ce Prépabac vous permet de bénéficier d'un **ACCÈS GRATUIT*** à toutes les ressources d'**annabac.com** (fiches, quiz, sujets corrigés…) et à ses **parcours de révision** personnalisés.

Pour profiter de cette offre, rendez-vous sur **www.annabac.com** dans la rubrique « Je profite de mon avantage client ».

* Selon les conditions précisées sur le site.

Maquette de principe : Frédéric Jély
Mise en pages et schémas : STDI
Iconographie : Hatier Illustration

© Hatier, Paris, 2019   ISBN 978-2-401-05282-6

Sous réserve des exceptions légales, toute représentation ou reproduction intégrale ou partielle, faite, par quelque procédé que ce soit, sans le consentement de l'auteur ou de ses ayants droit, est illicite et constitue une contrefaçon sanctionnée par le Code de la Propriété Intellectuelle. Le CFC est le seul habilité à délivrer des autorisations de reproduction par reprographie, sous réserve en cas d'utilisation aux fins de vente, de location, de publicité ou de promotion de l'accord de l'auteur ou des ayants droit.

AVANT-PROPOS

VOUS ÊTES EN SECONDE et vous savez que la réussite en physique-chimie demande un travail régulier tout au long de l'année ? Alors ce Prépabac est pour vous !

L'ouvrage va vous permettre en effet de mémoriser les connaissances essentielles sur chacun des thèmes du nouveau programme, et d'acquérir progressivement des méthodes clés dans la discipline : rechercher et organiser l'information, mettre en œuvre les étapes d'une démarche, appliquer la technique de calcul appropriée...

Cet objectif est rendu possible grâce à un ensemble de ressources très complet : des fiches de cours et méthodes – synthétiques et visuelles –, des cartes mentales récapitulatives, des exercices progressifs, enfin des problèmes guidés, pour commencer à vous préparer aux épreuves de type bac.

Nous vous recommandons de les utiliser régulièrement, en fonction de vos besoins. Ainsi vous pourrez aborder vos contrôles de physique-chimie en toute sérénité et acquérir des compétences utiles pour la suite de vos études.

Bonnes révisions !

Les auteurs

Nathalie Benguigui

Patrice Brossard

Jacques Royer

SOMMAIRE

Constitution et transformations de la matière

Corps purs et mélanges au quotidien

COURS ET MÉTHODES

1	Corps purs et mélanges	12
2	Caractéristiques physiques d'une espèce chimique	14
3	Identifier une espèce chimique	16

MÉMO VISUEL   18

EXERCICES   SE TESTER • S'ENTRAÎNER • OBJECTIF BAC   20

CORRIGÉS   27

Un exemple de mélange : les solutions aqueuses

COURS ET MÉTHODES

4	Les solutions aqueuses : définitions	34
5	Préparation d'une solution aqueuse	36
6	Dosage par étalonnage	38

MÉMO VISUEL   40

EXERCICES   SE TESTER • S'ENTRAÎNER • OBJECTIF BAC   42

CORRIGÉS   49

Les éléments chimiques et leur classification

COURS ET MÉTHODES

7	De l'atome aux éléments chimiques	56
8	Le cortège électronique et sa configuration	58
9	Le tableau périodique et les familles chimiques	60

MÉMO VISUEL   62

EXERCICES   SE TESTER • S'ENTRAÎNER • OBJECTIF BAC   64

CORRIGÉS   71

Entités microscopiques

COURS ET MÉTHODES

10	Espèces chimiques et entités microscopiques	78
11	Entités stables : les ions monoatomiques	80
12	Les molécules	82
13	La mole	84

MÉMO VISUEL — 86

EXERCICES SE TESTER • S'ENTRAÎNER • OBJECTIF BAC — 88

CORRIGÉS — 95

Les transformations de la matière

COURS ET MÉTHODES

14	Transformations physiques	102
15	Transformations chimiques	104
16	Transformations nucléaires	106

MÉMO VISUEL — 108

EXERCICES SE TESTER • S'ENTRAÎNER • OBJECTIF BAC — 110

CORRIGÉS — 116

Les transformations chimiques

COURS ET MÉTHODES

17	La réaction chimique	124
18	Stœchiométrie et réactif limitant	126
19	Synthèse d'une espèce chimique	128

MÉMO VISUEL — 130

EXERCICES SE TESTER • S'ENTRAÎNER • OBJECTIF BAC — 132

CORRIGÉS — 140

SOMMAIRE

Mouvement et interactions

Décrire un mouvement

COURS ET MÉTHODES

20	La relativité du mouvement	148
21	Les différents types de mouvements	150
22	Le vecteur vitesse et sa variation	152

MÉMO VISUEL — 154

EXERCICES SE TESTER • S'ENTRAÎNER • OBJECTIF BAC — 156

CORRIGÉS — 163

Modéliser une action par une force

COURS ET MÉTHODES

23	Modélisation d'une action par une force	170
24	Forces d'interaction gravitationnelle	172
25	Exemples de forces	174

MÉMO VISUEL — 176

EXERCICES SE TESTER • S'ENTRAÎNER • OBJECTIF BAC — 178

CORRIGÉS — 184

Le principe d'inertie

COURS ET MÉTHODES

26	Première approche du principe d'inertie	192
27	Cas où les forces se compensent	194
28	Forces appliquées et variation de la vitesse	196

MÉMO VISUEL — 198

EXERCICES SE TESTER • S'ENTRAÎNER • OBJECTIF BAC — 200

CORRIGÉS — 206

Ondes et signaux

Émission et perception d'un son

COURS ET MÉTHODES

29	Émission et propagation d'un signal sonore	216
30	Signal sonore périodique	218
31	Perception d'un son	220

MÉMO VISUEL — 222

EXERCICES SE TESTER • S'ENTRAÎNER • OBJECTIF BAC — 224

CORRIGÉS — 232

Vision et images

COURS ET MÉTHODES

32	Caractéristiques de la lumière	238
33	Réflexion et réfraction de la lumière	240
34	Dispersion de la lumière par un prisme	242
35	Lentilles minces convergentes	244

MÉMO VISUEL — 246

EXERCICES SE TESTER • S'ENTRAÎNER • OBJECTIF BAC — 248

CORRIGÉS — 255

SOMMAIRE

Signaux et capteurs électriques

COURS ET MÉTHODES

36	Lois des nœuds et des mailles	262
37	Comportement d'un dipôle électrique	264
38	Capteurs électriques	266

MÉMO VISUEL — 268

EXERCICES SE TESTER • S'ENTRAÎNER • OBJECTIF BAC — 270

CORRIGÉS — 276

Annexes

| 39 | Écrire une valeur numérique | 284 |
| 40 | Utiliser la notation scientifique | 285 |

Index — 286

Aide-mémoire

- Les trois premières périodes de la classification périodique — rabat I
- La classification périodique des éléments chimiques — rabats II et III
- Grandeurs et unités — rabats IV et V
- La verrerie de laboratoire — rabat VI

Constitution et transformations de la matière

LA MATIÈRE

Corps purs et mélanges au quotidien

Quelle doit être la composition du mélange eau-alcool pour obtenir une **goutte d'huile en suspension** dans ce dernier ? L'huile (bécher de droite) n'est pas miscible dans un mélange eau-alcool (bécher de gauche). Si une goutte d'huile est déposée délicatement dans un mélange eau-alcool approprié, alors la goutte d'huile restera en suspension.

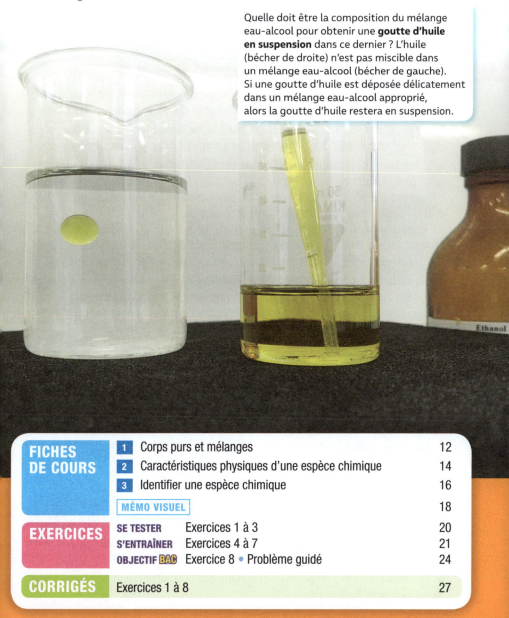

FICHES DE COURS			
	1	Corps purs et mélanges	12
	2	Caractéristiques physiques d'une espèce chimique	14
	3	Identifier une espèce chimique	16
	MÉMO VISUEL		18

EXERCICES		
SE TESTER	Exercices 1 à 3	20
S'ENTRAÎNER	Exercices 4 à 7	21
OBJECTIF BAC	Exercice 8 • Problème guidé	24

| CORRIGÉS | Exercices 1 à 8 | 27 |

1 Corps purs et mélanges

En bref *Un mélange est constitué de plusieurs espèces chimiques. Il peut être homogène ou bien hétérogène. Connaître la composition massique des espèces le constituant permet de fabriquer un mélange donné.*

I Corps purs, mélanges homogène et hétérogène

■ Une substance, solide, liquide ou gazeuse, est un corps pur si elle n'est constituée que d'une espèce chimique et un mélange si elle en comporte plusieurs.

Exemples : L'eau distillée est un corps pur qui ne contient qu'une seule entité : H_2O. L'air est un mélange constitué principalement des gaz diazote et dioxygène.

■ Un mélange est homogène si on ne peut pas distinguer à l'œil nu ses différents constituants après agitation.

L'eau peut former des mélanges homogènes avec d'autres liquides comme l'alcool ou l'encre. Les deux liquides sont dits miscibles.
– Certains solides, comme le sel ou le sucre, peuvent se dissoudre dans l'eau et peuvent former avec elle un mélange homogène. Le solide est soluble dans l'eau.
– Certains gaz peuvent aussi se dissoudre dans l'eau comme le dioxygène.

■ Un mélange est hétérogène si au moins deux de ses constituants sont visibles à l'œil nu même après agitation. Ces mélanges peuvent être constitués :
– de deux liquides, comme l'eau et l'huile (les deux liquides ne sont pas miscibles) ;
– d'un liquide et d'un solide, comme l'eau et le sable ou l'eau et la farine ;
– d'un liquide et d'un gaz, comme dans une limonade exposée à l'air libre.

II Composition massique des espèces d'un mélange

■ Lors d'un mélange, il y a conservation de la masse :

$$m_{mélange} = m_A + m_B.$$

■ Dans un mélange de masse $m_{mélange}$, si une espèce chimique A représente une masse m_A, la composition massique de cette espèce A dans le mélange est :

> **À NOTER**
> Au cours d'un mélange, il n'y a **pas** conservation du volume !

Composition massique de A = $\dfrac{m_A}{m_{mélange}}$ m_A et $m_{mélange}$ dans la même unité
Composition massique sans unité

La composition massique est comprise entre 0 et 1. La somme des compositions massiques des divers constituants du mélange vaut exactement 1.

■ En multipliant la composition massique par 100, on obtient le pourcentage massique, noté %.

Exemple : 20 % de sel dans l'eau signifie 80 g d'eau et 20 g de sel.

Méthode

Calculer une composition massique

On réalise les deux expériences suivantes.

Expérience 1

La coupelle est sur la balance. On tare la coupelle. On pèse 6 g de sel.

On tare le bécher, on y place le sel et de l'eau. On mélange avec une spatule. On place l'ensemble sur la balance.

Expérience 2

La fonction tare de la balance est utilisée pour chaque pesée.

a. Qualifier le mélange de l'expérience 1 et determiner la composition massique en sel. En déduire celle de l'eau.

b. Comment qualifier le mélange de l'expérience 2 ? L'affirmation : « Le pourcentage massique du vinaigre dans l'huile est de 23,5 %. » est-elle vraie ? Argumenter.

> 👍 **CONSEILS**
> **a.** et **b.** Vous devez utiliser le vocabulaire pour qualifier un mélange et extraire les informations sur les masses à partir des schémas des expériences. Il faut connaître la définition de la composition massique.

SOLUTION

a. Le sel est soluble dans l'eau, il est totalement dissous : l'eau salée obtenue est un mélange homogène.

$$\frac{m_{sel}}{m_{(mélange)}} = \frac{6}{200} = 0,03 \text{ soit } 3\% \text{ en masse de sel}$$

% sel + % eau = 100 % donc % eau = 100 − 3 = 97 %.

b. L'huile et le vinaigre ne sont pas miscibles : le vinaigre et l'huile forment un mélange hétérogène. $m_{vinaigre} = 8,0$ g et $m_{huile} = 34$ g donc le mélange a une masse de 34 + 8 = 42 g car il y a conservation de la masse ; d'où $\frac{8}{34+8} = 0,19$ soit un pourcentage massique en vinaigre de 19 %. L'affirmation est fausse.

Corps purs et mélanges au quotidien

2 Caractéristiques physiques d'une espèce chimique

En bref *Chaque espèce chimique possède ses propres caractéristiques physiques (températures de changement d'état, masse volumique, solubilité…) qui permettent de l'identifier.*

I Températures de changements d'état

■ L'état physique, solide, liquide ou gazeux, d'une espèce chimique dépend des conditions de température et de pression.

■ Pour une pression donnée, le changement d'état d'une espèce chimique a lieu à une température fixe, appelée température de changement d'état.

Exemple : Pour l'eau : $T_{\text{fusion}} = 0\ °C$ et $T_{\text{ébullition}} = 100\ °C$.

II Masse volumique et solubilité dans un solvant

■ La masse volumique ρ (rhô) est le quotient de la masse m d'un échantillon sur le volume V de cet échantillon.

$$\rho = \frac{m}{V}$$

Si m est en g et V en cm³, alors ρ est en g·cm⁻³.
Si m est en kg et V en m³, alors ρ est en kg·m⁻³.

■ La masse volumique de l'eau : $\rho_{\text{eau}} = 1{,}0\ \text{g·cm}^{-3} = 1{,}0 \times 10^3\ \text{kg·m}^{-3}$.

> **À NOTER**
> 1 kg = 10³ g et 1 m³ = 10⁶ cm³ d'où 1 kg·m⁻³ = 10⁻³ g·cm⁻³ ou 10³ kg·m⁻³ = 1 g·cm⁻³.

■ Lorsqu'on mélange deux liquides non miscibles, celui qui a la masse volumique la plus faible surnage.
Exemple : On mélange de l'eau et du cyclohexane avec $\rho_{\text{cyclohexane}} = 0{,}78\ \text{g·cm}^{-3}$.
$\rho_{\text{cyclohexane}} < \rho_{\text{air}}$ donc le cyclohexane se trouve au-dessus de l'eau.

■ L'air est un mélange de plusieurs gaz, constitué de 20 % de dioxygène et 80 % de diazote en volume. $\rho_{\text{air}} = 1{,}2\ \text{kg·m}^{-3}$ à 20 °C sous la pression atmosphérique ($\rho_{\text{air}} \ll \rho_{\text{eau}}$).

■ La solubilité d'une espèce chimique est la masse maximale que l'on peut dissoudre par litre de solution, dans un solvant donné. Elle s'exprime en g·L⁻¹. Si on dépasse cette valeur, le mélange est hétérogène : la solution est saturée.

COURS & MÉTHODES

Méthode

Déterminer la composition d'un mélange

On réalise un mélange eau-alcool en prélevant un volume V_1 d'alcool et un volume V_2 d'eau à l'aide de deux éprouvettes graduées de 100 mL. On réalise ensuite le mélange dans une éprouvette graduée de 200 mL.

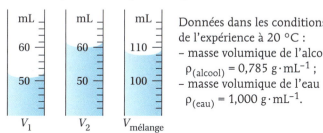

Données dans les conditions de l'expérience à 20 °C :
- masse volumique de l'alcool $\rho_{(alcool)} = 0{,}785$ g·mL^{-1} ;
- masse volumique de l'eau $\rho_{(eau)} = 1{,}000$ g·mL^{-1}.

a. Quelle constatation peut-on faire au regard du schéma de ces trois éprouvettes ?

b. Déterminer la valeur de la masse volumique du mélange eau-alcool réalisé.

c. Quel est le pourcentage massique en alcool et en eau de ce mélange ?

 CONSEILS

a. Le schéma permet de lire les volumes d'alcool, d'eau et du mélange. La lecture se fait au niveau de la base du ménisque. Comparez le volume du mélange à celui de l'alcool et l'eau.
b. Définissez la masse volumique du mélange et identifiez les valeurs connues et inconnues. À partir des données et des schémas, déterminez ces inconnues.
c. Définissez la composition massique en alcool dans le mélange puis déduisez-en le pourcentage massique. La somme des pourcentages doit être égale à 100 %.

SOLUTION

a. On constate que $V_1 = 51$ mL et $V_2 = 60{,}0$ mL or le volume du mélange $V_{mélange} = 108$ mL est inférieur à $V_1 + V_2 = 111$ mL. Au cours du mélange des deux liquides, il n'y a pas conservation du volume.

b. La masse volumique du mélange est égale au quotient de la masse du mélange sur le volume du mélange. Il y a conservation de la masse donc $m = m_1 + m_2$; il faut déterminer ces deux masses :
$m_1 = \rho_1 \times V_1 = 0{,}785 \times 51 = 40$ g et $m_2 = \rho_2 \times V_2 = 1{,}0 \times 60 = 60$ g.
$$\rho = \frac{m_1 + m_2}{V_{mélange}} = \frac{100}{108} = 0{,}926 \text{ g·mL}^{-1}$$

Le résultat obtenu est cohérent : $\rho(alcool) < 0{,}926$ g·mL^{-1} $< \rho(eau)$.

c. Le mélange est réalisé avec 40 g d'alcool et 60 g d'eau pour une masse totale de 100 g. Il y a donc 40 % d'alcool et 60 % d'eau en masse dans ce mélange.

Corps purs et mélanges au quotidien

3 Identifier une espèce chimique

En bref *Certains tests chimiques ainsi que la chromatographie permettent d'identifier une espèce chimique. Mais la chromatographie permet également de détecter si cette espèce est pure ou s'il s'agit d'un mélange.*

I Quelques tests chimiques

Mise en évidence de :	On utilise le test :	Si l'espèce chimique est présente :
gaz dihydrogène H_2	allumette enflammée	légère détonation.
gaz dioxygène O_2	bûchette incandescente	le dioxygène ravive la combustion de la bûchette.
molécule d'eau H_2O	sulfate de cuivre anhydre (blanc)	le sulfate de cuivre bleuit en présence d'eau.
gaz dioxyde de carbone CO_2	eau de chaux	l'eau de chaux se trouble.

II Chromatographie sur couche mince (CCM)

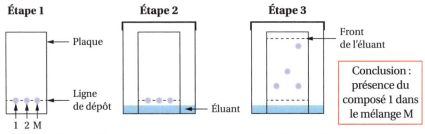

Étape 1 : dépôt de l'échantillon M et des composés de référence dissous dans un solvant sur la plaque recouverte de silice (phase fixe).
Étape 2 : début de l'élution. La plaque est placée dans une cuve contenant un éluant (phase mobile) avec la ligne de dépôt au-dessus du niveau de l'éluant.
Étape 3 : fin d'élution. On marque la ligne du front de l'éluant, on sèche la plaque. On révèle la plaque si les espèces sont incolores.

■ L'éluant monte par capillarité le long de la plaque en entraînant les espèces chimiques suivant leur solubilité. Les espèces du mélange M et des composés de référence sont localisées à différentes hauteurs sur la plaque.

■ Si les espèces sont colorées, le résultat de la chromatographie est immédiatement visible. Si ces espèces sont incolores, il faut procéder à une révélation pour les rendre visibles (sous lampe UV par exemple).

■ Deux espèces migrant au même niveau sont identiques.

COURS & MÉTHODES

Méthode

Identifier un solide

Pour vérifier si le solide blanc obtenu lors d'une synthèse est du paracétamol :
- On réalise une chromatographie sur couche mince : on dissout le solide dans un solvant adéquat, on réalise un dépôt E de l'échantillon à analyser et un dépôt R correspondant à du paracétamol pur. On obtient le chromatogramme ci-contre après élution et révélation.

- À l'aide d'un banc Kofler, on mesure sa température de fusion : on obtient 163 °C.

Donnée :
Le paracétamol pur a une température de fusion de 168 °C.

 On déplace l'échantillon solide avec le curseur de 50 °C jusqu'à la température où on observe la fusion. Pour un produit pur, la mesure est précise à 1 °C près.

a. Interpréter le chromatogramme obtenu.

b. Quel est le changement d'état observé sur le banc Kofler ? Pourquoi la température de fusion du paracétamol synthétisé n'est-elle pas de 168 °C ?

👍 **CONSEILS**

a. Horizontalement, les taches au même niveau correspondent à la même espèce ; une lecture verticale permet d'identifier un produit pur ou un mélange.

SOLUTION

a. Horizontalement, on a une tache au même niveau que le composé de référence. Verticalement, l'échantillon est constitué de deux taches. C'est un mélange : il est constitué de paracétamol mais il n'est pas pur.

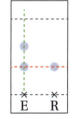

b. La fusion est le passage de l'état solide à l'état liquide. Ce changement d'état est une caractéristique physique du composé. Le paracétamol pur a une température de fusion de 168 °C, or pour le produit analysé, on mesure 163 °C. Cette température est plus faible de 5 °C, l'échantillon analysé n'est pas du paracétamol pur. Il contient des impuretés.

MÉMO VISUEL

Caractéristiques physiques d'un corps pur

Solubilité d'un corps pur dans un liquide
Elle s'exprime en $g \cdot L^{-1}$.

Masse volumique
- $\rho = \dfrac{m}{V}$ en $g \cdot cm^{-3}$ ou en $kg \cdot m^{-3}$
- $1\ kg \cdot m^{-3} = 1\ g \cdot dm^{-3} = 1\ g \cdot L^{-1}$

Températures de changement d'état T_{fusion} et $T_{ébullition}$

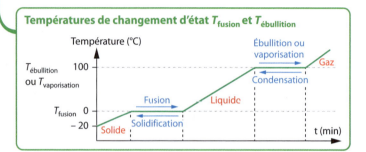

CORPS PUR

Identification d'un mélange, d'un corps pur par CCM

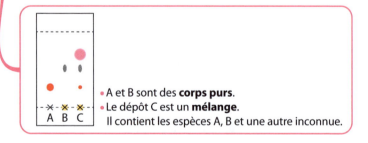

- A et B sont des **corps purs**.
- Le dépôt C est un **mélange**.
  Il contient les espèces A, B et une autre inconnue.

Mélange hétérogène

Solide insoluble dans un liquide

Solution saturée
La solubilité a été dépassée.

Deux liquides non miscibles

Huile
Eau

Le corps pur avec la masse volumique ρ la plus faible surnage.

$$\rho_{huile} < \rho_{eau}$$

OU MÉLANGE

Mélange homogène

Différents types de mélanges homogènes
- Un **solide dissous** dans un liquide, sans dépasser la limite de solubilité.
- Un **gaz dissous** dans un liquide.
- Deux **liquides miscibles**.

Composition massique et masse volumique
On mélange deux espèces A et B.
- **Conservation de la masse** : $m_{mélange} = m_A + m_B$

 Il n'y a **pas** conservation du volume.

- **Composition massique** de l'espèce A $= \dfrac{m_A}{m_{mélange}}$

  et % A $= \dfrac{m_A}{m_{mélange}} \times 100$
- **Masse volumique** du mélange $= \rho_{mélange} = \dfrac{m_A + m_B}{V_{mélange}}$

Corps purs et mélanges au quotidien

▶ SE TESTER QUIZ

*Vérifiez que vous avez bien compris les points clés des **fiches 1 à 3**.*

1 Corps purs et mélanges → FICHE 1

1. Une eau sucrée limpide constituée d'eau et de saccharose est :
- ☐ **a.** un corps pur   ☐ **b.** un mélange homogène
- ☐ **c.** un mélange hétérogène

2. Un mélange est constitué de 35 % de sucre et 65 % d'eau en masse. Parmi les affirmations suivantes, lesquelles sont vraies ?
- ☐ **a.** Pour 100 g de mélange, on a 35 g de sucre.
- ☐ **b.** Ce mélange peut être préparé avec 52,5 g de sucre et 97,5 g d'eau.
- ☐ **c.** Ce mélange peut être préparé avec 105 g de sucre et 195 mL d'eau.

2 Caractéristiques physiques d'une espèce chimique → FICHE 2

1. Parmi les relations suivantes, lesquelles sont correctes ?
- ☐ **a.** $\rho = m \times V$ ☐ **b.** $\rho = \dfrac{m}{V}$ ☐ **c.** $V = \dfrac{\rho}{m}$ ☐ **d.** $m = \rho \times V$

2. La masse volumique peut s'exprimer :
- ☐ **a.** en kg·L   ☐ **b.** en g·cm^{-3} ☐ **c.** en mL·g^{-1} ☐ **d.** sans unité

3. Un litre d'eau pèse :
- ☐ **a.** 1 g   ☐ **b.** 1 kg   ☐ **c.** 10^3 g   ☐ **d.** 10^3 mg

4. La température à laquelle une espèce chimique passe de l'état solide à l'état liquide se nomme la température :
- ☐ **a.** de fusion   ☐ **b.** de vaporisation   ☐ **c.** d'ébullition

3 Identifier une espèce chimique → FICHE 3

1. Une chromatographie permet :
- ☐ **a.** de séparer certaines espèces d'un mélange homogène
- ☐ **b.** de synthétiser des espèces chimiques
- ☐ **c.** d'identifier une espèce chimique

2. On approche une allumette enflammée au-dessus d'un tube contenant un gaz, il ne se produit rien. On approche une bûchette incandescente dans un autre tube contenant le même gaz, une flamme est ravivée. Parmi les affirmations suivantes, lesquelles sont vraies ?
- ☐ **a.** Le premier test permet de mettre en évidence la présence de dioxyde de carbone.
- ☐ **b.** Le gaz contenu dans le tube est du dioxygène.
- ☐ **c.** Le gaz contenu dans le tube est du dihydrogène.

S'ENTRAÎNER

4 Du chloroforme remplacé par du dichlorométhane

Le chloroforme de formule $CHCl_3$ était autrefois utilisé comme anesthésique et comme solvant. Il est remplacé actuellement comme solvant par le dichlorométhane aux propriétés similaires.

La masse volumique du chloroforme est $\rho_{(chloroforme)} = 1{,}5 \times 10^3$ g·L^{-1} ; celle du dichlorométhane est $\rho_{(dichlorométhane)} = 1{,}3$ g·mL^{-1}.

a. Exprimer la masse volumique du chloroforme en g·mL^{-1}.

b. Quelle est la masse d'un volume $V = 50$ mL de chloroforme ?

c. Aux 50 mL de chloroforme, on ajoute un volume de 50 mL d'eau. Quel est le pourcentage massique en chloroforme dans ce mélange ? Rédiger rigoureusement la réponse.

CONSEILS
c. Vous devez connaître la masse volumique de l'eau.

d. On remplace le chloroforme par du dichlorométhane ; on souhaite avoir un mélange eau-dichlorométhane avec le même pourcentage massique que précédemment (question c). Quel volume d'eau et de dichlorométhane faut-il mélanger ? Expliquer la démarche, détailler les calculs.

5 Associations

Dans un tube à essais contenant 10 mL d'eau, on ajoute soit un volume de 5 mL de liquide soit une masse de 2 g d'un solide. Après agitation on obtient les résultats représentés ci-dessous.

1   2   3   4   5

Données :
Solides : craie en poudre ; chlorure de sodium en poudre dont la solubilité dans l'eau est 358 g·L^{-1}.

Liquide	cyclohexane	dichlorométhane	éthanol
Masse volumique (g·mL^{-1})	0,78	1,30	0,79
Miscibilité avec l'eau	nulle	nulle	totale

Pour chaque tube à essais représenté, dire en justifiant quel liquide ou solide a été ajouté aux 10 mL d'eau. Argumenter rigoureusement chacun des choix et rédiger la réponse avec le vocabulaire scientifique approprié.

Corps purs et mélanges au quotidien

6 Conséquence du réchauffement climatique → FICHES 1, 2 et 3

Le dioxyde de carbone comme le dioxygène sont capables de se dissoudre dans l'eau. Pour vivre nous avons besoin de respirer un gaz présent dans l'air : le dioxygène. Les poissons en ont besoin aussi, mais ils ne remontent pas à l'air libre pour le trouver : ils utilisent le dioxygène dissous dans l'eau grâce à leurs branchies. Le réchauffement climatique, et donc le réchauffement des océans, peut-être dramatique pour certaines espèces de poissons.

Données :

Température en °C	0	40	70	90
Solubilité du dioxygène dans l'eau en mg·L^{-1}	14,5	6,4	3,8	1,6

a. Donner la composition de l'air.

b. On dispose d'une boisson pétillante. On réalise le montage ci-dessous pour recueillir le gaz qu'elle contient. On recueille deux tubes de gaz, on réalise le test à l'eau de chaux, celle-ci se trouble et on approche une bûchette incandescente dans le deuxième tube, il ne se passe rien. Expliquer l'intérêt de chauffer l'eau pétillante. Argumenter.

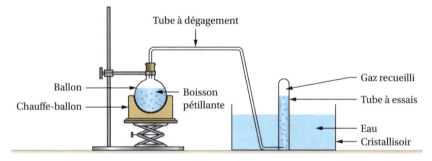

c. Quel gaz contient l'eau pétillante ?

d. Expliquer pourquoi le réchauffement climatique peut-être dramatique pour certaines espèces aquatiques.

CONSEILS : Utilisez toutes les informations pour argumenter votre réponse.

7 Choix d'un solvant pour réaliser une CCM → FICHE 1, 2 et 3

Un élève recherche des informations sur les caractéristiques de quelques solvants. Il consigne ses résultats dans un tableau (document 1). Comme il lui manque certaines données, il a réalisé quelques expériences.

Les premières expériences ont permis de compléter la ligne « Miscibilité avec l'eau » du document 1.

Une expérience complémentaire a été réalisée avec le toluène (document 2).

Document 1 Tableau des résultats

Solvant	Eau	Toluène	Éthanol	Éther
Masse volumique ($g \cdot mL^{-1}$)	1,00	?	0,79	0,71
Miscibilité avec l'eau		non miscible	miscible	non miscible
Pictogrammes				
Solubilité à 20 °C de l'acide benzoïque	peu soluble	soluble	soluble	soluble

Document 2 Expérience réalisée avec le toluène.

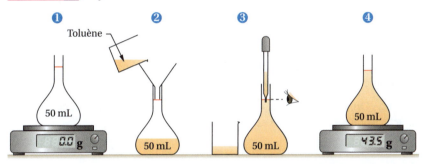

a. Quelles expériences a réalisées l'élève pour compléter la ligne « Miscibilité avec l'eau » du document 1 ? Faire un schéma légendé pour l'éthanol et l'éther.

b. Quel renseignement apporte l'expérience décrite dans le document 2 ? Détailler la réponse (préciser la ou les grandeur(s) déterminée(s), les calculs...).

c. L'élève dispose d'acide benzoïque solide qu'il doit dissoudre dans un solvant pour réaliser une chromatographie sur couche mince. Lequel de ces solvants va-t-il choisir ? Argumenter la réponse.

d. Indiquer les différentes étapes à suivre pour réaliser une chromatographie de l'acide benzoïque.

e. Après révélation on obtient le chromatogramme ci-dessous. Quelle analyse va faire l'élève ?

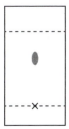

Corps purs et mélanges au quotidien

▶ OBJECTIF BAC

8 Obtenir une goutte d'huile en suspension
50 min

Ce problème permet de réinvestir les notions de masse volumique et de mélanges, et de montrer votre aptitude à analyser une situation nouvelle.

📄 LE PROBLÈME

On cherche quel mélange eau-éthanol (A ou B) permet d'obtenir une goutte d'huile qui paraît comme immobile au centre du mélange lorsqu'on la dépose délicatement avec une pipette. On veut déterminer la composition massique de ce mélange.

Mélange eau-éthanol
Goutte d'huile

- **Mélange A** : dans une éprouvette graduée de 10 mL, on verse 5,50 mL d'éthanol et on complète avec de l'eau jusqu'à 10,0 mL.
- **Mélange B** : dans une éprouvette graduée de 10 mL, on verse 4,50 mL d'éthanol et on complète avec de l'eau jusqu'à 10,0 mL.

Partie 1. On réalise dans un premier temps trois mélanges eau-éthanol dont les caractéristiques sont données ci-dessous.

Mélange	n° 1	n° 2	n° 3
Masse d'éthanol $m_{\text{éthanol}}$ (g)		3,95 g	3,16 g
Volume d'éthanol $V_{\text{éthanol}}$ (mL)	6,00 mL		4,00 mL
Masse d'eau m_{eau} (g)	4,36 g	5,35 g	
Volume du mélange V_m (mL)	10,0 mL	10,0 mL	10,0 mL
Masse volumique du mélange ρ	0,909 g·mL^{-1}		0,948 g·mL^{-1}
% massique en éthanol			

1. a. Donner la valeur de la masse volumique de l'eau liquide avec trois chiffres significatifs.

b. La masse volumique de l'éthanol est $\rho_{\text{éthanol}} = 0{,}789$ g·mL^{-1}. Déterminer les deux valeurs manquantes relatives à l'éthanol dans le tableau.

c. Quel volume d'alcool et d'eau a-t-on mélangé pour obtenir le mélange n° 2 ? Que constate-t-on une fois le mélange réalisé ?

d. Déterminer la masse volumique du mélange n° 2.

e. Déterminer le pourcentage massique pour chacun des trois mélanges.

Partie 2. On veut à présent déterminer quel mélange A ou B il faut choisir pour que la goutte d'huile reste en suspension, ainsi que sa composition massique.

2. a. Quelles informations apporte le document 1 ? Analyser les observations expérimentales. Finalement que faudrait-il connaître pour répondre au problème ?

b. Reformuler le problème scientifique sous forme d'une question.

c. Quelle information peut-on obtenir à partir du document 2 ? La déterminer le plus précisément possible.

d. Des mélanges A et B lequel retient-on ? Pourquoi ? Argumenter.

e. Déterminer alors la composition du mélange eau-éthanol. Détailler les différentes étapes de la démarche, poser les calculs, relations utilisées… en respectant le nombre de chiffres significatifs.

Document 1 **La goutte d'huile dans les trois mélanges eau-alcool**

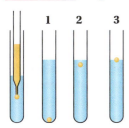

On dépose à l'aide d'une pipette la goutte d'huile au centre de chaque tube à essais contenant les trois mélanges précédents.

Tube 1 : la goutte d'huile descend au fond du tube.
Tube 2 : la goutte d'huile remonte. Elle reste juste sous la surface du mélange.
Tube 3 : la goutte d'huile remonte à la surface.

Document 2 **À propos de l'huile d'olive utilisée**

On mesure une masse d'huile à l'aide d'une balance électronique au centième de gramme pour un volume défini d'huile. Le volume est mesuré à l'aide d'une éprouvette graduée. On répète l'opération pour différents volumes et on exploite les valeurs sous forme d'un graphique.

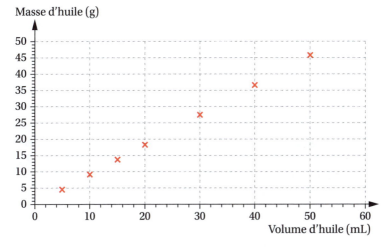

Corps purs et mélanges au quotidien

▶▶▶ **LA FEUILLE DE ROUTE**

1. a. Connaître la valeur de la masse volumique de l'eau → FICHES **2 et 39**
Donnez la valeur sans oublier l'unité. Attention, on attend trois chiffres significatifs ! Vous devez retenir cette valeur.

b. Utiliser la relation de la masse volumique → FICHE **2**
Écrivez la relation littérale, posez le calcul puis donnez le résultat en respectant le nombre de chiffres significatifs et en n'oubliant pas l'unité s'il y en a.

 CONSEILS

b. Il faut connaître la relation $\rho = \dfrac{m}{V}$ et savoir l'exploiter pour extraire la masse m ou le volume V.

c. Extraire des informations du tableau
Comparez les valeurs des volumes à celui du mélange.

d. Connaître la définition de la masse volumique
Recherchez les grandeurs nécessaires dans le tableau.

e. Connaître la définition d'un pourcentage massique → FICHE **1**
Écrivez une relation littérale du pourcentage massique. Identifiez les valeurs des masses dans le tableau et posez le calcul. Donnez le résultat en respectant le nombre de chiffres significatifs et l'unité s'il y en a une.

2. a. Extraire les informations d'un document et les analyser
Relisez les observations expérimentales. Quelle est la grandeur physique à considérer ? À votre avis, que faudrait-il pour que la goutte d'huile reste où on la dépose ? Quelle est la grandeur inconnue à déterminer ?

b. Énoncer une problématique
Finalement que cherchez-vous ?

c. Exploiter un graphique
Quelle grandeur est représentée en abscisse ? En ordonnée ? Les points semblent alignés, que peut-on en déduire ? Exploitez cette droite pour déterminer la valeur de la grandeur recherchée.

d. Analyser les différentes informations
Quelle doit être la caractéristique du mélange recherché ? Relisez la composition des mélanges A et B, et comparez-les aux mélanges n° 1, 2 et 3 dont vous connaissez toutes les caractéristiques. Déduisez le bon mélange et justifiez.

e. Connaître la définition d'un pourcentage massique → FICHE **1**
Exprimez littéralement le pourcentage massique. Quelles sont les données connues, inconnues ? Déterminez les valeurs inconnues. Posez alors le calcul numérique et calculez-le.
Rédigez une phrase pour répondre au problème.

CORRIGÉS

▶ SE TESTER QUIZ

1 Corps purs et mélanges

1. Réponse b.
L'affirmation **a** est fausse car il y a deux constituants : de l'eau et du saccharose, ce n'est donc pas un corps pur.
L'affirmation **c** est fausse car le mélange est limpide, il n'est donc pas hétérogène.

2. Réponses a ; b et c.
L'affirmation **a** est vraie car pour 100 g de mélange on a 35 g de sucre soit 35 %.
L'affirmation **b** est vraie car si le mélange a été préparé avec 52,5 g de sucre et 97,5 g d'eau, il a une masse totale de 150 g (il y a conservation de la masse). Pour le sucre $\frac{52,5}{150} = 0,35$ soit 35 % et pour l'eau $\frac{97,5}{150} = 0,65$ soit 65 %.
L'affirmation **c** est vraie car la masse volumique de l'eau est 1 g/mL d'où m_{eau} = 195 g.
m_{totale} = 105 + 195 = 300 g. Donc : % sucre = $(105 \times \frac{100}{300})$ = 35 % et % eau = $(195 \times \frac{100}{300})$ = 65 %.

2 Caractéristiques physiques d'une espèce chimique

1. Réponses b et d. $\rho = \frac{m}{V}$ et $m = \rho \times V$.

2. Réponse b. L'unité de la masse volumique est : $g \cdot cm^{-3}$.

3. Réponses b et c. Un litre d'eau pèse 1 kg ou 10^3 g.

4. Réponse a. La température à laquelle une espèce chimique passe de l'état solide à l'état liquide se nomme la température de fusion.

3 Identifier une espèce chimique

1. Réponses a et c. Une chromatographie permet de séparer et d'identifier certaines espèces d'un mélange.

2. Réponse b. Le premier test permettrait de mettre en évidence le gaz dihydrogène. Il est négatif, il n'y a pas de détonation. Le deuxième test met en évidence le gaz dioxygène et il est positif.

▶ S'ENTRAÎNER

4 Du chloroforme remplacé par du dichlorométhane.

a. $\rho_{(chloroforme)} = 1,5 \cdot 10^3 \; g \cdot L^{-1}$ or 1 L = 1 000 mL = 10^3 mL
$\rho = \frac{m}{V} = \frac{1,5 \times 10^3 (g)}{10^3 (mL)} = 1,5 \; g \cdot mL^{-1}$.

b. $m = \rho \times V = 1,5 \times 50 = 75$ g avec ρ en $g \cdot mL^{-1}$ et V en mL ainsi m est en g.

c. La masse volumique de l'eau est $\rho_{eau} = 1\,g\cdot mL^{-1}$. Pour un volume d'eau de 50 mL, on a une masse d'eau $m_{eau} = \rho_{eau} \times V = 50\,g$. Le mélange a une masse de $75 + 50 = 125\,g$.
Le pourcentage massique en chloroforme est donc :
$\% = \dfrac{m_{chloroforme}}{m_{mélange}} \times 100 = \dfrac{75}{125} \times 100 = 60\,\%$.

d. On souhaite faire un mélange de 60 % de dichlorométhane et 40 % d'eau.
Soit 60 g de dichlorométhane et 40 g d'eau pour une masse de mélange de 100 g.
$\rho_{(eau)} = 1\,g\cdot mL^{-1}$ donc 40 g d'eau correspondent à 40 mL d'eau.
La masse volumique du dichlorométhane est $1,3\,g\cdot mL^{-1}$.

$\rho = \dfrac{m}{V}$ d'où $V = \dfrac{m}{\rho} = \dfrac{60}{1,3} = 46\,mL$.

Pour réaliser le mélange demandé, on prendra 40 mL d'eau et 46 mL de dichlorométhane.

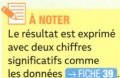

À NOTER
Le résultat est exprimé avec deux chiffres significatifs comme les données → FICHE 39.

5 Association

• Pour les tubes 2 et 3, on constate que l'on a un mélange hétérogène de deux liquides. D'après les données, le cyclohexane et le dichlorométhane ne sont pas miscibles à l'eau. Le cyclohexane a une masse volumique inférieure à celle de l'eau ($1\,g\cdot mL^{-1}$) donc le cyclohexane surnage : c'est le tube 3. En revanche, le dichlorométhane a une masse volumique supérieure à celle de l'eau, c'est l'eau qui surnage (volume double) : il s'agit du tube 2.
• Dans le tube 4, on a un mélange homogène et le volume est supérieur à celui du tube 1. On a donc mélangé deux liquides miscibles : il s'agit de l'éthanol.
• Le chlorure de sodium a une solubilité de $358\,g\cdot L^{-1}$ soit 358 g pour 1 000 mL ou 3,58 g pour 10 mL. Si on ajoute 2 g de chlorure de sodium dans 10 mL d'eau, on n'a pas atteint la solubilité maximale et on a donc une solution homogène : il s'agit du tube 1.
• Le mélange eau-craie correspond au tube 5 : on a un mélange hétérogène solide-liquide. La craie est insoluble dans l'eau.

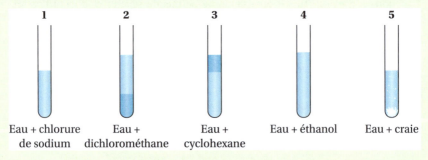

6 Conséquence du réchauffement climatique

a. L'air est composé de 20 % de dioxygène et 80 % de diazote en volume.

b. On chauffe l'eau pétillante car cela permet de dégazer cette eau afin de recueillir le gaz. En effet, d'après les données pour le gaz dioxygène, on remarque que la solubilité du gaz dépend de la température. La solubilité diminue quand la température augmente ; le gaz est moins soluble et s'évacue de la solution.

À NOTER
Ce résultat est vrai pour le dioxygène et pour le dioxyde de carbone.

c. L'eau de chaux se trouble en présence du gaz recueilli, le test est positif et met en évidence la présence du gaz dioxyde de carbone CO_2. Le deuxième test est négatif, il ne s'agit pas de dioxygène. Le gaz contenu dans l'eau pétillante est du dioxyde de carbone.

d. Les poissons ont besoin de dioxygène dissous dans l'eau pour respirer. Le réchauffement climatique implique l'élévation de la température des océans. Si la température de l'eau où vivent les poissons augmente, alors la solubilité du dioxygène diminue. La quantité de dioxygène dissous pourrait être insuffisante pour certaines espèces et elles seraient vouées à disparaître.

7 Choix d'un solvant pour réaliser une CCM

a. L'élève a fait un mélange d'eau et du solvant : par exemple 10 mL d'eau avec 4 mL de solvant. Il regarde alors après agitation si le mélange est homogène ou hétérogène. Si le mélange est homogène, alors le solvant est miscible à l'eau ; sinon, il n'est pas miscible.

Le mélange eau et éthanol est un mélange homogène.
L'éthanol est miscible à l'eau.

Éther
Eau

L'éther et l'eau forment un mélange hétérogène, on voit deux phases.
La masse volumique de l'éther étant plus faible que celle de l'eau ($1\ g \cdot mL^{-1}$), l'éther surnage.

b. L'expérience réalisée permet de déterminer la valeur de la masse volumique du toluène. On pèse un volume de 50 mL de toluène : $m = 43,5$ g.

$$\rho_{toluène} = \frac{m}{V} = \frac{43,5}{50} = 0,87\ g \cdot mL^{-1}.$$

c. Il faut choisir un solvant où l'acide benzoïque est très soluble. C'est le cas de l'éthanol, de l'éther et du toluène. Mais si on regarde les pictogrammes, on écartera le toluène et l'éther très nocifs. On retient donc l'éthanol et on travaillera à l'écart de toute flamme ou source de chaleur car il est inflammable.

d. Il faut solubiliser l'acide benzoïque dans un solvant, l'éthanol, pour pouvoir réaliser un dépôt sur la plaque CCM. Voir le protocole page suivante.

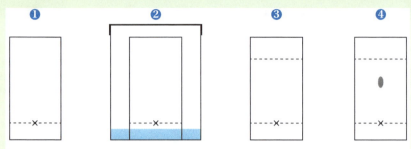

❶ On dépose une goutte d'échantillon sur la ligne de dépôt.
❷ On introduit dans la cuve contenant un peu d'éluant la plaque CCM.
Le niveau de l'éluant doit être en dessous de la ligne de dépôt.
❸ Lorsque le solvant a migré en haut de la plaque, on sort celle-ci de la cuve, on note le front de l'éluant (ligne en haut) et on sèche la plaque.
❹ On révèle la plaque, sous une lampe UV par exemple, pour faire apparaître la ou les taches.

e. D'après le chromatogramme, on constate que l'acide benzoïque est un produit pur : en effet, on observe une seule tache sur le chromatogramme.

▶ OBJECTIF BAC

8 Obtenir une goutte d'huile en suspension

1. a. $\rho_{eau} = 1{,}00$ g·mL^{-1}.

b. • Mélange n° 1 : $\rho = \dfrac{m}{V}$

d'où $m_{\text{éthanol}} = \rho \times V = 0{,}789 \times 6{,}00 = 4{,}73$ g.

• Mélange n° 2 : $\rho = \dfrac{m}{V}$ d'où $V_{\text{éthanol}} = \dfrac{m}{\rho} = \dfrac{3{,}95}{0{,}789} = 5{,}00$ mL.

À NOTER
Les résultats sont à trois chiffres significatifs comme les données

c. On a utilisé 5,35 g d'eau soit un volume de 5,35 mL car $\rho_{eau} = 1{,}00$ g·mL^{-1}. Le volume d'éthanol est de 5,00 mL soit au total 10,35 mL. Or le volume du mélange est de 10,0 mL. Il n'y a pas conservation du volume au cours du mélange.

d. $\rho_2 = \dfrac{m_{eau} + m_{\text{éthanol}}}{V_{\text{mélange}}} = \dfrac{5{,}35 + 3{,}95}{10{,}0} = 0{,}930$ g·mL^{-1}.

e. Pourcentage massique en éthanol pour chacun des trois mélanges :

• Mélange n° 1 : % éthanol = $\dfrac{m_{\text{éthanol}}}{m_{\text{mélange}}} \times 100 = \dfrac{4{,}73}{4{,}73 + 4{,}36} \times 100 = 52{,}0$ %.

• Mélange n° 2 : % éthanol = $\dfrac{m_{\text{éthanol}}}{m_{\text{mélange}}} \times 100 = \dfrac{3{,}95}{3{,}95 + 5{,}35} \times 100 = 42{,}5$ %.

• Pour le mélange n° 3, il faut utiliser la masse volumique du mélange pour déterminer la masse des 10,0 mL de mélange $\rho = \dfrac{m}{V}$ d'où $m = \rho \times V = 0{,}948 \times 10{,}0 = 9{,}48$ g.

• Mélange n° 3 : % éthanol = $\dfrac{m_{\text{éthanol}}}{m_{\text{mélange}}} \times 100 = \dfrac{3{,}16}{9{,}48} \times 100 = 33{,}3$ %.

2. a. Dans le mélange n° 1, l'huile tombe au fond du tube. Le mélange eau-alcool surnage sa masse volumique est donc inférieure à celle de l'huile. Pour les mélanges n° 2 et 3, l'huile surnage : sa masse volumique est donc inférieure à celle des mélanges eau-alcool. Pour que la goutte d'huile reste à l'endroit où on la dépose, il faut que le mélange eau-alcool ait la même masse volumique que l'huile. Il faut donc connaître la masse volumique de l'huile utilisée.

b. On cherche à préparer un mélange eau-alcool dont la masse volumique est égale à celle de l'huile. Quelle est la masse volumique de l'huile ? Quelle est la composition massique du mélange eau-alcool qui aura la même masse volumique que l'huile ?

c. Le graphique représente $m = f(V)$. Les points sont alignés, la représentation graphique est une droite qui passe par l'origine : m est donc proportionnelle à V. Or $\rho = \dfrac{m}{V}$ d'où $m = \rho \times V$; le coefficient de proportionnalité correspond à la masse volumique de l'huile, soit au coefficient directeur de la droite. Il faut donc tracer la droite et déterminer son coefficient directeur pour avoir la masse volumique de l'huile.

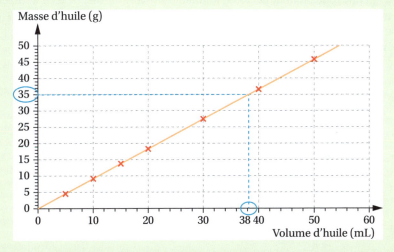

On trace une droite passant par l'origine et qui passe au plus près des points expérimentaux. On choisit un point de cette droite pour déterminer le coefficient directeur. Coefficient directeur = $\rho_{huile} = \dfrac{35{,}0}{38{,}0} = 0{,}921 \text{ g}\cdot\text{mL}^{-1}$.

d.

Mélange	n° 1	n° 2	n° 3
Volume d'éthanol $V_{éthanol}$ (mL)	6,00 mL	5,00 mL	4,00 mL
Volume du mélange V_m (mL)	10,0 mL	10,0 mL	10,0 mL
Masse volumique du mélange ρ	0,909 g·mL^{-1}	0,930 g·mL^{-1}	0,948 g·mL^{-1}
% massique en éthanol	52,0	42,5	33,3

Le mélange doit avoir une masse volumique de 0,921 g·mL^{-1} : d'après le tableau précédent, sa composition doit être alors comprise entre la composition des mélanges n° 1 et 2.

Il y a 4,5 mL d'éthanol dans le mélange B (entre les mélanges n° 2 et 3) donc sa masse volumique doit être supérieure à 0,930 g·mL^{-1} (masse volumique du mélange n° 2). Ce n'est pas le bon mélange.

Le mélange A contient 5,50 mL d'éthanol pour 10,0 mL de mélange. Cela correspond à un mélange intermédiaire entre le mélange n° 1 et le mélange n° 2, donc le mélange A a une masse volumique comprise entre 0,909 et 0,930 g·mL^{-1}. Il s'agit du bon mélange (ρ = 0,921 g·mL^{-1}).

e. $\rho = \dfrac{m}{V}$ = 0,921 g·mL^{-1}. Donc $m_{\text{mélange}} = \rho \times V$ = 0,921 × 10,0 = 9,21 g.

Il y a un volume de 4,50 mL d'éthanol dans le mélange A soit une masse $m_{\text{éthanol}} = \rho \times V$ = 0,789 × 4,50 = 3,55 g pour 10,0 mL de mélange soit 9,21 g.

% massique = $\dfrac{m_{\text{éthanol}}}{m_{\text{mélange}}} \times 100 = \dfrac{3,55}{9,21} \times 100$ = 38,5 %.

Pour qu'une goutte d'huile de masse volumique ρ = 0,921 g·mL^{-1} soit en « suspension » dans un mélange eau-éthanol, il faut que ce mélange ait un pourcentage massique en éthanol de 38,5 % : il aura ainsi la même masse volumique que la goutte d'huile.

LA MATIÈRE

Un exemple de mélange : les solutions aqueuses

Dans le domaine de la santé, de l'environnement ou de la qualité des produits, on est amené à déterminer la concentration d'une espèce chimique en réalisant des dosages par étalonnage, qui peuvent notamment s'appuyer sur une **échelle de teintes.**

FICHES DE COURS	**4** Les solutions aqueuses : définitions	34
	5 Préparation d'une solution aqueuse	36
	6 Dosage par étalonnage	38
	MÉMO VISUEL	40
EXERCICES	SE TESTER — Exercices 1 à 3	42
	S'ENTRAÎNER — Exercices 4 à 10	43
	OBJECTIF BAC — Exercice 11 • Problème guidé	46
CORRIGÉS	Exercices 1 à 11	49

4 Les solutions aqueuses : définitions

En bref *Les solutions font partie de notre quotidien et plus particulièrement les solutions aqueuses. On distingue les solutions moléculaires et ioniques. Pour déterminer leur contenu, on utilise la concentration en masse.*

I Définitions

1 Solvant et soluté

■ Une **solution** est un mélange liquide homogène de plusieurs constituants. Le **solvant** est le constituant majoritaire : c'est un liquide capable de dissoudre une espèce chimique (solide, liquide ou gazeuse) appelée le **soluté**.

■ La solution est le résultat de la **dissolution** du soluté dans le solvant. Les entités chimiques du soluté (molécules ou ions) se dispersent parmi les molécules du solvant.

■ Une solution est **aqueuse** lorsque le solvant est l'eau.

À NOTER
Lors d'une dissolution la masse se conserve, mais pas le volume.
→ FICHE 1.

2 Les solutions aqueuses moléculaires et ioniques

■ Une solution est **moléculaire** lorsque le soluté est dissous sous forme de molécules. L'eau sucrée est une solution aqueuse moléculaire contenant des molécules de saccharose $C_{12}H_{22}O_{11}$.

■ Une solution est **ionique** lorsque le soluté est dissous sous forme d'ions. L'eau salée est une solution aqueuse ionique contenant des ions sodium Na^+ et des ions chlorure Cl^-. Elle a la particularité de conduire le courant.

À NOTER
Toute solution aqueuse est électriquement neutre.

■ Une solution est **saturée** lorsque le soluté introduit n'est pas totalement dissous. On a dépassé la solubilité du soluté. On peut dissoudre au maximum environ 400 g de sel dans un litre d'eau à 20 °C → FICHE 2.

II Concentration en masse du soluté

La **concentration en masse** C_A d'une espèce A en solution est égale au quotient de la masse de soluté m_A dissoute sur le volume V_{sol} de la solution.

$$c_A = \frac{m_{(A)}}{V_{sol}}$$

C_A en $g \cdot L^{-1}$; $m_{(A)}$ en g ; V_{sol} en L.

COURS & MÉTHODES

Méthode

Distinguer solutions aqueuses moléculaires et ioniques

On prépare une solution aqueuse de glucose et une solution aqueuse de chlorure de potassium. Le glucose et le chlorure de potassium sont des solides blancs. On prélève une masse $m = 10$ g de solide pour préparer 200 mL de chaque solution.

On réalise un circuit comprenant un générateur, une lampe et deux électrodes plongées dans une solution. On constate que la lampe ne s'allume pas lorsque l'on place dans le bécher de l'eau distillée ou la solution de glucose. En revanche, elle s'allume avec la solution d'eau salée.

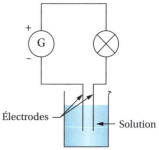

a. Identifier le solvant et le soluté pour chaque solution.

b. Déterminer la concentration en masse de chaque solution.

c. Quelle est la solution moléculaire et la solution ionique ? Justifier.

CONSEILS

b. Utilisez la définition de la concentration en masse. Attention aux unités.
c. Interprétez les observations expérimentales.
Réinvestissez vos connaissances de collège sur les espèces qui permettent la conduction du courant dans les solutions.

SOLUTION

a. L'espèce dissoute est le solide (glucose ou chlorure de potassium) appelé soluté, le solvant est l'eau car on parle de solution aqueuse.

b. La concentration en masse est : $C = \dfrac{m_{soluté}}{V_{solution}}$ en $g \cdot L^{-1}$.

On dissout une masse $m_{soluté} = 10$ g et on prépare un volume :
$V_{solution} = 200$ mL $= 0{,}200$ L $= 2{,}0 \times 10^{-1}$ L d'où $C = \dfrac{10}{2{,}0 \times 10^{-1}} = 50$ $g \cdot L^{-1}$.

c. La solution aqueuse de glucose, comme l'eau distillée ne conduisent pas le courant car la lampe ne s'allume pas. En revanche, la solution aqueuse de chlorure de potassium conduit le courant car la lampe s'allume. C'est le soluté, chlorure de potassium qui permet cette conduction puisque le solvant, l'eau, ne conduit pas.

La conduction du courant est due à la présence d'ions dans la solution. Le chlorure de potassium est un solide ionique : sa dissolution constitue une solution ionique. Le glucose est une molécule, qui ne permet pas la conduction du courant électrique et constitue une solution moléculaire.

5 Préparation d'une solution aqueuse

En bref *Une bonne connaissance de la verrerie de chimie et de son utilisation est indispensable pour préparer précisément une solution aqueuse de concentration donnée.*

I Connaître la verrerie

■ Pour préparer précisément une solution de concentration fixée, on utilise la verrerie de précision ci-dessous.

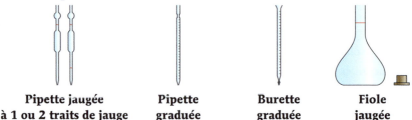

Pipette jaugée à 1 ou 2 traits de jauge   **Pipette graduée**   **Burette graduée**   **Fiole jaugée**

■ Les éprouvettes graduées sont moins précises, de même l'indication des graduations présente sur un erlenmeyer ou un bécher est seulement indicative.

II Préparation d'une solution

1 Préparation par dissolution

Pour préparer un volume V de solution aqueuse de concentration C_A, il faut prélever une masse de soluté m_A : $m_A = C_A V$. On pèse à l'aide d'une balance la masse m_A et on prépare la solution à l'aide d'une fiole jaugée de volume V.

2 Préparation par dilution

■ Diluer une solution aqueuse, appelé solution mère $S_{mère}$, consiste à lui ajouter de l'eau distillée pour obtenir une solution moins concentrée, appelée solution fille S_{fille}.

■ La masse de soluté est conservée : $m_{mère} = m_{fille}$ soit : $C_{mère} V_{mère} = C_{fille} V_{fille}$.

■ Si $V_{fille} = 10 V_{mère}$, alors $C_{fille} = \dfrac{C_{mère}}{10}$.

On dit que la solution est diluée 10 fois ou que le facteur de dilution est : $F = \dfrac{C_{mère}}{C_{fille}} = \dfrac{V_{fille}}{V_{mère}}$.

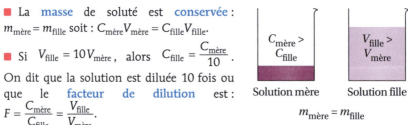

$C_{mère} > C_{fille}$ $V_{fille} > V_{mère}$

Solution mère   Solution fille

$m_{mère} = m_{fille}$

■ Le matériel à utiliser est une pipette jaugée pour prélever le volume V_1 de solution mère et une fiole jaugée de volume V_2 pour préparer la solution fille.

Méthode

Préparer une solution aqueuse

On suit le protocole suivant pour préparer 100 mL d'eau sucrée en dissolvant 2,0 g de sucre en poudre.

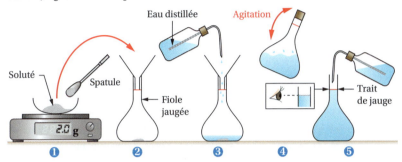

a. Pourquoi utilise-t-on une fiole jaugée et non un bécher ?
b. Quelle est la concentration en masse de la solution préparée ?
c. On veut préparer 50 mL d'une solution sucrée en diluant 5 fois la solution précédente. Indiquer le matériel nécessaire pour préparer cette solution.
d. Déterminer la concentration en masse de la solution diluée.

CONSEILS

b. Utilisez la définition de la concentration en masse →FICHE 4.
Attention aux unités.
c. Utilisez la définition du facteur de dilution. Choisissez de la verrerie précise.
d. Vous devez bien comprendre ce que signifie « diluer 5 fois ».

SOLUTION

a. La fiole jaugée est un matériel précis si on respecte bien le remplissage jusqu'au trait de jauge, contrairement au bécher.

b. $C = \dfrac{m_{sucre}}{V_{solution}} = \dfrac{2,0}{0,100} = 20 \text{ g} \cdot \text{L}^{-1}$ avec m_{sucre} en g et $V_{solution}$ en L.

c. Le facteur de dilution vaut 5 soit $F = \dfrac{C_{mère}}{C_{fille}} = \dfrac{V_{fille}}{V_{mère}} = 5$. Donc $V_{fille} = 5 V_{mère}$.

$V_{fille} = 50,0$ mL d'où $V_{mère} = 10,0$ mL.

Avec une pipette jaugée de 10 mL, on prélève la solution mère que l'on verse dans une fiole jaugée de 50 mL.
On complète avec de l'eau jusqu'au trait de jauge.

d. Si on dilue 5 fois, la concentration de la solution fille est 5 fois plus faible :
$C_{fille} = 4,0 \text{ g} \cdot \text{L}^{-1}$.

6 Dosage par étalonnage

En bref L'objectif est de déterminer, avec la plus grande précision possible, la concentration d'une espèce chimique dissoute en solution à partir de solutions étalons à des concentrations connues.

I Principe

■ Le dosage par étalonnage repose sur l'utilisation de solutions (appelées solutions étalons) qui contiennent l'espèce chimique à doser à différentes concentrations connues. Elles sont préparées par dilution à partir d'une solution mère de concentration connue →FICHE 5.

■ La concentration de l'espèce chimique à doser influe sur une grandeur physique mesurable comme la masse volumique, l'indice optique, etc.

■ On compare ensuite la grandeur physique mesurée pour l'échantillon à celles des solutions étalons afin de déterminer la concentration de l'échantillon.

II Comparaison à une échelle de teintes

Une échelle de teintes est réalisée avec des solutions contenant une espèce colorée à des concentrations connues. On compare, dans des conditions identiques d'observation, la teinte de la solution inconnue avec celles de l'échelle de teintes.

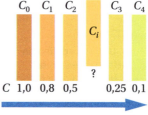

Sens de la dilution ($g \cdot L^{-1}$)

Exemple : La concentration de la solution à doser C_i ci-contre a une couleur intermédiaire entre les solutions C_2 et C_3 d'où $0{,}25 \; g \cdot L^{-1} < C_i < 0{,}5 \; g \cdot L^{-1}$.

III Exploitation d'une courbe d'étalonnage

On mesure une grandeur physique pour chaque solution fille et on trace le graphe $G = f(C)$ appelé courbe d'étalonnage. On mesure la grandeur physique pour la solution de concentration inconnue et on en déduit graphiquement cette concentration C_i.

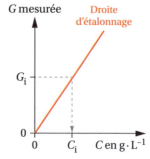

 À NOTER
Si la courbe d'étalonnage conduit à une droite passant par l'origine, les deux grandeurs C et G sont proportionnelles.

Méthode

Déterminer la concentration d'une solution inconnue

- On prépare une échelle de teintes en réalisant 5 solutions étalons S_1 à S_5 par dilution d'une solution de permanganate de potassium. Dans les mêmes conditions, la teinte de la solution inconnue S en permanganate de potassium est comprise entre S_3 et S_4.

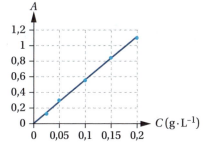

Solutions	S_1	S_2	S_3	S_4	S_5
C (g·L⁻¹)	$2,0 \times 10^{-1}$	$1,5 \times 10^{-1}$	$1,0 \times 10^{-1}$	$5,0 \times 10^{-2}$	$2,5 \times 10^{-2}$

- L'absorbance est une grandeur physique proportionnelle à la concentration de l'espèce colorée. On mesure l'absorbance pour chaque solution étalon et on trace le graphe $A = f(C)$. L'absorbance de la solution S est $A_S = 0,44$.

a. Évaluer la concentration de S à partir de l'échelle de teintes.

b. Déterminer précisément la concentration de la solution S. Les résultats des deux dosages sont-ils concordants ?

 CONSEILS
b. Exploitez la courbe d'étalonnage.

SOLUTION

a. La solution S a une concentration comprise entre $1,0 \times 10^{-1}$ g·L⁻¹ et $5,0 \times 10^{-2}$ g·L⁻¹ puisqu'elle a une couleur intermédiaire entre les solutions S_3 et S_4.

b. $A_S = 0,44$: on reporte cette valeur sur la droite d'étalonnage. On lit : $C_S = 0,08$ g·L⁻¹ $= 8,0 \times 10^{-2}$ g·L⁻¹. La concentration C_S est comprise entre la concentration de S_3 et S_4 ; les résultats concordent.

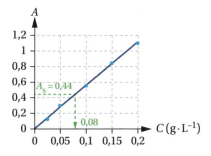

Un exemple de mélange : les solutions aqueuses

MÉMO VISUEL

Solution aqueuse et concentration en masse

- **Solution aqueuse** : résultat de la **dissolution** d'un soluté (ionique ou moléculaire) dans l'eau (le solvant).
- **Concentration en masse** :

$$C = \frac{m_{soluté}}{V_{solution}}$$

C en $g \cdot L^{-1}$; $V_{solution}$ en L ; $m_{soluté}$ en g.

Dosage par étalonnage

Comparaison à une échelle de teintes

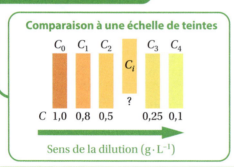

C_0 C_1 C_2 C_3 C_4

C_i

C 1,0 0,8 0,5 ? 0,25 0,1

Sens de la dilution ($g \cdot L^{-1}$)

SOLUTIONS

Exploitation d'une courbe d'étalonnage

On détermine une **grandeur physique** comme la masse volumique, l'indice optique, etc. pour chaque solution étalon de concentration C.

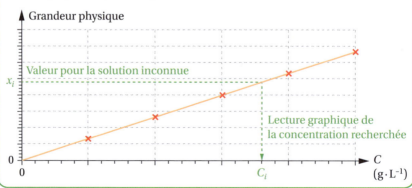

Grandeur physique

x_i — Valeur pour la solution inconnue

Lecture graphique de la concentration recherchée

C_i

C ($g \cdot L^{-1}$)

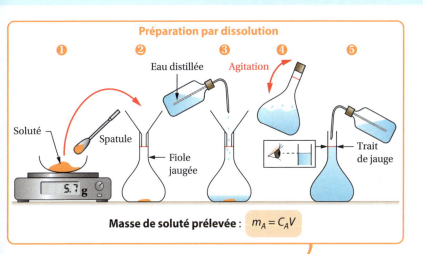

Préparation par dissolution

Masse de soluté prélevée : $m_A = C_A V$

AQUEUSES

Préparation d'une solution aqueuse

Préparation par dilution

- **Conservation de la masse** : $C_{mère} V_{mère} = C_{fille} V_{fille}$
- **Facteur de dilution** : $F = \dfrac{C_{mère}}{C_{fille}} = \dfrac{V_{fille}}{V_{mère}}$

$V_{pipette}$ correspond à $V_{mère}$ à prélever ; V_{fiole} correspond à V_{fille} à préparer.

Un exemple de mélange : les solutions aqueuses

▶ SE TESTER QUIZ

Vérifiez que vous avez bien compris les points clés des **fiches 4 à 6**.

1 Les solutions aqueuses : définitions   → FICHE 4

1. Dans une solution aqueuse de diiode :

☐ **a.** Le soluté est l'eau.   ☐ **b.** Le solvant est le diiode.
☐ **c.** Le soluté est le diiode.

2. Une solution de 100 mL contient 0,2 g de glucose.
Sa concentration en masse est :

☐ **a.** 2×10^{-3} g·L^{-1} ☐ **b.** 2 g·L^{-1} ☐ **c.** 20 g·L^{-1}

2 Préparation d'une solution aqueuse   → FICHE 5

1. La masse de soluté à peser pour préparer 200 mL de solution à 0,5 g·L^{-1} est :

☐ **a.** 0,4 g   ☐ **b.** 0,1 g   ☐ **c.** 10 g   ☐ **d.** 100 g

2. Lorsque l'on ajoute de l'eau dans une solution aqueuse de saccharose, la concentration en masse du saccharose :

☐ **a.** augmente   ☐ **b.** reste la même   ☐ **c.** diminue

3. On veut mesurer exactement 10,0 mL d'eau. Pour cela, on utilise :

☐ **a.** une éprouvette graduée   ☐ **b.** une pipette jaugée
☐ **c.** un bécher gradué

4. Une solution mère de concentration molaire $5,0 \times 10^{-1}$ g·L^{-1} est diluée 100 fois. La concentration de la solution fille est :

☐ **a.** $5,0 \times 10^{-3}$ g·L^{-1} ☐ **b.** $5,0 \times 10^{-2}$ g·L^{-1} ☐ **c.** 5,0 mg·L^{-1}

5. Pour diluer 20 fois une solution, le lot de verrerie utilisable est :

☐ **a.** une pipette jaugée de 20 mL et une fiole jaugée de 200 mL
☐ **b.** une pipette jaugée de 5 mL et une fiole jaugée de 100 mL
☐ **c.** une éprouvette graduée de 25 mL et une fiole jaugée de 500 mL
☐ **d.** une fiole jaugée de 200 mL et une éprouvette de 10 mL

3 Dosage par étalonnage   → FICHE 6

On mesure la conductivité σ de solutions étalons et on trace la courbe d'étalonnage $\sigma = f(C)$. Une solution inconnue de chlorure de sodium a une conductivité $\sigma = 0,5$ mS·cm^{-1}.

☐ **a.** On ne peut déterminer la concentration de cette solution car il n'y a pas proportionnalité entre la conductivité et la concentration.
☐ **b.** La solution inconnue a une concentration de 10 g·L^{-1}.
☐ **c.** La solution inconnue a une concentration de 2,5 g·L^{-1}.

S'ENTRAÎNER

4 Une question de vocabulaire → FICHE 4

a. Que signifie l'adjectif « aqueuse » lorsqu'il qualifie une solution ?

b. Expliquer la différence entre une dissolution et une dilution.

c. On introduit un soluté solide dans un récipient contenant un solvant. Après une longue agitation, une partie du solide reste en solution. Expliquer. Comment se nomme la solution obtenue ?

d. Dans la relation $C = \dfrac{m}{V_{solution}}$, que représentent précisément m, $V_{solution}$ et C ?

5 Calculs de concentration en masse → FICHE 4

Déterminer la concentration en masse du soluté des solutions suivantes :

	Soluté	Volume de solution
Solution A	30 g de chlorure de sodium	500 mL
Solution B	2,50 kg de sulfate de cuivre	2,5 L
Solution C	50 mL d'acide sulfurique	500 mL

Donnée : masse volumique de l'acide sulfurique = 1,8 g·mL^{-1}.

CONSEILS
Utilisez la définition de la masse volumique ρ → FICHE 2 pour déterminer une masse à partir d'un volume.

6 Déterminer la concentration d'une solution → FICHE 5

On prépare 125 mL d'eau sucrée en dissolvant un morceau de sucre de 5,0 g dans un verre d'eau. Le sucre est constitué de molécules de saccharose.

a. Calculer la concentration en masse de la solution réalisée.

b. On ajoute de l'eau distillée jusqu'à ce que le volume de la solution soit égal à 500 mL. Comment est modifiée cette concentration ?

7 Préparation d'eau de Javel → FICHE 5

L'eau de Javel, un bon désinfectant, est commercialisée en bouteille et en « berlingot ». La notice d'un berlingot contenant 250 mL d'eau de Javel indique : « Verser le berlingot dans une bouteille d'un litre vide. Compléter à l'eau froide. »

a. Identifier la solution mère et la solution fille lors de cette préparation.

b. Calculer le facteur de dilution.

À NOTER
b. Au cours d'une dilution, la masse se conserve : $C_{mère}V_{mère} = C_{fille}V_{fille}$. Le facteur de dilution est égal au rapport de la concentration mère sur la concentration fille.

8 Prélèvement d'un liquide → FICHE 5

Un expérimentateur souhaite disposer de 11,5 g d'alcool (ou éthanol) C_2H_6O.
a. Quel volume d'alcool doit-il prélever ?
b. Quelle verrerie peut-il utiliser ?
Donnée : masse volumique de l'éthanol : $\rho = 790$ g·L^{-1}.

9 Verrerie pour préparer une solution par dilution → FICHE 5

a. Nommer la verrerie et le matériel ci-dessous. Comment se nomme le trait repéré par une flèche ?
b. Indiquer la verrerie nécessaire pour préparer une solution par dilution.
c. Expliquer le protocole à suivre pour cette préparation.

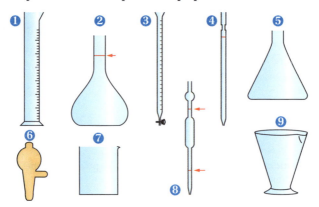

10 Concentration en sucre d'un jus de pomme → FICHES 5 et 6

On veut déterminer la concentration en sucre d'un jus de pomme par réfractométrie ; on mesure alors un indice optique.

> **À NOTER**
> Un rayon est dévié lorsqu'il change de milieu transparent. Si la concentration du milieu est modifiée, la déviation du rayon lumineux sera différente, c'est le phénomène de réfraction → FICHE 33 L'indice optique n caractérise le milieu transparent.

On prépare des solutions étalons en glucose et on mesure à l'aide d'un réfractomètre l'indice optique n pour chaque solution étalon.
On obtient les résultats suivants :

C (g·L^{-1})	0	20	40	60	80	100	120	140
Indice optique n	1,333	1,335	1,338	1,341	1,343	1,345	1,348	1,351

On mesure également l'indice optique du jus de pomme : on obtient 1,347.

Sur l'étiquette de ce jus de pomme, on peut lire : « Teneur en glucides (sucres) 11,9 g pour 100 mL ».

a. Déterminer la masse de glucose à peser pour préparer 50 mL de solution de glucose de concentration en masse 20 g·L^{-1}.

b. Proposer la liste de matériel pour préparer cette solution et indiquer le protocole à suivre.

c. À l'aide d'un tableur, on trace n en fonction de C : on obtient le graphique suivant. En exploitant cette courbe, déterminer la concentration en glucose du jus de pomme.

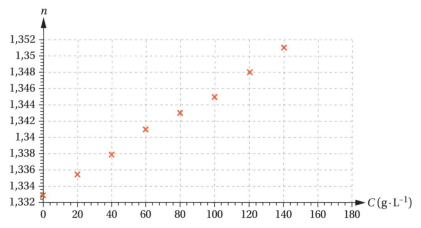

d. Calculer l'écart relatif. Le résultat expérimental obtenu est-il conforme à l'étiquette ?

> **MOT CLÉ**
>
> **d.** L'**écart relatif** compare la valeur expérimentale à la valeur de référence. Il est souvent exprimé en pourcentage. Un écart inférieur à 10 % indique une bonne concordance entre la valeur expérimentale et théorique.
>
> L'écart relatif est : $\dfrac{|V_{\text{mesurée}} - V_{\text{référence}}|}{V_{\text{référence}}}$.

▶ OBJECTIF BAC

11 Contrôle d'un lot de sérum physiologique
50 min

> Avant de commercialiser un lot de sérum physiologique, il est nécessaire de contrôler la qualité de ce sérum. L'objectif de cet exercice est de vérifier l'indication donnée par le fabriquant en réalisant un dosage par étalonnage.

📄 LE PROBLÈME

Le sérum physiologique est une solution pharmaceutique utilisée pour nettoyer le nez, les yeux, etc. La notice d'un sérum physiologique indique que le chlorure de sodium y est présent à 0,90 % en masse.

Physiodose

Sérum physiologique stérile
Nourrisson • Enfant • Adulte

Chlorure de sodium à 0,9 %
Solution nasale, ophtalmique et auriculaire. Lavage des plaies

40 doses- UNIDOSES de 5 mL

Document 1 Le sérum physiologique

Le sérum physiologique est une solution contenant de l'eau et du chlorure de sodium (solide ionique). Cette solution aqueuse ionique contient des ions sodium Na^+ et des ions chlorure $C\ell^-$.

La masse volumique ρ du sérum physiologique est égale à celle de l'eau.

(*La masse volumique de l'eau est une grandeur supposée connue.*)

Document 2 Préparation de solutions filles

À partir d'une solution mère en chlorure de sodium de concentration en masse $C_{\text{mère}} = 1{,}0 \text{ g} \cdot \text{L}^{-1}$, on prépare 5 solutions filles.

• La solution S_1 est obtenue en diluant 10 fois la solution mère.

• On prélève 20,0 mL de solution mère on ajoute de d'eau afin d'obtenir 100,0 mL de solution S_2.

• La solution S_3 de concentration $C_3 = 0{,}3 \text{ g} \cdot \text{L}^{-1}$ est obtenue par dilution de la solution mère avec $F = \dfrac{10}{3}$.

• La solution S_4 est deux fois plus concentrée que la solution S_2.

• La solution S_5 a une concentration $C_5 = \dfrac{1}{2} C_{\text{mère}}$.

Document 3 — Matériel à disposition

- Fioles jaugées de 50 mL et 100 mL.
- Pipettes jaugées de 5, 10 mL, 20 et 25 mL et pipette graduée de 10 mL.
- Burette graduée de 25 mL, 2 béchers de 100 ou 150 mL et propipette.

Document 4 — Mesure de la conductivité σ des solutions filles et d'une solution diluée de sérum

Une solution qui contient des ions conduit le courant électrique ; on peut alors mesurer sa conductivité électrique σ grâce à un conductimètre. Pour des solutions suffisamment diluées, la conductivité σ est proportionnelle à la concentration de la solution.

À l'aide d'un conductimètre, on mesure la conductivité de chaque solution fille préparée.

	S_1	S_2	S_3	S_4	S_5
σ (mS·cm^{-1})	0,269	0,537	0,806	1,07	1,34

On prépare 500 mL d'une solution diluée 25 fois de sérum physiologique. La conductivité de la solution diluée de sérum est mesurée.

On obtient : $\sigma_{(\text{sérum dilué})} = 0{,}980$ ms·cm^{-1}.

1. On cherche à déterminer les concentrations en masse des solutions filles.

a. Préciser la verrerie à utiliser pour préparer S_1 et déterminer sa concentration en masse. Justifier.

b. Quel est le facteur de dilution pour préparer S_2 ? Rédiger la réponse.

c. Ne disposant que du matériel décrit dans le document 3, compléter le tableau ci-dessous et préciser le matériel utilisé pour préparer S_3 et S_5.

Solution fille	S_1	S_2	S_3	S_4	S_5
Volume $V_{\text{mère}}$ (mL)		20,0			
Volume V_{fille} (mL)		100,0			
Facteur de dilution f	10				
Concentration en masse (g·L^{-1})				0,3	

2. Tracer la courbe d'étalonnage de la conductivité σ en fonction de la concentration en masse des solutions filles $\sigma = f(C)$.

3. Exploiter la courbe d'étalonnage tracée pour déterminer la concentration en masse du sérum dilué.

4. En déduire la concentration en masse du sérum physiologique. Peut-on commercialiser ce sérum ? Argumenter votre réponse.

▶▶▶ LA FEUILLE DE ROUTE

1. Déterminer une concentration en masse →FICHES **4** et **5**

Rappelez-vous qu'au cours d'une dilution la masse de soluté est conservée et exprimez le facteur de dilution.

Attention au choix du matériel : pour limiter les incertitudes, on ne fait qu'un seul prélèvement de solution mère.

2. Réaliser une courbe d'étalonnage →FICHE **6**

Identifiez la grandeur et son unité demandée en abscisse, et celle en ordonnée.

Choisissez une échelle adaptée pour chaque grandeur.

3. Exploiter une courbe d'étalonnage →FICHE **6**

D'après le document 4, la conductivité σ est proportionnelle à la concentration en masse de la solution. Est-ce le cas ici ?

Tracez l'allure de la courbe en passant au mieux par l'ensemble des points.

Recherchez la valeur de la conductivité de la solution diluée et utilisez la courbe d'étalonnage pour déterminer sa concentration en masse. Votre démarche doit apparaître clairement sur le graphique.

4. Extraire et analyser des informations →FICHES **1** et **4**

Recherchez les informations concernant la dilution du sérum physiologique pour déterminer sa concentration en masse.

Quelle est la donnée connue du sérum physiologique ? Expliquez rigoureusement comment passer de la concentration en masse à cette grandeur ou inversement.

N'oubliez pas de conclure sur la qualité de ce sérum.

CORRIGÉS

▶ SE TESTER QUIZ

1 Les solutions aqueuses : définitions

1. Réponse c.
Dans une solution aqueuse de diiode, le diiode est le soluté et l'eau le solvant.

2. Réponse b.
Une solution de glucose de 100 mL contient 0,2 g de soluté. Sa concentration en masse est $C = \dfrac{m}{V_{solution}} = \dfrac{0,2}{0,1} = 2\ \text{g·L}^{-1}$.

2 Préparation d'une solution aqueuse

1. Réponse b.
La masse de soluté à peser pour préparer 200 mL de solution à $0,5\ \text{g·L}^{-1}$ est $m = C \times V_{solution} = 0,5 \times 0,2 = 0,1\ \text{g}$.

2. Réponse c.
Lorsque l'on ajoute de l'eau dans une solution aqueuse de saccharose, on dilue la solution, sa concentration en saccharose diminue.

3. Réponse b.
La pipette jaugée est la verrerie la plus précise.

4. Réponses a et c.
La solution est diluée 100 fois donc sa concentration est 100 fois plus faible (le facteur de dilution $F = 100$).
La concentration de la solution fille est :
$C_{fille} = \dfrac{C_{mère}}{F} = \dfrac{5,0 \times 10^{-1}}{100} = 5,0 \times 10^{-3}\ \text{g·L}^{-1}$ soit $5,0\ \text{mg·L}^{-1}$.

5. Réponse b.
La verrerie jaugée à utiliser est une pipette jaugée pour prélever la solution mère et une fiole jaugée pour la solution fille (on élimine les cas c et d).
Le facteur de dilution est : $F = \dfrac{C_{mère}}{C_{fille}} = \dfrac{V_{fille}}{V_{mère}} = 20$ soit $V_{fille} = 20 V_{mère}$, avec une pipette jaugée de 5 mL et une fiole jaugée de 100 mL on dilue 20 fois. (On dilue seulement 10 fois dans le cas a).

3 Dosage par étalonnage

Réponse c.
La courbe d'étalonnage est une droite qui passe par l'origine, il y a proportionnalité entre la conductivité σ et la concentration C. En se reportant sur la courbe pour $σ = 0,5\ \text{mS·cm}^{-1}$ on a $C = 2,5\ \text{g·L}^{-1}$.

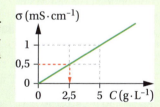

▶ S'ENTRAÎNER

4 Une question de vocabulaire

a. Une solution est aqueuse lorsque le solvant est l'eau.
b. La dissolution est l'opération consistant à fabriquer une solution en dissolvant un soluté dans un solvant tandis que la dilution est l'ajout de solvant dans une solution afin d'en réduire la concentration.
c. Si même après une longue agitation, une partie du soluté solide ne se dissout pas dans le solvant, la solution obtenue est dite saturée. Dans ce cas, la quantité de soluté introduite est supérieure à la quantité maximale que peut dissoudre le solvant.
d. C est la concentration en masse d'une solution en $g \cdot L^{-1}$, m est la masse de soluté dissous en g et $V_{solution}$ est le volume de solution en L (qui diffère du volume de solvant).

5 Calculs de concentration en masse

La concentration en masse du soluté des solutions est $C = \dfrac{m}{V_{solution}}$ avec la masse m en g et le volume de solution $V_{solution}$ en L.

- Solutions A : $V_{solution} = 500$ mL $= 0{,}5$ L d'où $C_A = \dfrac{m}{V_{solution}} = \dfrac{30}{0{,}5} = 60$ $g \cdot L^{-1}$.

- Solution B : $m_B = 2{,}50$ kg $= 2{,}5 \times 10^3$ g donc
$C_B = \dfrac{m}{V_{solution}} = \dfrac{2{,}5 \times 10^3}{2{,}5} = 1{,}0 \times 10^3$ $g \cdot L^{-1}$ ou $C_B = 1{,}0$ $kg \cdot L^{-1}$.

- Solution C : le soluté est liquide, il faut déterminer la masse d'acide sulfurique contenue dans 50 mL d'acide sulfurique à partir de sa masse volumique.
$\rho_C = \dfrac{m_C}{V_C}$ soit $m_C = \rho_C \times V_C = 1{,}8 \times 50 = 90$ g et $V_{solution} = 500$ mL $= 0{,}5$ L.
Donc $C_C = \dfrac{m_C}{V_{solution}} = \dfrac{90}{0{,}5} = 180$ $g \cdot L^{-1}$.

6 Déterminer la concentration d'une solution

a. La concentration en masse C_{sucre} est calculée avec la masse dissoute :
$C_{sucre} = \dfrac{m_{sucre}}{V_{solution}} = \dfrac{5{,}0}{0{,}125} = 40$ $g \cdot L^{-1}$.
b. Après ajout d'eau distillée, le volume est égal à $V_{sol} = 500$ mL (soit 4×125) : il est 4 fois plus grand que celui de la solution précédente. La concentration est alors 4 fois plus faible $C_{sucre} = \dfrac{40}{4} = 10$ $g \cdot L^{-1}$. Ajouter de l'eau permet de diluer la solution pour qu'elle soit moins concentrée.

7 Préparation d'eau de Javel

a. La solution mère est la solution la plus concentrée c'est-à-dire le berlingot que l'on va diluer pour obtenir la solution fille.
b. Au cours d'une dilution la masse est conservée : $C_{mère}V_{mère} = C_{fille}V_{fille}$
$V_{fille} = 250$ mL $= 0{,}250$ L. Le facteur de dilution est $F = \dfrac{C_{mère}}{C_{fille}} = \dfrac{V_{fille}}{V_{mère}} = \dfrac{1}{0{,}25} = 4$.

8 Prélèvement d'un liquide

a. Le volume V d'éthanol à prélever se calcule à partir de la définition de la masse volumique : $\rho = \dfrac{m}{V}$ donc :

$V = \dfrac{m}{\rho} = \dfrac{11{,}5}{790} = 1{,}46 \times 10^{-2}\,\text{L}$ soit $V = 14{,}6$ mL.

 À NOTER
Le volume est obtenu en L puisque la masse est exprimée en g et la masse volumique en $g \cdot L^{-1}$.

b. La verrerie doit permettre de mesurer le volume $V = 14{,}6$ mL à $0{,}1$ mL près. Pour cela, l'expérimentateur peut utiliser une burette graduée ou une pipette graduée. Une éprouvette graduée serait insuffisamment précise.

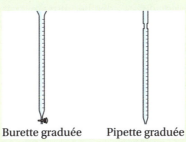

Burette graduée   Pipette graduée

9 Verrerie pour préparer une solution par dilution

a. ❶ éprouvette graduée ; ❷ fiole jaugée ; ❸ burette graduée ; ❹ pipette simple ; ❺ erlenmeyer ; ❻ pro-pipette ou poire aspirante ; ❼ bécher ; ❽ pipette jaugée et ❾ verre à pied. Le trait repéré par une flèche est le trait de jauge

b. Pour réaliser une dilution il faut : un bécher, une pipette jaugée et sa poire aspirante, une fiole jaugée et son bouchon.

c. Protocole :

- Verser la solution mère dans un bécher.

- Prélever à la pipette jaugée le volume V. Le bas du ménisque de la solution doit être au même niveau que le trait de jauge.

- Placer le volume V de solution mère dans la fiole jaugée.

- Compléter avec un peu d'eau.

- Boucher la fiole puis agiter.

- Compléter avec de l'eau jusqu'au trait de jauge.

- Boucher et agiter pour homogénéiser.

Un exemple de mélange : les solutions aqueuses

10 Concentration en sucre d'un jus de pomme

a. La concentration en glucose est $C = \dfrac{m_{glucose}}{V_{solution}}$ soit

On doit peser 1,0 g de glucose. $m_{glucose} = C \times V_{solution} = 20 \times 50{,}0 \times 10^{-3} = 1{,}0$ g.

b. Liste de matériel : coupelle de pesée, balance, spatule, fiole jaugée de 50 mL et son bouchon, entonnoir, pissette d'eau distillée. On pèse précisément une masse de 1,0 g de glucose que l'on introduit à l'aide d'un entonnoir dans la fiole jaugée. On rince bien la coupelle et l'entonnoir pour ne pas perdre de glucose. On ajoute alors un peu d'eau et on agite bien jusqu'à dissolution complète du glucose. On complète la fiole jaugée avec de l'eau distillée jusqu'au trait de jauge. On bouche et on agite la solution.

c. À partir de la courbe d'étalonnage, on va déterminer la concentration en sucre du jus de pomme. On trace la droite qui passe au mieux par les points expérimentaux. L'indice optique du jus de pomme mesuré est 1,347. On reporte cette valeur sur la droite et on obtient $C_{jus\ de\ pomme} = 112$ g·L^{-1}.

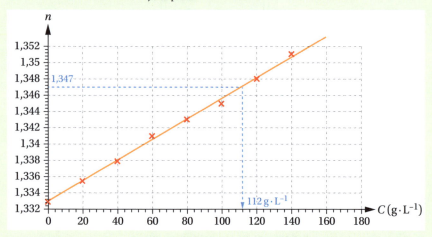

d. Sur l'étiquette de ce jus de pomme, on peut lire : 11,9 g en sucre pour 100 mL.
$C_{jus\ de\ pomme} = 112$ g·L^{-1} soit 11,2 g pour 100 mL soit 0,1 L.

écart relatif $= \dfrac{11{,}9 - 11{,}2}{11{,}9} = 0{,}06$ soit 6 %.

L'écart est inférieur à 10 %, on a donc un bon accord entre la valeur expérimentale et la valeur indiquée sur l'étiquette.

COURS & MÉTHODES — EXERCICES — CORRIGÉS

▶ OBJECTIF BAC

11 Contrôle d'un lot de sérum physiologique

1. Détermination des concentrations en masse des solutions filles.

a. La solution S_1 est obtenue en diluant 10 fois la solution mère. Au cours de la dilution la masse se conserve on a $C_{mère}V_{mère} = C_{fille}V_{fille}$. Le facteur de dilution peut s'exprimer par $F = \dfrac{C_{mère}}{C_{fille}} = \dfrac{V_{fille}}{V_{mère}}$ soit $V_{fille} = 10 V_{mère}$. Pour réaliser cette dilution on prélèvera 5 mL (ou 10 mL) de solution mère à la pipette jaugée munie d'une propipette que l'on placera dans une fiole jaugée de 50 mL (ou 100 mL). On complétera avec de l'eau jusqu'au trait de jauge. La solution obtenue sera 10 fois moins concentrée soit $C_1 = C_1 = \dfrac{C_{mère}}{10} = \dfrac{1{,}0}{10} = 0{,}10$ g·L^{-1}.

b. D'après les informations, $V_{mère} = 20{,}0$ mL et $V_{fille} = 100$ mL d'où le facteur de dilution $F = \dfrac{100}{20} = 5$. La solution S_2 est 5 fois moins concentrée que la solution mère soit $C_2 = \dfrac{C_{mère}}{5} = \dfrac{1{,}0}{5} = 0{,}2$ g·L^{-1}.

• $F = \dfrac{10}{3} = \dfrac{V_{fille}}{V_{mère}}$ d'où $V_{fille} = V_{mère} \times F$.

c. Il faut utiliser le matériel à disposition pour fabriquer la solution S_3. Il faudra utiliser la burette graduée pour prélever 15 mL de solution mère $15 \times \dfrac{10}{3} = 50$ mL et utiliser la fiole jaugée de 50 mL.

• Pour la solution S_5 on doit diluer deux fois la solution mère donc pipette jaugée de 25 mL et fiole jaugée de 50 mL, $F = \dfrac{V_{fille}}{V_{mère}} = \dfrac{50}{25} = 2$. On ne doit faire qu'un seul prélèvement de solution mère pour une meilleure précision.

Solution fille	S_1	S_2	S_3	S_4	S_5
Volume $V_{mère}$ (mL)	5 (10)	20,0	15	20	25
Volume V_{fille} (mL)	50 (100)	100,0	50	50	50
Facteur de dilution F	10	5	$\dfrac{10}{3}$	2,5	2
Concentration en masse (en g·L^{-1})	0,1	0,2	0,3	0,4	0,5
σ en mS·cm^{-1}	0,269	0,537	0,806	1,07	1,34

2. On doit tracer $\sigma = f(C)$. Les données sont récapitulées dans le tableau précèdent. En abscisse, on aura la concentration et en ordonnée, la conductivité de la solution. La courbe d'étalonnage (voir page suivante) est une droite qui passe par l'origine.

Un exemple de mélange : les solutions aqueuses

3. On trace une droite passant par l'origine et au plus près des points expérimentaux. La solution de sérum physiologique diluée a une conductivité de 0,98 mS·cm^{-1}. On reporte cette valeur sur la droite d'étalonnage et on lit la valeur de sa concentration. On obtient $C_{(\text{sérum dilué})} = 0{,}36$ g·L^{-1}.

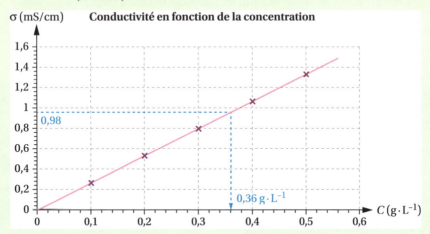

4. Le sérum a été dilué 25 fois soit : $C_{\text{sérum}} = 25 C_{\text{sérum dilué}} = 25 \times 0{,}36 = 9{,}0$ g·L^{-1}. D'après l'indication du fabricant, on doit avoir un pourcentage massique de 0,9 %. C'est-à-dire 0,9 g de chlorure de sodium pour 100 g de solution. Or la masse volumique du sérum est de 1,0 g.mL^{-1} comme celle de l'eau.

$\rho = \dfrac{m}{V}$ soit $V = \dfrac{m}{\rho} = \dfrac{100}{1} = 100$ mL.

100 g de sérum correspondent à un volume de 100 mL d'où la concentration :

$C_{\text{sérum}} = \dfrac{m}{V_{\text{solution}}} = \dfrac{0{,}9}{100 \times 10^{-3}} = 9{,}0$ g·L^{-1}.

On retrouve la même valeur par le dosage par étalonnage : le lot de sérum physiologique peut donc être commercialisé.

LA MATIÈRE

Les éléments chimiques et leur classification

Un des pères de la chimie moderne, le russe Dimitri Ivanovitch **Mendeleïev**, propose en 1869 sa classification des 63 éléments chimiques connus à l'époque. Il prédit également les propriétés de plusieurs éléments alors inconnus. Leur découverte un peu plus tard et surtout la découverte de l'électron donneront raison à son intuition !

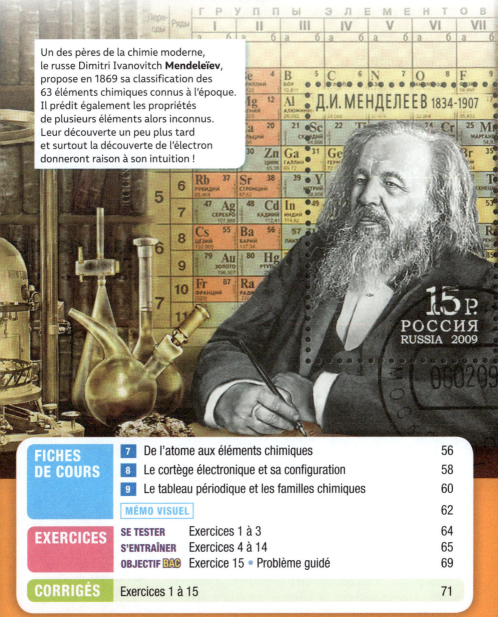

FICHES DE COURS

7	De l'atome aux éléments chimiques	56
8	Le cortège électronique et sa configuration	58
9	Le tableau périodique et les familles chimiques	60
	MÉMO VISUEL	62

EXERCICES

SE TESTER	Exercices 1 à 3	64
S'ENTRAÎNER	Exercices 4 à 14	65
OBJECTIF BAC	Exercice 15 • Problème guidé	69

CORRIGÉS

Exercices 1 à 15 — 71

7 De l'atome aux éléments chimiques

En bref Un élément chimique peut se trouver dans différentes entités chimiques : atome, ions, molécules. Connaître la constitution d'un atome permet de comprendre ce qui caractérise un élément chimique.

I Structure et caractéristiques de l'atome

- L'atome est constitué d'un noyau central autour duquel gravitent des électrons constituant un nuage électronique.

- Le noyau d'un atome, chargé positivement, est constitué de protons et de neutrons, appelés nucléons. Les protons et neutrons ont des masses peu différentes : $m_{proton} \approx m_{neutron} \approx 1{,}67 \times 10^{-27}$ kg. Les neutrons sont électriquement neutres, tandis que les protons portent une charge électrique positive q_{proton} appelée charge élémentaire et notée e : $q_{proton} = e = 1{,}6 \times 10^{-19}$ C (Le coulomb (C) est l'unité de charge électrique).

- On symbolise le noyau d'un atome ainsi :

$${}^{A}_{Z}X$$
X est le symbole de l'élément ; Z, appelé numéro atomique, est le nombre de protons et A, appelé nombre de masse, est le nombre de nucléons (protons + neutrons).

- Les électrons ont une masse de $9{,}11 \times 10^{-31}$ kg soit environ 2 000 fois plus petite que celle d'un nucléon et portent une charge électrique élémentaire négative opposée à la charge du proton. : $q_{électron} = -e = -1{,}6 \times 10^{-19}$ C ($q_{électron} = -q_{proton}$).

- Un atome est électriquement neutre car il contient autant de protons dans son noyau que d'électrons dans son nuage électronique.

- La masse d'un atome est quasiment égale à celle de son noyau :
$m_{atome} = A \times m_{nucléon}$ car : $m_{électron} \ll m_{nucléon}$.

- Le diamètre de l'atome est de l'ordre de 10^{-10} m, alors que celui du noyau est de l'ordre de 10^{-15} m : le noyau est donc environ 100 000 fois plus petit.

II Élément chimique

- Un élément chimique est caractérisé par son numéro atomique Z et représenté par son symbole chimique : une majuscule suivie éventuellement d'une minuscule.

- Des entités (atomes, ions) ayant le même numéro atomique Z, mais des nombres de nucléons A différents sont appelés isotopes. Ils diffèrent par leur nombre de neutrons. *Exemples* : ${}_{29}Cu^{2+}$; ${}^{63}_{29}Cu$ et ${}^{65}_{29}Cu$.

À NOTER
Un atome peut perdre ou gagner un ou plusieurs électrons, il forme un **ion monoatomique** : Cu^{2+} a perdu 2 électrons (29 protons et 27 électrons).

Méthode

Utiliser le symbole $_{Z}^{A}X$ et calculer la masse d'un atome

a. Détailler la composition d'un atome d'aluminium dont le noyau est symbolisé par $_{13}^{27}Al$.

b. Calculer le rapport des masses d'un nucléon et d'un électron, puis conclure.

c. Calculer la masse d'un atome d'aluminium $_{13}^{27}Al$.

d. Dans cette liste :
$_{8}^{17}X$; $_{6}^{14}X$; $_{7}^{14}X$; $_{7}^{17}X$, combien y a-t-il d'éléments chimiques ?

CONSEILS
a. Dénombrez le nombre de protons, de neutrons et d'électrons.
b. Calculez en utilisant les propriétés des puissances de 10 : $\dfrac{10^a}{10^b} = 10^{a-b}$.
c. Tenez compte du résultat précédent !
d. Par quoi reconnaît-on un même élément chimique ?

SOLUTION

a. Al est le symbole de l'aluminium. Son noyau contient $A = 27$ nucléons, et $Z = 13$ protons soit $A - Z = 27 - 13 = 14$ neutrons.
L'atome est neutre, il possède donc autant de protons que d'électrons (13 électrons) puisque $q_{\text{électron}} = -q_{\text{proton}}$.

b. En reprenant les valeurs données page précédente :

$\dfrac{m_{\text{nucléon}}}{m_{\text{électron}}} = \dfrac{1{,}67 \times 10^{-27}}{9{,}11 \times 10^{-31}} = 1{,}83 \times 10^3$. Le proton et le neutron sont 1 830 fois plus lourds que l'électron. On peut donc négliger la masse des électrons devant celle des nucléons.

c. Pour un atome possédant Z protons, $(A - Z)$ neutrons et Z électrons :
$m_{\text{atome}} = Z \times m_{\text{proton}} + (A - Z) \times m_{\text{neutron}} + Z \times m_{\text{électron}}$. On vient de montrer que la masse des électrons est négligeable devant celle des nucléons :
$m_{\text{atome}} = Z \times m_{\text{proton}} + (A - Z) \times m_{\text{neutron}}$ et $m_{\text{proton}} \approx m_{\text{neutron}}$ d'où :
$m_{\text{atome}} = A \times m_{\text{nucléon}}$.
La masse d'un atome d'aluminium de noyau $_{13}^{27}Al$ est : $m_{\text{atome}} = 27 \times m_{\text{nucléon}}$ soit : $m_{\text{atome}} = 27 \times 1{,}67 \times 10^{-27} = 4{,}51 \times 10^{-26}$ kg.

d. Le numéro atomique Z caractérise l'élément chimique. Il y a donc trois éléments chimiques dans la liste.
- $_{7}^{14}X$ et $_{7}^{17}X$ sont deux isotopes d'un même élément avec $Z = 7$.
- $_{8}^{17}X$ correspond à un autre élément puisque $Z = 8$.
- Le troisième élément est $_{6}^{14}X$ avec $Z = 6$.

8 Le cortège électronique et sa configuration

En bref Il est nécessaire de connaître la configuration électronique d'un atome, d'un ion... pour expliquer les propriétés chimiques de la matière.

I L'atome d'hydrogène

■ Le schéma montre la probabilité de trouver l'unique électron de l'atome d'hydrogène à un instant donné. L'électron apparaît principalement dans une zone sphérique, centrée sur le noyau. On dit que l'électron appartient à une **couche électronique** notée K.

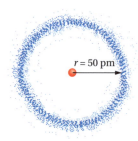

$r = 50$ pm

■ Cette couche K contient un seul **niveau d'énergie** ou **sous-couche** notée 1s. L'atome hydrogène a un électron qui se situe dans la sous-couche 1s : on note $1s^1$ sa configuration électronique.

II Configuration électronique des atomes

■ De même, les électrons des autres atomes se répartissent autour du noyau sur des couches K, L, M... dans l'ordre d'éloignement. Plus les électrons sont proches du noyau, plus ils sont liés à ce noyau.
- La première **couche K** est constituée d'une sous-couche : 1s.
- La deuxième **couche L** est constituée de deux sous-couches : 2s et 2p.
- La troisième **couche M** de trois sous-couches : 3s, 3p et 3d...

■ Les électrons se disposent autour du noyau de manière à ce que leur niveau d'énergie soit le plus bas. Ainsi, pour les premiers niveaux d'énergie (ou sous-couches), les **règles** suivantes permettent de les répartir.
- Ils se remplissent selon l'ordre : 1s, 2s, 2p, 3s puis 3p.
- Pour pouvoir entamer le remplissage d'une nouvelle couche, il faut que toutes celles de niveaux d'énergie inférieurs soient remplies.
- Chaque sous-couche ne peut contenir qu'un nombre limité d'électrons : 2 sur s, 6 sur p...

■ La configuration électronique d'un atome représente la répartition des électrons de cet atome sur les différentes sous-couches. La dernière couche occupée est appelée **couche externe** ; ses électrons sont appelés **électrons de valence**.

À NOTER Une couche est dite saturée si elle est totalement remplie.

Exemple : $^{16}_{8}O$: Z = 8, il y a 8 électrons à placer soit la configuration : $1s^2\ 2s^2\ 2p^4$. Les chiffres en bleu représentent la couche, la lettre la sous-couche, et l'exposant en rouge le nombre d'électrons contenus dans la sous-couche.
La somme des exposants donne donc le nombre total d'électrons : $2 + 2 + 4 = 8$. L est la couche externe avec 6 électrons de valence pour l'atome d'oxygène.

Méthode

Écrire une configuration électronique et déterminer le nombre d'électrons de valence

a. Quelles sont les configurations électroniques des atomes d'hydrogène H, de carbone C et de l'ion oxyde O^{2-} ?

b. Combien y a-t-il d'électrons de valence pour l'atome de carbone C et pour l'ion chlorure $C\ell^-$?

Données : numéro atomique : $Z(H) = 1$, $Z(C) = 6$, $Z(O) = 8$, $Z(C\ell) = 17$.

CONSEILS

a. Rappelez-vous que l'atome est toujours neutre, il possède donc autant de protons que d'électrons. Attention dans le cas d'un ion, regardez bien sa charge pour déterminer le nombre d'électrons. Dans le cas où un ion perd un ou plusieurs électrons, c'est un cation chargé positivement ; dans le cas où il gagne un ou plusieurs électrons, c'est un anion chargé négativement → FICHE 10.
b. La dernière couche remplie est la couche externe qui contient les électrons de valence.

SOLUTION

a. Il faut connaître le nombre d'électrons présents. Z donne le nombre de protons et pour un atome c'est aussi le nombre d'électrons.

• L'atome d'hydrogène H n'a qu'un électron, situé sur la 1re couche K. La couche K est constituée d'une sous-couche s, soit la configuration électronique : $1s^1$.

• L'atome de carbone C, possède 6 électrons dans son cortège électronique, 2 sur la 1re couche K ($1s^2$) qui est alors saturée puis 4 sur la 2e couche L constituée de deux sous-couches s et p : $2s^2\ 2p^2$. Une fois la sous-couche s remplie, on complète alors la sous-couche p. La sous-couche s contient au maximum 2 électrons et la sous-couche p, 6 !
La configuration électronique du carbone est : $1s^2\ 2s^2\ 2p^2$.

• L'ion oxyde O^{2-} est un atome d'oxygène O ($Z = 8$) qui a gagné 2 électrons, il possède donc $8 + 2 = 10$ électrons et sa configuration sera :
K : $1s^2$ couche saturée puis L : $2s^2\ 2p^6$ couche également saturée.
La configuration électronique de l'ion oxyde O^{2-} est : $1s^2\ 2s^2\ 2p^6$.

b. • Pour le carbone de configuration : $1s^2\ 2s^2\ 2p^2$, la couche externe est la couche L ($2s^2\ 2p^2$) constituée de $2 + 2 = 4$ électrons. L'atome de carbone a donc 4 électrons de valence.

• L'ion chlorure $C\ell^-$ est un atome qui a gagné un électron. Il possède donc 18 électrons dans son nuage électronique. Ces 18 électrons se répartissent sur les couches K, L et M et sa configuration est : $1s^2\ 2s^2\ 2p^6\ 3s^2\ 3p^6$. Il possède 8 électrons de valence sur la couche externe M ($3s^2\ 3p^6$).

Les éléments chimiques et leur classification

9 Le tableau périodique et les familles chimiques

En bref La connaissance des configurations électroniques permet de comprendre la construction du tableau périodique des éléments et d'identifier des propriétés communes à certains, regroupés alors par famille chimique.

I Historique

- Au XIXe siècle, le chimiste russe Mendeleïev (1834-1907) propose une classification des éléments chimiques par masse atomique croissante et regroupe ceux qui ont des propriétés chimiques communes.
- Il est à l'origine de la classification périodique (→ RABATS II et III).

II Critère de la classification

- Les éléments chimiques sont classés par numéro atomique Z croissant.
- Le remplissage d'une ligne ou période correspond au remplissage d'une couche électronique (K, L, M...).
- Les éléments possédant le même nombre d'électrons de valence sur la couche externe sont placés dans une même colonne.

III Présentation de la classification périodique

- Les trois premières périodes sont présentées sur le (→ RABAT I).
Exemple : du lithium Li au néon Ne, la 2e période est associée au remplissage progressif de la couche électronique L (2s 2p).

- Un élément situé dans la n^e colonne possède autant d'électrons de valence que l'unité de la colonne.
Exemple : 13e colonne, 3 électrons de valence.

- La classification des éléments est qualifiée de périodique car les éléments ayant des propriétés chimiques semblables sont situés dans une même colonne : ils constituent une famille chimique. Cette ressemblance est due à leur configuration électronique externe qui est la même.
Exemples :
• Les gaz rares ou nobles ont une couche externe en duet (2 électrons) pour He sinon en octet (8 électrons). Ils sont très stables (grande inertie chimique) (→ FICHE 11).
• Les alcalins (1re colonne) sont des métaux relativement mous qui réagissent vivement avec l'eau.
• Le carbone C et le silicium S ont 4 électrons de valence : $2s^2\ 2p^2$ pour C et $3s^2\ 3p^2$ pour Si. Ils sont donc de la même famille (14e colonne).

COURS & MÉTHODES

Méthode

Positionner un atome dans la classification

a. Identifier l'atome X de configuration électronique : $1s^2\ 2s^2\ 2p^6\ 3s^2\ 3p^3$. Quel est son voisin dans la classification périodique ? L'atome d'azote N ($Z = 7$) fait-il partie de la même famille ?

b. À quelle famille appartiennent les éléments néon ($Z = 10$) et argon ($Z = 18$) ? Donner leur configuration électronique.

c. Comment appelle-t-on la famille des éléments dont l'atome possède un seul électron de valence ?

 CONSEILS

a. La configuration électronique permet de positionner un élément dans la classification périodique (et réciproquement).
Chaque ligne, ou période de la classification, correspond au remplissage d'une couche électronique (1re ligne, couche K ; 2e ligne, couche L…). Le numéro de la couche externe correspond au numéro de la période dans laquelle il se trouve.
b. et **c.** Recherchez le nombre d'électrons de valence pour trouver la colonne.

SOLUTION

a. La configuration électronique de l'atome X est : $1s^2\ 2s^2\ 2p^6\ 3s^2\ 3p^3$.

La couche externe de l'atome X est la 3e couche M : 3e ligne ou période.

La couche externe est $3s^2 3p^3$ elle contient 2 + 3 = 5 électrons de valence. Cet atome se situe donc dans la 15e colonne. Si on regarde à l'intersection de la 15e colonne et 3e ligne, on trouve l'élément phosphore P.

Réciproquement, un élément qui se trouve dans la 15e colonne de la classification possède 5 électrons de valence. S'il se trouve dans la 3e période, alors la dernière couche occupée est la couche M. Les couches K et L sont alors saturées, sa configuration électronique est : $1s^2\ 2s^2\ 2p^6\ 3s^2\ 3p^3$.

• L'atome qui suit le phosphore dans la classification possède un électron de plus sur sa couche externe, d'où la configuration : $1s^2\ 2s^2\ 2p^6\ 3s^2\ 3p^4$; il s'agit du soufre S (16e colonne, 3e période).

• L'atome d'azote N ($Z = 7$) possède 7 électrons dans son nuage électronique et a la configuration : $1s^2\ 2s^2\ 2p^3$. Sa couche externe (L) contient 3 + 2 = 5 électrons de valence comme le phosphore, ils auront alors les mêmes propriétés chimiques. L'azote N fait partie de la même famille que le phosphore. Il se situe juste au-dessus du phosphore dans la même colonne de la classification périodique (15e colonne, 2e période).

b. Ne : $1s^2\ 2s^2\ 2p^6$ et Ar : $1s^2\ 2s^2\ 2p^6\ 3s^2\ 3p^6$ possèdent 8 électrons de valence et se situent dans la 18e colonne : ils appartiennent à la famille des gaz rares.

c. Ce sont les éléments de la 1re colonne : famille des alcalins.

MÉMO VISUEL

Constitution d'un atome
- **Noyau** constitué de nucléons : protons et neutrons.
- Nuage électronique : les **électrons** gravitent autour du noyau.

Représentation d'un noyau atomique

Nombre de masse A : nombre de nucléons → A

Nombre atomique Z : nombre de protons → Z

$${}^{A}_{Z}X$$

Symbole : C carbone, H hydrogène…

Nombre de **neutrons** : $N = A - Z$

Modélisation de l'atome

ATOMES ET

Caractéristiques d'un atome
- **Masse** quasiment égale à celle de son noyau :
$$m_{atome} = m_{noyau} = A \times m_{nucléon}$$
$m_{proton} = m_{neutron} = m_{nucléon}$ et $m_{électron} \ll m_{nucléon}$
- **Électriquement neutre** :
Z protons de charge $+ e$
Z électrons de charge $- e$
neutrons non chargés
- **Taille** 10^5 fois plus grande que son noyau :
diamètre atome $= 10^{-10}$ m
diamètre noyau $= 10^{-15}$ m

Configuration électronique d'un atome

- Répartition des Z électrons dans l'ordre suivant :

1ʳᵉ couche K	1s	2 électrons au maximum
2ᵉ couche L	2s 2p…	8 électrons au maximum
3ᵉ couche M	3s 3p…	…

- Nombre maximum d'électrons dans les **sous-couches** : **s** : **2 électrons** ; **p** : **6 électrons**.
- Dans la classification périodique :
  - Les **éléments** sont classés par Z croissant.
  - Une ligne ou **période** correspond à une couche électronique.

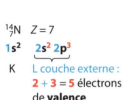
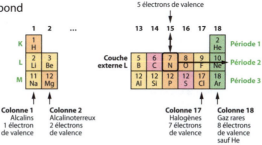

Classification périodique

CLASSIFICATION

Définitions

- **Élément** : il est caractérisé par Z.

  Exemple : $^{63}_{29}$Cu, $^{65}_{29}$Cu et $_{29}$Cu^{2+}

- **Famille chimique** : ensemble des éléments d'une même colonne (mêmes propriétés car même nombre d'électrons de valence).

- **Isotopes** : même Z mais N différent.

  Exemple : $^{12}_{6}$C et $^{14}_{6}$C

- **Ion** : atome qui a gagné ou perdu un ou plusieurs électrons.

  Exemples : Na$^+$ – 1 électron   **cation**
             O^{2-} + 2 électrons   **anion**

Les éléments chimiques et leur classification

▶ SE TESTER QUIZ

*Vérifiez que vous avez bien compris les points clés des **fiches 7 à 9**.*

1 De l'atome aux éléments chimiques → FICHE 7

1. Parmi les affirmations suivantes, lesquelles sont vraies ?

☐ **a.** Un atome électriquement neutre est constitué d'un noyau négatif et d'un nuage électronique positif.
☐ **b.** Le noyau d'un atome ne contient que des protons.
☐ **c.** La masse d'un atome est égale à celle de ses électrons.
☐ **d.** Un élément est caractérisé par son numéro atomique.
☐ **e.** Deux isotopes possèdent le même nombre de nucléons.
☐ **f.** L'atome de sodium Na et l'ion sodium Na$^+$ correspondent à un même élément chimique.

2. L'atome de sodium (Na) a un numéro atomique $Z = 11$ et un nombre de nucléons $A = 23$. Parmi les affirmations suivantes, lesquelles sont vraies ?

☐ **a.** Le symbole de son noyau est $^{23}_{11}$Na.
☐ **b.** Il possède 11 protons et 23 neutrons.
☐ **c.** Son nuage électronique contient 12 électrons.

2 Le cortège électronique et sa configuration → FICHE 8

Parmi les affirmations suivantes sur l'atome de bore $^{10}_{5}$B, lesquelles sont vraies ?

☐ **a.** Son nuage électronique est constitué de 10 électrons.
☐ **b.** Sa configuration électronique est 1s^2 2s^2 2p^6.
☐ **c.** Sa couche externe est la couche L.
☐ **d.** Le bore a un électron de valence.

3 Le tableau périodique et les familles chimiques → FICHE 9

Parmi ces affirmations sur la classification périodique, lesquelles sont vraies ?

☐ **a.** Les éléments sont classés par ordre de taille croissante.
☐ **b.** Les éléments présents sur une même ligne forment une famille chimique.
☐ **c.** Les éléments placés dans une même colonne ont des propriétés chimiques voisines.
☐ **d.** Deux atomes ayant la même couche électronique externe se retrouvent dans une même colonne.

S'ENTRAÎNER

4 Symbole d'un noyau atomique
→ FICHE 7

Le noyau d'un atome de l'élément X est symbolisé par $^A_Z X$.

a. Comment se nomme le nombre Z et que représente-t-il ?
b. Comment se nomme le nombre A et que représente-t-il ?
c. Comment détermine-t-on le nombre de neutrons dans le noyau ?
d. Donner la constitution du noyau d'uranium $^{238}_{92}U$.

5 Constitution de quelques atomes
→ FICHE 7

Compléter ce tableau qui décrit la constitution de quelques atomes.

Nom	Symbole	Z	A	Nombre de protons	Nombre de neutrons	Nombre d'électrons
hydrogène			1			1
oxygène		8			8	
chlore	Cℓ			17	20	
carbone		6	12			

6 Identifier un isotope
→ FICHE 7

On considère les noyaux suivants : $^{64}_{28}Ni$, $^{65}_{29}Cu$, $^{66}_{30}Zn$ et $^{56}_{28}X$.

a. Décrire leur constitution.
b. Donner le symbole du noyau $^{56}_{28}X$. Justifier votre réponse.

7 Une météorite sur Mars
→ FICHE 7

Le robot américain Opportunity, parcourant la surface de Mars en 2005, a découvert la première météorite qu'on n'ait jamais vue sur une planète autre que la Terre. Elle a un diamètre d'environ 30 cm et contient une grande quantité de nickel et de fer.
L'atome de nickel contient 59 nucléons et 28 protons ; l'atome de fer comporte 26 électrons dans son nuage électronique et 30 neutrons dans son noyau.

a. Quel est le nombre de neutrons du noyau de nickel ? Quel est le nombre d'électrons dans l'atome de nickel ?
b. Donner la représentation symbolique du noyau de nickel.
c. Quel est le nombre de protons dans le noyau de l'atome de fer ? Justifier.
d. Donner la représentation symbolique du noyau de fer.

CONSEILS
a. et d. Reportez-vous si nécessaire à la classification périodique → RABATS II et III.

Les éléments chimiques et leur classification

8 Un atome précieux

→ FICHE 7

L'or est un élément chimique de symbole Au (du latin *aurum*). La représentation symbolique du seul isotope naturel stable de l'or est $^{197}_{79}$Au. Le rayon d'un atome de cet isotope est $R_A = 0{,}16$ nm et celui de son noyau est $R_N = 7$ fm.

a. Calculer la masse m_N de son noyau, en déduire celle de l'atome en justifiant votre réponse.

b. Exprimer R_A et R_N en mètres et en écriture scientifique, puis calculer le rapport du premier rayon sur le second.

c. Quel serait le rayon de l'atome d'or si le rayon de son noyau valait 1 cm ?

d. L'or pur à 100 % n'existe pas. Il est généralement allié à de l'argent et du cuivre pour constituer un alliage. Le carat (symbole ct) est une mesure de pureté de métaux précieux. Un carat représente 1/24e de la masse totale d'un alliage. Par exemple, dans 24 g d'or à 15 carats, il n'y a que 15 g d'or pur.
On dispose d'un jonc (ou bracelet) de 10 g en or 18 carats.
Quelle est la masse d'or pur contenue dans ce jonc ? En déduire le pourcentage massique d'or dans ce bracelet.

e. Déterminer le nombre d'atomes d'or dans ce même bracelet.

Donnée : masse d'un nucléon : $m_n = 1{,}7 \times 10^{-27}$ kg.

9 Configuration électronique de quelques atomes

→ FICHE 8

Compléter le tableau suivant à partir de la classification périodique → RABATS II et III.

Élément	Z	Configuration électronique	Couche externe	Nombre d'électrons sur la couche externe
hélium He				
	3			
béryllium Be		1s² 2s²		
			M	5
sodium Na				
néon Ne				
			M	8
azote N				
		1s² 2s² 2p⁶ 3s² 3p⁵		
	16			

Données : numéro atomique Z des 18 premiers éléments chimiques.

	H	He	Li	Be	B	C	N	O	F	Ne	Na	Mg	Al	Si	P	S	Cl	Ar
Z	1	2	3	4	5	6	7	8	9	10	11	12	13	14	15	16	17	18

10 Question de famille → FICHE 9

À partir de la classification périodique →RABATS II et III répondre aux questions suivantes, en sachant que le numéro atomique du rubidium est $Z = 37$.

a. Quel est le symbole chimique du rubidium ?

b. À quelle famille appartient-il ?

c. Citer des éléments chimiques ayant des propriétés chimiques similaires et donner leurs symboles.

d. Combien ces éléments ont-ils d'électrons sur leur couche externe ?

11 Configuration électronique et tableau périodique → FICHES 8 et 9

À partir des configurations électroniques de ces 5 atomes, répondre aux questions en justifiant.

① $1s^2\ 2s^2\ 2p^6\ 3s^1$ ② $1s^2\ 2s^2\ 2p^3$ ③ $1s^2\ 2s^1$
④ $1s^2\ 2s^2\ 2p^4\ 3s^2$ ⑤ $1s^2\ 2s^2\ 2p^6\ 3s^2\ 3p^5$

a. Une des configurations proposées est incorrecte, l'identifier.

b. Quelles sont les configurations qui correspondent aux éléments d'une même famille chimique ? Nommer cette famille.

c. Où se situe l'atome ⑤ dans la classification périodique ?

d. Je suis dans la 2e période et la 3e colonne. Ma configuration électronique est-elle une des 5 proposées ci-dessus ?

12 Le sodium → FICHES 8 et 9

L'élément chimique de numéro atomique 11 est le sodium de symbole Na.
Le noyau d'un atome de sodium contient 12 neutrons.

a. Combien d'électrons possède-t-il ?

b. Donner sa configuration électronique.

c. Où se situe-t-il dans la classification périodique ?

d. L'ion sodium possède 10 électrons. Quel est son symbole ?

> **CONSEILS**
> **c.** Relisez les règles de remplissage →FICHE 8.

13 Ions monoatomiques stables → FICHES 8, 9 et 11

a. Compléter le tableau en fin d'exercice page suivante : il permet de déterminer les formules de quelques ions monoatomiques stables.

b. Que constatez-vous concernant le nom d'un ion par rapport au nom de l'atome dont il provient ?

c. Quel est le point commun entre l'atome de néon Ne ($Z = 10$), l'ion fluorure et l'ion magnésium ? Qu'est-ce qui diffère dans leur constitution ?

d. Pourquoi les éléments fluor et chlore font-ils partie de la même famille chimique ?

Les éléments chimiques et leur classification 67

e. L'élément strontium Sr a des propriétés chimiques semblables à l'élément magnésium. Quel ion stable donnera-t-il ?

	Nom Symbole	lithium Li	fluor F	magnésium Mg	soufre S	chlore Cℓ
ATOME	Z		9	12	16	17
	Conf. él.	1s² 2s¹				
	Gain ou perte d'électron(s)	− 1 électron	+ 1 électron			+ 1 électron
ION	Conf. él.				1s² 2s² 2p⁶ 3s² 3p⁶	
	Formule			Mg²⁺		
	Nom	ion lithium	ion fluorure	ion magnésium	ion sulfure	ion chlorure

Le magnésium

→ FICHES **7** à **9** et **11**

Le magnésium est produit dans de grandes étoiles vieillissantes. Lorsque ces étoiles explosent en tant que supernovæ, une grande partie du magnésium est expulsée dans le milieu interstellaire où il est recyclé. On en retrouve abondamment d'ailleurs dans la croûte terrestre.
La masse de l'atome de magnésium est : $m_{Mg} = 4,08 \times 10^{-26}$ kg.

a. Donner la relation de la masse m d'un atome en fonction de A nombre de nucléons et de la masse m_n d'un nucléon. En déduire le nombre de nucléons A du magnésium.

b. On donne : $Q = -1,92 \times 10^{-18}$ C, la charge totale des électrons de l'atome de magnésium. Calculer le nombre d'électrons N_e contenus dans un atome de magnésium. En déduire le numéro atomique Z du magnésium.

> **CONSEILS**
>
> **b.** Attention ! Chaque électron a une charge −e.
> La charge totale des électrons d'un atome est donc égale au nombre d'électrons N_e multiplié par la charge d'un électron.

c. Donner la représentation symbolique du noyau de l'atome de magnésium.

d. Où se situe le magnésium dans la classification périodique ?

e. Sur Terre, on trouve le magnésium sous forme d'ion monoatomique stable. Sa configuration électronique est alors 1s² 2s² 2p⁶. Donner la représentation de l'ion magnésium.

Données : • masse d'un nucléon : $m_n \approx 1,7 \times 10^{-27}$ kg ;
• charge élémentaire e = $1,6 \times 10^{-19}$ C.

▶ OBJECTIF BAC

15 L'origine des émeraudes
45 min

> Ce problème met en évidence l'importance de la composition isotopique en oxygène pour déterminer la provenance de minéraux : des émeraudes. C'est l'occasion de réinvestir ses connaissances sur les isotopes et d'effectuer des calculs numériques pour valider certaines informations.

📄 LE PROBLÈME

L'émeraude est un minéral de formule $Be_3Al_2Si_6O_{18}$. Sa couleur verte est due à d'infimes quantités de chrome et parfois de vanadium qui remplacent les atomes d'aluminium. Grâce à une nouvelle technique, on peut aujourd'hui déterminer la provenance des émeraudes sans les détériorer.

Pour identifier le gisement d'où provient l'émeraude, on détermine sa composition isotopique en oxygène, un élément qui constitue environ 50 à 65 % en masse du cristal. Les émeraudes contiennent trois isotopes stables de l'oxygène. Le noyau de l'isotope 16 comporte 8 protons et 8 neutrons, tandis que ceux des isotopes 17 et 18 contiennent respectivement 1 et 2 neutrons de plus. La composition isotopique des émeraudes d'un gisement dépend de leurs conditions de formation, notamment de la température et de la composition isotopique des roches mères.

Les mesures expérimentales permettent de déterminer le rapport des quantités d'isotopes 18 et 16, noté $\frac{^{18}O}{^{16}O}$ dans une émeraude. Ces mesures ont été effectuées pour des émeraudes issues de 62 gisements. Les analyses ont montré que chaque gisement d'émeraude est caractérisé par un intervalle spécifique du rapport $\frac{^{18}O}{^{16}O}$ qui varie entre 7 et 25.

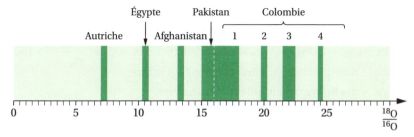

a. Donner le nom des éléments chimiques présents dans les émeraudes. Pourquoi sont-elles de couleur verte ?

b. À quelle condition des atomes sont-ils isotopes ? Donner la représentation symbolique des noyaux des isotopes de l'oxygène présents dans les émeraudes.

> 👍 **CONSEILS**
> **a.** Reportez-vous si nécessaire à la classification périodique
> → RABATS II et III

c. Où se situent ces isotopes dans la classification périodique ?

d. Calculer les masses approchées des isotopes de l'oxygène.

e. Déterminer le pourcentage en masse d'oxygène présent dans le minéral en supposant que tout l'oxygène présent est l'isotope 16. Faire de même en ne considérant que l'oxygène 18. Est-ce compatible avec l'indication donnée dans le texte ?

f. Une émeraude trouvée sur une boucle d'oreille gallo-romaine a un rapport isotopique $\frac{^{18}O}{^{16}O}$ = 15. Quelle est son origine ?

Données : • masse d'un nucléon : $m_n = 1{,}7 \times 10^{-27}$ kg ;

• masse du minéral $Be_3Al_2Si_6O_{18}$: $m = 9{,}2 \times 10^{-25}$ kg.

▶▶▶ LA FEUILLE DE ROUTE

a. **Utiliser la classification périodique**
La classification périodique vous permet de nommer les éléments. Pour expliquer la couleur des émeraudes, lisez l'énoncé pour relever les informations pertinentes.

b. **Connaître la notion d'isotopie et la représentation d'un noyau $^A_Z X$** → FICHE 7
Justifiez à partir de la définition d'isotopes.
Vous devez savoir ce que représentent A et Z. À partir des informations fournies dans le texte, déterminez les valeurs de A et Z.

c. **Situer un élément dans la classification**   → FICHES 8 et 9
Écrivez la configuration électronique pour situer l'élément dans la classification.

d. **Calculer la masse approchée d'un atome**   → FICHE 7
Sachant que la masse des électrons est négligeable devant celle des nucléons, calculez la masse approchée de chaque isotope. Donnez un résultat à deux chiffres significatifs et associé à une unité.

À NOTER
d. La masse approchée d'un atome est $m_{(atome)} = A \times m_{nucléon}$

e. **Effectuer un calcul numérique**
Recherchez la formule du minéral et déterminez la masse d'oxygène contenue dans ce minéral. Calculez le pourcentage demandé c'est-à-dire : $\frac{m_{oxygène}}{m_{minéral}} \times 100$.
Comparez votre résultat à la valeur donnée dans le texte.

f. **Extraire des informations utiles et les analyser**
Relisez le texte si nécessaire pour identifier la grandeur recherchée et exploiter également le diagramme.
Quelle est la grandeur mesurée pour déterminer la provenance d'une émeraude ?

CORRIGÉS

▶ SE TESTER QUIZ

1 Des atomes aux éléments chimiques

1. Réponses d et f. L'affirmation **a** est fausse car un atome est bien neutre, mais son noyau est chargé positivement et son nuage électronique négativement.
L'affirmation **b** est fausse car le noyau de l'atome contient des protons et des neutrons.
L'affirmation **c** est fausse : la masse approchée d'un atome est égale à celle de ses nucléons (noyau) car la masse de ses électrons est négligeable.
L'affirmation **d** est vraie : un atome et un ion d'un même élément chimique ont le même symbole.
L'affirmation **e** est fausse car deux atomes isotopes appartiennent au même élément, ils possèdent donc le même nombre de protons et un nombre différent de neutrons et donc de nucléons.

2. Réponse a. Le symbole de son noyau est $^A_Z X$ donc ici $^{23}_{11}Na$. Il possède 11 protons et $23 - 11 = 12$ neutrons, soit 23 nucléons au total. Son nuage électronique contient 11 électrons car l'atome est neutre et contient autant d'électrons que de protons.

2 Le cortège électronique et sa configuration

Réponse c. Les affirmations **a** et **b** sont fausses car $^{10}_5B$ signifie $Z = 5$, le bore a donc 5 protons dans son noyau, et donc 5 électrons dans son nuage électronique ; sa configuration électronique est $1s^2\ 2s^2\ 2p^1$.
L'affirmation **d** est fausse car la couche externe est la 2e couche soit la couche L ($2s^2\ 2p^1$) contenant 3 électrons, soit 3 électrons de valence.

3 Le tableau périodique et les familles chimiques

Réponses c et d. Les éléments d'une même famille ont la même couche électronique externe, ce qui leur confère les mêmes propriétés chimiques.
L'affirmation **a** est fausse : les éléments sont classés par numéro atomique Z croissant. L'affirmation **b** est fausse : ce sont les éléments placés dans une même colonne qui forment une famille chimique ; une ligne est appelée période.

▶ S'ENTRAÎNER

4 Symbole d'un noyau atomique.

a. Z est le numéro atomique et représente le nombre de protons.
b. A est le nombre de masse et représente le nombre total des nucléons (protons et neutrons) présents dans le noyau.
c. Le nombre de neutrons N est donc : $N = A - Z$.
d. Le noyau d'uranium est composé de 92 protons ($Z = 92$) et de 238 nucléons ($A = 238$). Le nombre de neutrons est : $N = A - Z = 238 - 92 = 146$ neutrons. Le noyau d'uranium contient 92 protons et 146 neutrons.

5 Constitution de quelques atomes

Nom	Symbole	Z	A	Nombre de protons	Nombre de neutrons	Nombre d'électrons
hydrogène	H	**1**	1	**1**	0	1
oxygène	O	8	16	**8**	8	**8**
chlore	Cℓ	**17**	37	17	20	**17**
carbone	C	6	12	**6**	**6**	6

6 Identifier un isotope

a. Un noyau est constitué de Z protons et $N = A - Z$ neutrons.

Symbole du noyau	$^{64}_{28}$Ni	$^{65}_{29}$Cu	$^{66}_{30}$Zn	$^{56}_{28}$X
Nombre de protons Z	28	29	30	28
Nombre $N = A - Z$ de neutrons	36	36	36	28

b. Les trois premiers noyaux ont le même nombre de neutrons (36). Ces noyaux ne sont pas des isotopes puisqu'ils n'ont pas le même nombre de protons (Z).
En revanche, le noyau X est isotope de l'atome $^{64}_{28}$Ni : il s'agit du même élément nickel caractérisé par $Z = 28$. Ils ne diffèrent que par le nombre de neutrons dans leur noyau. Le noyau X a pour symbole : $^{56}_{28}$Ni.

CONSEILS
a. Les valeurs de Z et N sont obtenues à partir du symbole ^A_ZX →FICHE 7.

7 Une météorite sur Mars

a. $N = 59 - 28 = 31$ neutrons et l'atome possède 28 protons dans son noyau donc il a également 28 électrons.
b. $A = 59$ et $Z = 28$ soit $^{59}_{28}$Ni.
c. Il y a 26 électrons dans l'atome de fer donc 26 protons, car l'atome est électriquement neutre.
d. $A = 30 + 26 = 56$ et $Z = 26$ soit $^{56}_{26}$Fe.

À NOTER
c. L'électron porte la même charge électrique que le proton mais de signe opposé : $q(\text{proton}) = e$ avec e charge élémentaire et $q(\text{électron}) = -e$.

8 Un atome précieux

a. La masse du noyau est donc $m_N = 197 \times 1,67 \times 10^{-27} = 3,29 \times 10^{-25}$ kg.
L'atome et le noyau $^{197}_{79}$Au ont quasiment la même masse car les 79 électrons ont une masse très faible, négligeable devant celle des 197 nucléons.

b. Rayon atomique $R_A = 0,16$ nm $= 1,6 \times 10^{-1}$ nm et 1 nm $= 10^{-9}$ m
d'où $R_A = 1,6 \times 10^{-10}$ m et le rayon du noyau : $R_A = 7$ fm $= 7 \times 10^{-15}$ m.
$\dfrac{R_A}{R_N} = \dfrac{1,6 \times 10^{-10}}{7 \times 10^{-15}} = 2 \times 10^4 = 20\,000$.

c. Le calcul précédent signifie que le rayon du noyau est 20 000 fois supérieur à celui du noyau donc si le noyau mesurait 1 cm, l'atome mesurerait 20 000 cm soit 200 m.

d. Le jonc est en or 18 carats donc il est constitué de 18 g d'or pur pour 24 g d'alliage. Le jonc a une masse de 10 g donc il contient la masse d'or :
$m_{or} = \dfrac{18}{24} \times 10 = 7,5$ g.
Le pourcentage en masse d'or (ou pourcentage massique) dans le jonc est :
$\dfrac{7,5}{10} \times 100 = 75\,\%$.

e. $N = \dfrac{\text{masse d'or en kg}}{\text{masse d'un atome d'or en kg}} = \dfrac{7,5 \times 10^{-3}}{3,29 \times 10^{-25}} = 2,3 \times 10^{22}$.
Dans 7,5 g d'or pur il y a $2,3 \times 10^{22}$ atomes. Impressionnant !

À NOTER
b. 1 nm = 10^{-9} m et 1 fm = 10^{-15} m. Le résultat est exprimé avec un seul chiffre significatif comme la moins précise des données → FICHE 39.
e. Attention, il s'agit d'un rapport : les deux grandeurs doivent être exprimées avec la même unité, ici en kg.

9 Configuration électronique de quelques atomes

Élément	Z	Configuration électronique	Couche externe	Nombre d'électrons sur la couche externe
hélium He	2	$1s^2$	K	2
lithium Li	3	$1s^2\ 2s^1$	L	1
béryllium Be	4	$1s^2\ 2s^2$	L	2
phosphore P	15	$1s^2\ 2s^2\ 2p^6\ 3s^2\ 3p^3$	M	5
sodium Na	11	$1s^2\ 2s^2\ 2p^6\ 3s^1$	M	1
néon Ne	10	$1s^2\ 2s^2\ 2p^6$	L	8
argon Ar	18	$1s^2\ 2s^2\ 2p^6\ 3s^2\ 3p^6$	M	8
azote N	7	$1s^2\ 2s^2\ 2p^3$	L	5
chlore Cℓ	17	$1s^2\ 2s^2\ 2p^6\ 3s^2\ 3p^5$	M	7
soufre S	16	$1s^2\ 2s^2\ 2p^6\ 3s^2\ 3p^4$	M	6

Les éléments chimiques et leur classification

10 Question de famille

a. Le symbole chimique du rubidium est Rb.
b. Il appartient à la famille des alcalins, 1re colonne de la classification périodique.
c. Les éléments chimiques lithium Li, sodium Na, potassium K, césium Cs et francium Fr ont des propriétés chimiques similaires car ils appartiennent à la même famille.
d. Dans la 1re colonne du tableau, tous les éléments possèdent un électron sur leur couche externe.

11 Configuration électronique et tableau périodique

a. C'est la configuration ④ qui est incorrecte, puisqu'il faut que la couche L (2s 2p) soit saturée pour commencer à remplir la couche M. Or la sous-couche p contient au maximum 6 électrons et ici on en a seulement 4 ! On ne peut alors remplir la couche M : $1s^2\ 2s^2\ 2p^4\ 3s^2$; il faut donc écrire : $1s^2\ 2s^2\ 2p^6$.
b. Les éléments d'une même famille chimique ont le même nombre d'électrons de valence et se trouvent dans une même colonne. Les atomes ① ($3s^1$) et ③ ($2s^1$) ont un seul électron de valence : ils se situent dans la 1re colonne : ce sont des alcalins.
c. L'atome ⑤, de configuration $1s^2\ 2s^2\ 2p^6\ 3s^2\ 3p^6$, est dans la 3e période et dans la 18e colonne de la classification périodique (8 électrons de valence). Il s'agit d'un gaz rare.
d. Dans la 2e période de la classification périodique, la couche K ($1s^2$) est saturée et la couche externe est la 2e couche L.
Dans la 3e colonne, il y a 3 électrons de valence soit $2s^2\ 2p^1$. La configuration est : $1s^2\ 2s^2\ 2p^1$. Elle ne correspond à aucune des cinq proposées.

12 Le sodium

a. Le numéro atomique $Z = 11$ représente le nombre de protons. L'atome est électriquement neutre : il possède autant de protons que d'électrons. Il possède donc 11 électrons.
b. Les 11 électrons se répartissent sur les couches K, L, M...
Couche K : $1s^2$; elle est saturée, on poursuit avec la couche L.
Couche L : $2s^2\ 2p^6$; elle contient au maximum 8 électrons, elle est saturée.
Couche M : $3s^1$; c'est la dernière couche remplie, la couche externe.
La configuration électronique de l'atome de sodium est : $1s^2\ 2s^2\ 2p^6\ 3s^1$.
c. Le sodium se situe dans la 3e période (couche M) et la 1re colonne car il a un seul électron de valence ($3s^1$).
d. L'ion possède 10 électrons. Il a donc un électron de moins que l'atome : il s'agit du cation Na⁺.

À NOTER
b. La sous-couche s contient au maximum 2 électrons et la sous-couche p au maximum 6.

13 Ions monoatomiques stables

a.

	Nom Symbole	lithium Li	fluor F	magnésium Mg	soufre S	chlore Cℓ
ATOME	Z	3	9	12	16	17
	Conf. él.	$1s^2\ 2s^1$	$1s^2\ 2s^2\ 2p^5$	$1s^2\ 2s^2\ 2p^6\ 3s^2$	$1s^2\ 2s^2\ 2p^6\ 3s^2\ 3p^4$	$1s^2\ 2s^2\ 2p^6\ 3s^2\ 3p^5$
	Gain ou perte d'électron(s)	− 1 électron	+ 1 électron	− 2 électrons	+ 2 électrons	+ 1 électron
ION	Conf. él.	$1s^2$	$1s^2\ 2s^2\ 2p^6$	$1s^2\ 2s^2\ 2p^6$	$1s^2\ 2s^2\ 2p^6\ 3s^2\ 3p^6$	$1s^2\ 2s^2\ 2p^6\ 3s^2\ 3p^6$
	Formule	Li^+	F^-	Mg^{2+}	S^{2-}	$Cℓ^-$
	Nom	ion lithium	ion fluorure	ion magnésium	ion sulfure	ion chlorure

b. Un ion monoatomique positif (cation) porte le même nom que l'atome dont il est issu. *Exemple* : atome de magnésium et ion magnésium.
Un ion monoatomique négatif (anion) porte un nom dérivant du nom de l'atome. *Exemple* : atome de soufre et ion sulfure.

c. L'atome de néon Ne ($Z = 10$) $1s^2\ 2s^2\ 2p^6$, l'ion fluorure et l'ion magnésium ont le même nombre d'électrons (10) et par conséquent la même configuration électronique : $1s^2\ 2s^2\ 2p^6$. Pour autant, ce ne sont pas les mêmes entités puisque leur noyau est différent. Ils ne contiennent pas le même nombre Z de protons : 9 pour l'ion fluorure, 10 pour l'atome de néon.

d. Les éléments fluor et chlore font partie de la même famille chimique car ils ont le même nombre d'électrons externe 7 ($2s^2\ 2p^5$ ou $3s^2\ 3p^5$) ; ils ont les mêmes propriétés chimiques et donnent les mêmes ions monoatomiques.

e. L'élément strontium Sr fait partie de la même famille que le magnésium. Ce dernier donne l'ion stable Mg^{2+} donc, le strontium donnera également l'ion Sr^{2+} car ils ont même nombre d'électrons sur la couche externe et ont les mêmes propriétés.

14 Le magnésium

a. $m = A \times m_n$. La masse de l'atome de magnésium est $m_{Mg} = A \times m_n$ soit $A = \dfrac{m_{Mg}}{m_n}$.
$A = \dfrac{4{,}08 \times 10^{-26}}{1{,}7 \times 10^{-27}} = 24$. Le nombre de masse A du magnésium est donc $A = 24$.

b. Le nuage électronique est constitué de N_e électrons. Chaque électron porte la charge −e. La charge totale du nuage électronique est :
$Q = N_e \times (-e)$ d'où $N_e = \dfrac{Q}{-e} = \dfrac{-1{,}92 \times 10^{-18}}{-1{,}6 \times 10^{-19}} = 12$. Il y a donc 12 électrons dans cet atome. Le numéro atomique du magnésium est égal à son nombre d'électrons soit : $Z = 12$.

À NOTER

b. On peut également mener la même démarche avec la charge portée par le noyau $Q = Ze$ soit l'opposé de celle du nuage électronique.

Les éléments chimiques et leur classification

c. La représentation symbolique du noyau de magnésium caractérisé par $Z = 12$ et $A = 24$ est $^{24}_{12}Mg$.

d. Pour situer le magnésium dans la classification il faut déterminer sa configuration électronique. $Z = 12$ soit $1s^2\ 2s^2\ 2p^6\ 3s^2$. Les couches K et L sont saturées, la 3e couche M est la couche externe et elle contient 2 électrons de valence. Le magnésium est donc dans la 3e ligne du tableau périodique et dans la 2e colonne.

e. La configuration de l'ion magnésium est : $1s^2\ 2s^2\ 2p^6$. Il a donc perdu 2 électrons : il s'agit d'un cation (de charge +2). Sa représentation est : Mg^{2+}.

▶ OBJECTIF BAC

15 L'origine des émeraudes

a. L'émeraude est un minéral de formule $Be_3Al_2Si_6O_{18}$. Cette pierre précieuse est constituée des éléments béryllium Be, aluminium Aℓ, silicium Si et oxygène O.
La couleur verte des émeraudes est due à la présence d'atomes de chrome ou de vanadium dans le cristal qui prennent la place des atomes d'aluminium.

b. Des atomes isotopes sont caractérisés par le même numéro atomique, c'est-à-dire le même nombre de protons dans leur noyau et ne diffèrent que par leur nombre de neutrons.
L'isotope 16 de l'oxygène comporte 8 protons et 8 neutrons, donc $Z = 8$ et $A = N + Z = 16$ soit $^{16}_{8}O$. L'isotope 17 possède un neutron en plus donc $A = 17$ et $Z = 8$ soit $^{17}_{8}O$. L'isotope 18 lui doit avoir 18 nucléons (8 protons et 10 neutrons) d'où : $^{18}_{8}O$.

c. Ces isotopes appartiennent au même élément caractérisé par $Z = 8$ dont la configuration électronique est : $1s^2\ 2s^2\ 2p^4$. La couche externe est la 2e couche L et il y a 6 électrons de valence. L'élément oxygène se situe dans la 2e ligne et 16e colonne du tableau périodique.

d. La masse approchée d'un noyau est $m = A \times m_n$.
Pour l'oxygène 16 : $m_{(16)} = 16 \times 1{,}7 \times 10^{-27} = 2{,}7 \times 10^{-26}$ kg.
Pour l'oxygène 17 : $m_{(17)} = 17 \times 1{,}7 \times 10^{-27} = 2{,}9 \times 10^{-26}$ kg et pour l'oxygène 18, $m_{(18)} = 18 \times 1{,}7 \times 10^{-27} = 3{,}1 \times 10^{-26}$ kg.

e. Le pourcentage en masse d'oxygène 16 est égal à :
$$\frac{18 \times m_{(16)}}{m(Be_3Al_2Si_6O_{18})} \times 100 = \frac{18 \times 2{,}7 \cdot 10^{-26}}{9{,}2 \times 10^{-25}} \times 100 = 53\,\%.$$
Si on considère que l'oxygène est seulement de l'isotope 18 alors :
$$\frac{18 \times m_{(18)}}{m(Be_3Al_2Si_6O_{18})} \times 100 = \frac{18 \times 3{,}1 \cdot 10^{-26}}{9{,}2 \times 10^{-25}} \times 100 = 61\,\%.$$
Ces résultats sont en accord avec l'indication donnée dans le texte, puisqu'ils se situent dans l'intervalle de 50 à 65 % en masse.

f. Pour déterminer la provenance d'une émeraude, on calcule le rapport isotopique de l'isotope 18 par rapport à l'isotope 16. D'après le graphique, le rapport isotopique : $\frac{^{18}O}{^{16}O} = 15$ correspond à un gisement du Pakistan. L'émeraude trouvée sur la boucle d'oreille gallo-romaine provient donc du Pakistan.

LA MATIÈRE

Entités microscopiques

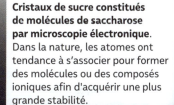

Cristaux de sucre constitués de molécules de saccharose par microscopie électronique. Dans la nature, les atomes ont tendance à s'associer pour former des molécules ou des composés ioniques afin d'acquérir une plus grande stabilité.

FICHES DE COURS			
	10	Espèces chimiques et entités microscopiques	78
	11	Entités stables : les ions monoatomiques	80
	12	Les molécules	82
	13	La mole	84
	MÉMO VISUEL		86

EXERCICES		
SE TESTER	Exercices 1 à 4	88
S'ENTRAÎNER	Exercices 5 à 14	89
OBJECTIF BAC	Exercice 15 • Problème guidé	93

CORRIGÉS		
	Exercices 1 à 15	95

10 Espèces chimiques et entités microscopiques

En bref À l'état microscopique, la matière est constituée d'entités comme les atomes, les ions monoatomiques ou les molécules qui sont constituées d'atomes liés entre eux par une ou plusieurs liaisons de covalence.

I Atomes et ions monoatomiques

■ Un **atome** est une entité électriquement neutre composée d'un noyau atomique et d'électrons qui gravitent autour de ce noyau.

■ La **configuration électronique** d'un atome et plus particulièrement sa couche externe lui confère des propriétés qui lui sont propres →FICHES **7** et **8**.

■ Un atome qui perd ou gagne un ou plusieurs électrons est chargé : c'est un **ion monoatomique**.

• Un **cation** est un ion **chargé positivement** (par exemple, Na^+ charge = + 1 : perte de 1 électron).

• Un **anion** est un ion **chargé négativement** (par exemple, O^{2-} charge = −2 : gain de 2 électrons).

Exemples : quelques ions monoatomiques

Symbole	H^+	Na^+	K^+	Ca^{2+}	Mg^{2+}	$C\ell^-$	F^-
Nom	ion hydrogène	ion sodium	ion potassium	ion calcium	ion magnésium	ion chlorure	ion fluorure

II Molécules

■ Une **molécule** est un ensemble d'atomes (au moins deux) identiques ou non, liés entre eux par une ou plusieurs liaisons de covalence et formant un édifice neutre.

■ Une **liaison de covalence** entre 2 atomes correspond à la mise en commun de 2 électrons de leurs couches externes, chaque atome fournissant un électron. Les 2 atomes se partagent les 2 électrons afin de former un **doublet d'électrons liant**. Le partage de 1, 2 et 3 paires d'électrons s'appelle respectivement « liaison simple », « liaison double » et « liaison triple ».

■ Une molécule est symbolisée par sa **formule brute**, construite à partir du symbole des atomes et de leurs nombres respectifs indiqués en indice.

Exemples :

• Molécule de dihydrogène de formule brute H_2 : H–H les deux atomes sont liés par un doublet liant, une liaison simple notée par un tiret « – ».

• Molécule de dioxyde de carbone CO_2 : O=C=O Le carbone est lié par deux doublets liants aux atomes d'oxygène. On parle de double liaison notée « = ».

Méthodes

1 | Différencier atome et ion monoatomique

L'atome de soufre $^{32}_{16}$S et l'ion sulfure S^{2-} ont-ils la même masse ? la même configuration électronique ?

CONSEILS
Donnez la constitution de l'atome de soufre puis de l'ion sulfure.
Répondez alors en argumentant rigoureusement.

SOLUTION

$^{32}_{16}$S Z = 16 et A = 32 : le noyau de l'atome de soufre est constitué de 16 protons et de $A - Z$ = 16 neutrons. L'atome étant neutre il y a autant d'électrons qui gravitent autour du noyau que de protons dans ce dernier, soit 16 électrons.

L'ion sulfure S^{2-} possède le même symbole, caractérisé par le numéro atomique Z. Le noyau de l'ion est identique au noyau de l'atome. Seul le nuage électronique est différent. La charge de l'ion S^{2-} est de –2, cela signifie qu'il a gagné 2 électrons. L'ion sulfure a donc 18 électrons dans son nuage électronique.

Le noyau est identique dans l'atome et l'ion : il est constitué de 16 protons et 16 neutrons. L'atome et l'ion ont donc la même masse car la masse des électrons est négligeable devant celle des nucléons.

En revanche, le nuage électronique est différent, donc l'atome et l'ion n'ont pas la même configuration électronique :
– configuration de l'atome S : $1s^2\ 2s^2\ 2p^6\ 3s^2\ 3p^4$, soit 6 électrons de valence ;
– configuration de l'ion S^{2-} : $1s^2\ 2s^2\ 2p^6\ 3s^2\ 3p^6$, soit 8 électrons de valence.

2 | Donner la formule brute d'une molécule

On donne ci-contre la formule développée de la molécule d'éthanol. Écrire la formule brute de l'éthanol.

```
    H   H
    |   |
H — C — C — O — H
    |   |
    H   H
```

CONSEILS
Comptez tous les atomes ! Pour écrire la formule brute, on commence par le carbone puis l'hydrogène et les autres atomes. Un indice après chaque symbole précise le nombre de chaque atome présent.

SOLUTION

On compte 2 C, 6 H et 1 O soit la formule brute C_2H_6O (on ne met pas d'indice lorsqu'il n'y a qu'un seul atome comme ici l'oxygène).

11 Entités stables : les ions monoatomiques

En bref *Certains éléments se trouvent sous forme d'ions monoatomiques et non sous forme atomique car ils deviennent alors plus stables, comme les gaz nobles.*

I Gaz nobles et configuration électronique

■ L'hélium, le néon, l'argon, le krypton, le xénon et le radon forment la famille des gaz rares (18e colonne de la classification). Ils sont caractérisés par leur très grande inertie chimique (ils ne réagissent jamais avec un autre composé), d'où les qualificatifs de *rares* ou d'*inertes* qui leur sont quelquefois donnés.

■ Cette inertie chimique ou stabilité s'explique par l'existence d'une couche électronique externe en duet (2 électrons pour l'hélium) ou en octet (8 électrons) :
- hélium He $Z = 2$ $1s^2$ soit 2 électrons de valence : duet ;
- néon Ne $Z = 10$ $1s^2\ 2s^2\ 2p^6$ soit 8 électrons de valence sur L : octet ;
- argon Ar $Z = 18$ $1s^2\ 2s^2\ 2p^6\ 3s^2\ 3p^6$ soit 8 électrons de valence sur M : octet.

II Stabilité d'un ion monoatomique

■ C'est le nombre d'électrons de la couche externe d'un élément qui indique s'il est réactif ou stable.

■ Dans la nature, tous les éléments « tendent à » devenir stables. Pour y parvenir, il leur faut perdre ou gagner des électrons et ainsi acquérir la configuration électronique externe en duet ou en octet d'un gaz noble.

■ Règles de stabilité (ou règles du duet et de l'octet) :
• Les atomes dont le numéro atomique est proche de 2 cherchent à obtenir une couche externe saturée en duet $1s^2$ (celle de l'hélium).
• Les autres atomes cherchent à obtenir une couche électronique externe saturée en octet, $ns^2\ np^6$ (qui est celle du gaz noble le plus proche dans la classification : néon ou argon).

■ Ces règles permettent de rendre compte des charges des ions monoatomiques stables existant dans la nature.

Exemples :
• L'atome de lithium Li ($Z = 3$) : $1s^2\ 2s^1$ cherche à obtenir la configuration saturée en duet : $1s^2$. Pour cela il doit perdre un électron et devenir l'ion lithium Li$^+$.
• Le soufre S ($Z = 16$) de configuration électronique : $1s^2\ 2s^2\ 2p^6\ 3s^2\ 3p^4$ cherche à obtenir la configuration saturée en octet : $1s^2\ 2s^2\ 2p^6\ 3s^2\ 3p^6$ (celle de l'argon). Pour cela, il doit gagner deux électrons et devenir l'ion sulfure S^{2-}.

À NOTER
Pour connaître l'ion monoatomique le plus stable, il faut « ôter » ou « ajouter » le moins d'électrons possible.

Méthode

Déterminer la configuration électronique d'un ion monoatomique

Quel ion monoatomique stable donnera l'atome d'aluminium $^{27}_{13}A\ell$?

CONSEILS

Suivez ces 3 étapes.
Étape 1. Établissez la configuration électronique de l'atome d'aluminium et déterminez le nombre d'électrons sur sa couche externe.
Étape 2. Pour déterminer la configuration électronique de l'ion, il faut satisfaire à la règle de stabilité : il faut « ôter » ou « ajouter » le moins d'électrons possible pour saturer la couche externe (règle du duet ou de l'octet).
Étape 3. Déduisez-en la charge de l'ion et donnez son symbole.

SOLUTION

Étape 1. L'atome d'aluminium ($Z = 13$) de configuration électronique : $1s^2\ 2s^2\ 2p^6\ 3s^2\ 3p^1$ a 3 électrons de valence sur sa couche externe M.

Étape 2. Pour acquérir une configuration stable en octet (8 électrons), l'aluminium peut :
– soit gagner 5 électrons sur la couche M : $3s^2\ 3p^6$ et ainsi obtenir une couche M à 8 électrons comme le gaz rare argon ;
– soit perdre 3 électrons de la couche M et ainsi saturer sa couche externe L $2s^2\ 2p^6$ à 8 électrons comme le gaz rare néon.

Du point de vue énergétique il est plus facile d'« ôter » 3 électrons que d'en « ajouter » 5 ! L'atome d'aluminium va donc perdre 3 électrons. L'ion aluminium a la configuration électronique : $1s^2\ 2s^2\ 2p^6$, qui satisfait à la règle de l'octet.

Étape 3. Le nombre de protons est le même pour l'ion aluminium que pour l'atome car seul le nombre d'électrons est modifié.

Il y a toujours Z protons de charge élémentaire e soit la charge positive Ze.

Dans l'atome, il y a Z électrons qui correspondent à une charge négative $-Ze$

À NOTER

À chaque électron perdu apparaît une charge positive (+e) sur l'ion.
À chaque électron gagné apparaît une charge négative (–e) sur l'ion.

L'atome d'aluminium a perdu 3 électrons, il apparaît donc 3 charges positives (+3e) sur l'ion aluminium. Cette charge est notée 3+. L'ion $A\ell^{3+}$ a la configuration électronique stable : $1s^2\ 2s^2\ 2p^6$, qui correspond à celle du néon.

$\underbrace{A\ell^{3+}}$ ⟵ La charge de l'ion est notée en haut à droite.

Le symbole est toujours le même,
il s'agit du même élément car on ne modifie pas
le nombre de protons du noyau.

Entités microscopiques

12 Les molécules

En bref *Au début des années 1920, Gilbert Newton Lewis (1875-1946) propose un modèle pour décrire une molécule faisant intervenir tous les électrons de valence des atomes liés entre eux par des liaisons de covalence.*

I Modèle de Lewis d'une molécule

■ • Un **doublet liant ou liaison covalente** entre deux atomes d'une molécule est la mise en commun de deux électrons. Le doublet liant permet à chaque atome impliqué de gagner un électron sur sa couche externe. Il est symbolisé par un tiret.

• Un **doublet non liant** est une paire d'électrons de la couche externe d'un atome qui n'est pas impliqué dans une liaison de covalence.

■ Chaque atome d'une molécule s'entoure du nombre suffisant d'électrons pour acquérir une **configuration électronique stable**, en saturant sa couche de valence. L'atome acquiert ainsi la configuration du gaz rare voisin en $1s^2$ ou ns^2np^6. Cette règle fixe le nombre de liaisons que peuvent former les atomes.

Exemples :
• L'hydrogène H ($Z = 1$; $1s^1$) se lie une fois ; il est dit **monovalent**.
• L'oxygène O ($Z = 8$; $1s^2\,2s^2\,2p^4$) se lie 2 fois pour acquérir la configuration en octet : $2s^2\,2p^6$. L'oxygène est dit **divalent** : il forme 2 liaisons de covalence (2 doublets liants) et possède 2 doublets non liants.

📝 **À NOTER**
À l'exception de l'hydrogène, tous les atomes d'une molécule sont entourés de quatre doublets dont au moins un liant.

Exemples : Formules de Lewis de l'éthanol et du dioxygène.

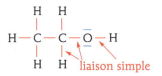
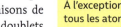

— doublet liant
— doublet non liant

II Énergie de liaison

■ Pour rompre une liaison covalente entre deux atomes, il est nécessaire de fournir de l'énergie : c'est un processus **endothermique**. À l'inverse, la formation d'une liaison covalente est un processus **exothermique**.

■ Plus la liaison à casser est forte, plus la quantité d'énergie qu'il faudra apporter est importante. Au cours d'une **transformation chimique**, des liaisons sont rompues et d'autres sont formées (→ FICHE 15).

COURS & MÉTHODES

Méthodes

1. Déterminer le nombre de liaisons engendrées par un atome

On considère les atomes de carbone ($Z = 6$) et d'azote ($Z = 7$). Déterminer leur valence (le nombre de liaisons qu'ils formeront au sein d'une molécule).

CONSEILS

Écrivez la configuration électronique de l'atome à partir de son numéro atomique Z, puis déduisez-en le nombre d'électrons de sa couche externe. Déterminez enfin le nombre d'électrons qu'il doit acquérir pour satisfaire à la règle de stabilité (de l'octet ou du duet). Ce nombre correspond au nombre de liaisons qu'il engendrera.

SOLUTION

Le carbone C a pour numéro atomique $Z = 6$. Sa configuration électronique est : $1s^2\, 2s^2\, 2p^2$; il se lie 4 fois car il lui manque 4 électrons pour obtenir la saturation de sa couche externe, soit une configuration en octet : $2s^2\, 2p^6$.

Le carbone engendrera toujours 4 liaisons de covalence : on dit que le carbone est tétravalent. Il va partager 4 doublets liants.

L'azote N a pour numéro atomique $Z = 7$; sa configuration électronique est $1s^2\, 2s^2\, 2p^3$; il se lie 3 fois car il lui manque 3 électrons pour acquérir la configuration externe en octet : $2s^2\, 2p^6$. Il va partager 3 doublets liants et possède un doublet non liant.

2. Exploiter le schéma de Lewis d'une molécule

a. Que représentent ci-contre un tiret noir et un tiret bleu ?

b. Combien de liaisons engendrent les atomes d'oxygène et d'hydrogène ?

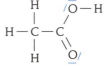

CONSEILS

b. Comptez les liaisons qu'engendre un atome. Suivant leur nombre, il peut former des liaisons simple, double ou triple.

SOLUTION

a. Un tiret noir représente un doublet liant ou liaison entre deux atomes d'une molécule, c'est la mise en commun de deux électrons de leur couche externe. Le tiret bleu est un doublet d'électrons non liant de la couche externe propre à un seul atome.

b. L'atome d'oxygène engendre soit deux liaisons simples ou une double liaison, il est divalent. L'hydrogène n'engendre qu'une seule liaison, il est monovalent.

Entités microscopiques

13 La mole

En bref *À notre échelle, qualifiée de macroscopique, les échantillons de matière renferment un nombre gigantesque d'entités chimiques microscopiques (atomes, molécules ou ions). Il est nécessaire de définir une unité, la mole, pour dénombrer les entités chimiques à cette échelle.*

I La mole, unité de quantité de matière

■ Pour mesurer les quantités de matière, les scientifiques ont choisi de regrouper les atomes, les molécules ou les ions par « paquets ». Chaque paquet est appelé mole. Une mole (symbole : mol) d'un corps pur contient $6{,}02 \times 10^{23}$ entités chimiques (atomes, molécules ou ions) toutes identiques.

Exemples :
- Une mole de fer contient $6{,}02 \times 10^{23}$ atomes de fer Fe.
- Une mole de glucose renferme $6{,}02 \times 10^{23}$ molécules de glucose de formule brute $C_6H_{12}O_6$.

■ La constante d'Avogadro est le nombre d'entités chimiques (atomes, molécules ou ions) contenues dans une mole :

$$N_A = 6{,}02 \times 10^{23} \text{ mol}^{-1}$$

■ Le chimiste passe ainsi du niveau microscopique (atome molécule et ion), dans lequel il ne peut effectuer aucune mesure, au niveau macroscopique (mole d'atomes, de molécules et d'ions), dans lequel il peut mesurer les masses et les volumes correspondants.

II Quantité de matière ou nombre de moles

■ La quantité de matière d'une espèce chimique représente le nombre de moles contenues dans un échantillon de cette espèce. Elle est notée n et s'exprime en mol.

■ Un échantillon d'un corps pur, constitué de N entités chimiques toutes identiques, contient la quantité de matière n exprimée par la relation :

$$n = \frac{N}{N_A} \text{ ou } N = n \times N_A$$

n en moles (mol)
N sans unité
N_A constante d'Avogadro en mol^{-1}

■ La quantité de matière contenue dans une masse m d'échantillon peut être déterminée en connaissant la masse de l'entité (atome, ion ou molécule) :

$$N = \frac{m_{\text{échantillon}}}{m_{\text{entité}}} \text{ d'où } n = \frac{N}{N_A} = \frac{m_{\text{échantillon}}}{N_A \times m_{\text{entité}}}$$

À NOTER
La masse d'une molécule est égale à la somme des masses des atomes qui constituent cette molécule.

COURS & MÉTHODES

Méthodes

1 | Déterminer une quantité de matière à partir d'une masse

On dispose de 30,1 g de carbone et 45,3 g d'eau. Quelle est la quantité de matière de carbone et d'eau dans ces échantillons ? Que constatez-vous ?

Données : • atomes : $^{12}_{6}C$; $^{1}_{1}H$; $^{16}_{8}O$; molécule d'eau : H_2O ;
• $m_{nucléon} = 1,67 \times 10^{-24}$ g et $N_A = 6,02 \times 10^{23}$ mol^{-1}.

CONSEILS

a. Déterminez la masse d'un atome de carbone et en déduire le nombre d'atomes de carbone dans l'échantillon. Une mole est un paquet de $6,02 \times 10^{23}$ entités.
b. Faites de même pour l'eau. Attention, il s'agit d'une molécule. La masse d'une molécule est égale à la somme des masses des atomes constituant cette molécule.

SOLUTION

a. La masse d'un atome de carbone est :
$m_C = A \times m_{nucléon} = 12 \times 1,67 \times 10^{-24}$ g $= 2,00 \times 10^{-23}$ g.
Il y a : $N = \dfrac{m_{échantillon}}{m_{entité}} = \dfrac{30,1}{2,00 \times 10^{-23}} = 1,50 \times 10^{24}$ atomes, soit une quantité de matière : $n_C = \dfrac{N}{N_A} = \dfrac{1,50 \times 10^{24}}{6,02 \times 10^{23}} = 2,50$ mol.

b. La masse d'une molécule d'eau est : $m(H_2O) = 2 \times m_H + m_O$
$m(H_2O) = 2 \times (1 \times 1,67 \times 10^{-24}) + (16 \times 1,67 \times 10^{-24}) = 3,01 \times 10^{-23}$ g
$n_{H_2O} = \dfrac{N}{N_A} = \dfrac{m_{échantillon}}{N_A \times m_{entité}} = \dfrac{45,3}{6,02 \times 10^{23} \times 3,01 \times 10^{-23}} = 2,50$ mol.

On a la même quantité de matière de carbone et d'eau, mais ces quantités n'ont pas la même masse !

2 | Déterminer un volume à partir d'une quantité de matière

Quel est le volume occupé par une bille pleine de 0,281 mol de cuivre ?
Données : $m_{atome\ Cu} = 1,05 \times 10^{-22}$ g et $\rho_{Cu} = 8,89$ g·cm^{-3}.

CONSEILS

Partez de la définition de la masse volumique. Quelle grandeur faut-il d'abord trouver pour calculer le volume ?

SOLUTION

$\rho = \dfrac{m}{V}$ d'où $V = \dfrac{m}{\rho}$. La masse de cuivre est : $m = N \times m_{atome\ Cu}$ et $N = n \times N_A$.
D'où $m = n \times N_A \times m_{atome\ Cu} = 0,281 \times 6,02 \times 10^{23} \times 1,05 \times 10^{-22} = 17,8$ g
d'où : $V = \dfrac{17,8}{8,89} = 2,00$ cm^3.

Entités microscopiques

MÉMO VISUEL

Stabilité des atomes et des ions monoatomiques

- **Atome :**
Z protons et Z électrons
édifice neutre

- **Ion monoatomique :**
Un atome gagne ou perd des électrons en saturant sa couche externe en $1s^2$ (duet) ou ns^2np^6 (octet) pour se stabiliser comme les **gaz nobles**.

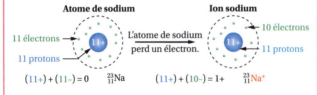

- **Anion** : chargé négativement

  Exemple : Ion chlorure $C\ell^-$ gain d'un électron
  17 protons et 18 électrons
  $1s^2\ 2s^2\ 2p^6\ 3s^2\ 3p^6$

- **Cation** : chargé positivement

  Exemple : Ion magnésium Mg^{2+} perte de deux électrons
  12 protons et 10 électrons
  $1s^2\ 2s^2\ 2p^6$

Symbole	H^+	K^+	Ca^{2+}	Mg^{2+}	F^-
Nom	ion hydrogène	ion potassium	ion calcium	ion magnésium	ion fluorure

DÉNOMBRER

Stabilité des molécules

- **Molécule** : édifice neutre
- **Représentations**

Modèle moléculaire

C_2H_6O

Formule brute

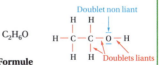

Schéma de Lewis

- **Liaison de covalence** : mise en commun de 2 électrons externes entre deux atomes pour former un doublet liant.
- Un atome dans une molécule s'entoure de 4 doublets (octet), dont au moins un liant, en saturant sa couche externe **pour se stabiliser**, sauf l'hydrogène qui forme un seul doublet liant (duet).

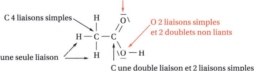

C 4 liaisons simples
H une seule liaison
O une double liaison et 2 doublets non liants
O 2 liaisons simples et 2 doublets non liants
C une double liaison et 2 liaisons simples

DES ENTITÉS STABLES

Quantité de matière

Dénombrement des entités microscopiques

$m_{entité}$ = masse d'un atome, d'un ion ou d'une molécule (kg ou g)
$m_{échantillon}$ = masse de N atomes, ions ou molécules (kg ou g)

$$N = \frac{m_{échantillon}}{m_{entité}}$$

Dénombrement à l'échelle macroscopique

- Une **mole** (symbole : mol) : un paquet de $6{,}02 \times 10^{23}$ entités microscopiques toutes identiques.
- **Constante d'Avogadro** : $N_A = 6{,}02 \times 10^{23}$ mol^{-1}
- **Quantité de matière** n d'une espèce chimique : nombre de moles contenues dans un échantillon de cette espèce :

$$n = \frac{N}{N_A} \text{ ou } N = n \times N_A$$

Entités microscopiques

▶ SE TESTER QUIZ

Vérifiez que vous avez bien compris les points clés des **fiches 10 à 13**.

1 Espèces chimiques et entités microscopiques → FICHE 10

1. Un atome qui a perdu un ou plusieurs électrons est un :
☐ **a.** cation   ☐ **b.** atome   ☐ **c.** anion   ☐ **d.** ion

2. Un ion négatif est :
☐ **a.** un atome qui a perdu des électrons
☐ **b.** un atome qui a gagné des protons
☐ **c.** un atome qui a gagné des électrons

3. Une molécule est :
☐ **a.** constituée de plusieurs atomes liés entre eux
☐ **b.** une entité chargée

2 Entités stables : les ions monoatomiques → FICHE 11

1. Les gaz nobles sont les éléments chimiques :
☐ **a.** les moins stables   ☐ **b.** les plus stables   ☐ **c.** les plus réactifs

2. Un atome ayant pour configuration électronique $1s^2\ 2s^2\ 2p^6\ 3s^2\ 3p^3$:
☐ **a.** a comme numéro atomique $Z = 5$
☐ **b.** a comme numéro atomique $Z = 15$
☐ **c.** a 5 électrons de valence

3. Le numéro atomique du magnésium est $Z = 12$. La configuration électronique de l'ion Mg^{2+} est donc :
☐ **a.** $1s^2\ 2s^2\ 2p^6$ ☐ **b.** $1s^2\ 2s^2\ 2p^6\ 3s^2$ ☐ **c.** $1s^2\ 2s^2\ 2p^8$

3 Les molécules → FICHE 12

Les atomes mettent en commun des électrons de valence pour compléter leur couche externe :
☐ **a.** comme le gaz rare le plus proche dans la classification
☐ **b.** à deux ou huit électrons pour être plus réactifs
☐ **c.** en formant entre un à quatre doublets liants

4 La mole → FICHE 13

1. Dans une mole d'atomes, il y a :
☐ **a.** $6{,}02 \times 10^{-23}$ atomes   ☐ **b.** $6{,}02 \times 10^{23}$ atomes   ☐ **c.** 602×10^{21} atomes

2. La quantité de matière n est :
☐ **a.** $n = 6{,}02 \times 10^{-23} \times N$ ☐ **b.** $n = \dfrac{N_A}{N}$ ☐ **c.** $n = \dfrac{N}{6{,}02 \times 10^{23}}$

S'ENTRAÎNER

5 Le chlore
→ FICHE 10

L'élément chimique de numéro atomique 17 est le chlore de symbole Cℓ. Le noyau d'un atome de chlore contient 18 neutrons.

a. Quel est le nombre de nucléons de cet atome ?
b. Combien d'électrons possède-t-il ?
c. L'ion chlorure possède 18 électrons. Quel est son symbole ?
d. Donner sa configuration électronique.

6 Ions monoatomiques stables
→ FICHE 11

a. Donner la configuration électronique des atomes d'oxygène et de soufre.
b. Situer ces deux atomes dans la classification périodique.
c. En appliquant les règles de stabilité, déterminer la formule de l'ion monoatomique de l'oxygène appelé ion oxyde.
d. En déduire la formule de l'ion de l'atome de soufre en argumentant.
Données : $^{16}_{8}O$; S ($Z = 16$).

7 Solides ioniques
→ FICHES 10 et 11

Le chlorure d'aluminium est un solide ionique. Sa formule peut s'écrire : Aℓ_aCℓ_b.

À NOTER
Les solides ioniques sont électriquement neutres.

a. Donner la composition d'un atome d'aluminium $^{27}_{13}A\ell$.
b. En justifiant la réponse, donner la formule de l'ion stable formé par l'aluminium.
c. L'atome de chlore possède 35 nucléons dont 18 neutrons.
Donner sa représentation symbolique puis donner la formule de l'ion stable formé par le chlore. Justifier.
d. Sachant qu'il s'agit de nombres entiers les plus petits possible, déterminer les valeurs de a et b dans la formule du chlorure d'aluminium : Aℓ_aCℓ_b.
e. Le magnésium a le numéro atomique $Z = 12$.
Quelle est la représentation de l'ion magnésium ? Argumenter.
f. L'ion magnésium donne avec l'ion chlorure un solide ionique.
Donner sa formule.

8 Étude d'une étiquette d'eau minérale → FICHES 10 et 11

1. Comment appelle-t-on les espèces chimiques contenues dans l'eau minérale dont l'étiquette est donnée ci-dessous ?

2. Classer ces différentes espèces chimiques en deux catégories.

3. Nommer ces deux catégories et indiquer ce qui les différencie.

4. L'ion calcium possède 18 électrons.

a. Donner sa configuration électronique. Que constate-t-on ?

b. Combien d'électrons possède l'atome de calcium dont il est issu ? En déduire le numéro atomique de l'élément calcium.

5. On étudie maintenant l'atome de chlore.

a. Quelle est sa configuration électronique ?

b. Expliquer pourquoi on trouve le chlore principalement sous sa forme ionique. Donner sa configuration électronique.

c. Que constate-t-on en comparant la configuration électronique de l'ion calcium et celle de l'ion chlorure ?

6. Après une vérification, une erreur a été détectée à propos de l'élément magnésium. Quelle correction doit-on apporter sur l'étiquette ? Argumenter.

Eau Minérale Naturelle Gazifiée
Source Bron Monftras
Autorisée par le ministère de la Santé le 28/04/05.
Minéralisation caractéristique
Calcium Ca^{2-} .... 96,00 mg/L
Magnésium Mg^{3+} .... 6,10 mg/L
Potassium K^+ .... 3,70 mg/L
Bicarbonate HCO_3^- .... 297 mg/L
Sulfate SO_4^{2-} .... 9,30 mg/L
Nitrate NO_3^- .... < 2 mg/L
Chlorure Cl^- .... 22,60 mg/L
Résidus secs à 180°C = 349 mg/L

Données : Quelques éléments chimiques

Élément	H	He	Li	Be	B	C	N	O	F	Ne	Na	Mg	Al	Si	P	S	Cl	Ar
Z	1	2	3	4	5	6	7	8	9	10	11	12	13	14	15	16	17	18

9 Formule de Lewis et formule brute → FICHE 12

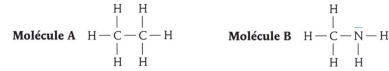

a. Que représente un tiret noir entre deux atomes ?

b. Que représente le tiret bleu sur la molécule B ?

c. Donner la formule brute de la molécule A et de la molécule B.

COURS & MÉTHODES — EXERCICES — CORRIGÉS

10 Formule de Lewis d'une molécule
→ FICHE 12

a. À partir des données fournies, déterminer le nombre de liaisons que doit engendrer l'hydrogène, le carbone et l'oxygène. Justifier.

b. Parmi les schémas de Lewis des molécules A, B, C et D proposés ci-dessous, lesquels sont corrects ? Justifier.

c. Donner les formules brutes des molécules correctes. Que constate-t-on ?

CONSEILS
a. Appliquez les règles de stabilité pour déterminer le nombre de liaisons de covalence que va engendrer un atome.

Données : H ($Z = 1$) ; C ($Z = 6$) ; O ($Z = 8$).

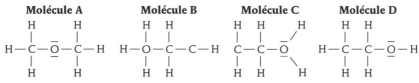

11 Schéma de Lewis de deux molécules
→ FICHE 12

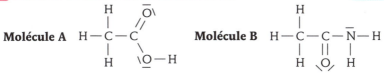

a. Donner la formule brute de la molécule A.

b. Sachant que le numéro atomique de l'oxygène est égal à 8, justifier la présence des deux doublets non liants sur chaque atome d'oxygène.

c. Donner la formule brute de la molécule B.

d. Combien l'azote engendre-t-il de liaisons ? Sachant que l'azote N se trouve juste avant l'oxygène dans la classification périodique, retrouver la valence de l'azote.

e. Établir le schéma de Lewis de la molécule de diazote N_2.

À NOTER
e. La différence entre le nombre d'électrons de la couche externe et le nombre d'électrons engagés dans les liaisons de covalence divisée par 2 donne le nombre de doublets non liants.

12 Réaction chimique
→ FICHE 12

a. Donner la configuration électronique de l'atome d'hydrogène et le nombre d'électrons de la couche externe du brome.

b. On donne ci-dessous les schémas de Lewis de plusieurs molécules. Lesquels sont corrects ? Justifier.

Molécule A H—H

Molécule B H—B̄r̲|

Molécule C |B̄r̲—B̄r̲|

Molécule D H̄—B̄r̲

Molécule E H—H

Molécule F |B̄r̲—Br

c. On étudie la formation du bromure d'hydrogène, à partir du dihydrogène et de dibrome, dont l'équation de la réaction est : H_2 (g) + Br_2 (g) → 2HBr (g).
Identifier les réactifs et les produits.

d. Écrire l'équation en faisant apparaître toutes les liaisons de covalence.

e. Déterminer la nature et le nombre des liaisons qui vont se casser et celles qui vont se former.

f. À partir des énergies de liaison fournies, déterminer l'énergie qu'il faudra pour casser toutes les liaisons nécessaires à la formation de 2 moles de HBr.
Calculer également l'énergie libérée lors de la formation des nouvelles liaisons.

g. À partir des résultats précédents, indiquer si la transformation étudiée est exothermique ou endothermique.

> **MOTS CLÉS**
> **g.** Une réaction qui se produit avec dégagement d'énergie sous forme de chaleur est dite **exothermique**, au contraire une transformation qui absorbe de l'énergie est dite **endothermique**.

Données :
- L'hydrogène est le premier élément de la classification périodique.
- Le brome appartient à la famille des halogènes.

Liaison	H–H	Br–Br	H–Br
Énergie de liaison (kJ·mol^{-1})	436	193	366

13 Quantité de matière et masse → FICHE 13

a. À l'aide des données fournies, compléter le tableau suivant :

Espèce moléculaire	Formule brute	Masse d'une molécule (g)	Masse d'une mole de molécule (g)
dioxygène			
	Cℓ$_2$		
saccharose	C$_{12}$H$_{22}$O$_{11}$		

b. Calculer la masse correspondant à $2,3 \times 10^{-4}$ mol de chacun des composés précédents.

Données : $N_A = 6,02 \times 10^{23}$ mol^{-1}.

Atome	H	C	O	Cℓ
Masse (g)	$1,67 \times 10^{-24}$	$2,01 \times 10^{-23}$	$2,67 \times 10^{-23}$	$5,93 \times 10^{-23}$

14 Force des liaisons

→ FICHES 12 et 13

L'énergie de liaison est une notion très importante en chimie qui définit la quantité d'énergie nécessaire pour briser les liaisons covalentes d'une molécule. Lorsque deux atomes s'associent pour former une molécule, il est possible de déterminer quelle est la force qui les lie en mesurant la quantité d'énergie qui serait nécessaire pour les séparer.

Liaison	H–H	C–C	C–H	C–O
Énergie de liaison (kJ·mol^{-1})	436	348	366	356

a. Pour casser une liaison, faut-il apporter de l'énergie ou de l'énergie est-elle libérée ? Qu'en est-il alors dans le cas de la formation d'une liaison ?

b. D'après les informations données, quelle est la liaison la plus forte ? La plus faible ?

c. Dans un manuel, on a trouvé la valeur de l'énergie d'une liaison C–C : $E(C\text{–}C) = 5{,}78 \times 10^{-19}$ J. Cette valeur est-elle compatible avec celle mentionnée dans le tableau ? Expliquer la démarche.

À NOTER

c. L'unité d'une énergie est le joule de symbole J.

▶ OBJECTIF BAC

15 Métaux alcalins

45 min

Ce problème traite d'une famille de composés, les alcalins, et permet de réinvestir les notions sur les entités microscopiques et leur stabilité.

LE PROBLÈME

Les ions monoatomiques ont existé depuis les premiers instants de l'expansion de notre Univers. Les interactions entre ces ions et les autres particules existantes, que ce soient des photons, des électrons, des atomes ou des molécules, sont incessantes et participent à la construction de l'Univers.

Membre de la famille des métaux alcalins, le sodium n'existe pas à l'état libre dans la croûte terrestre en raison de sa forte réactivité. Les océans et d'autres étendues d'eau doivent leur salinité au chlorure de sodium (NaCl), composé plus couramment connu sous le nom de sel. Du savon au sel et du verre aux textiles, en passant par la photographie et les explosifs, le sodium occupe une grande place dans l'industrie.

a. Classer par organisation croissante les particules suivantes : électron, atome, molécule, ion monoatomique. Argumenter le classement.

b. La masse d'un noyau de sodium a été déterminée en laboratoire : elle est de $3{,}84 \times 10^{-26}$ kg. Sa charge est de $+ 1{,}76 \times 10^{-18}$ C. Quelle est la composition de ce noyau ? Donner sa représentation symbolique.

Entités microscopiques

c. L'élément sodium et l'élément potassium, également un alcalin, sont d'importants constituants de la croûte terrestre, mais on ne connaît aucun gisement de sodium ou potassium natifs. Pourquoi ?

MOT CLÉ
Natif se dit du métal qui se trouve dans la terre sous la forme métallique, sans être minéralisé par sa combinaison avec d'autres substances (or, argent, cuivre natif).

d. Sous quelle forme se trouve l'élément sodium sur Terre ? Et l'élément potassium ?

e. On propose trois configurations électroniques pour l'élément sodium : $1s^2\ 2s^2\ 2p^6$; $1s^2\ 2s^2\ 2p^6\ 3s^1$ et $1s^2\ 2s^2\ 2p^6\ 3s^2\ 3p^6$. Laquelle correspond à l'atome de sodium ? Laquelle correspond à l'ion sodium ? Donner la représentation symbolique de l'ion sodium et de l'ion potassium. Justifier.

f. Le chlorure de sodium est un sel. Sachant qu'un sel est une structure ionique électriquement neutre, quelle est la représentation de l'ion chlorure ?

g. La configuration électronique de l'ion chlorure est $1s^2\ 2s^2\ 2p^6\ 3s^2\ 3p^6$. Sachant que le noyau de chlore contient 18 neutrons, donner la représentation symbolique de son noyau.

Données :
- masse d'un nucléon : $m_n \approx 1{,}67 \times 10^{-27}$ kg ;
- charge élémentaire : $e = 1{,}6 \times 10^{-19}$ C.

▶▶▶ LA FEUILLE DE ROUTE

a. Connaître les entités microscopiques → FICHES **7** et **10**
Identifiez les particules élémentaires des structures constituées de plusieurs entités.

b. Connaître la constitution et les caractéristiques d'un atome → FICHES **1** et **7**
Rappelez-vous quelles sont les particules chargées.

c. et d. Connaître les entités stables → FICHES **9** et **11**
Reportez-vous à la classification périodique → RABATS II et III. Appliquez les règles de stabilité.

e. Analyser les configurations électroniques → FICHES **8** et **11**
Faites le lien avec le numéro atomique du sodium et du potassium. Rappelez-vous des règles de stabilité (duet et octet) pour justifier.

f. Extraire et exploiter des informations → FICHES **7** et **11**
Exploitez l'information suivante de l'énoncé : « un sel est une structure ionique électriquement neutre ».

g. Extraire des informations et analyser la situation → FICHES **10** et **11**
Attention vous disposez de la configuration de l'ion, vous devez déterminer celle de l'atome. Quelle différence entre l'ion et l'atome ?
Vous pouvez ainsi retrouver le numéro atomique et le nombre de masse.

CORRIGÉS

▶ SE TESTER QUIZ

1 Espèces chimiques et entités microscopiques

1. Réponses a et d. Un atome qui a perdu un ou plusieurs électrons est un ion chargé positivement appelé cation.

2. Réponse c. Un ion négatif est un atome qui a gagné des électrons, seul le nuage électronique est modifié.

3. Réponse a. Une molécule est une entité neutre où les atomes sont liés entre eux par des doublets liants appelés liaisons de covalence.

2 Entités stables : les ions monoatomiques

1. Réponse b. Les gaz nobles sont les éléments chimiques les plus stables et donc les moins réactifs.

2. Réponses b et c. $1s^2\ 2s^2\ 2p^6\ 3s^2\ 3p^3$: il y a $2 + 2 + 6 + 2 + 3 = 15$ électrons.
Cet atome possède donc 15 électrons dans son nuage électronique. L'atome étant électriquement neutre, il y a autant de protons soit le numéro atomique $Z = 15$. La dernière couche remplie est la couche externe : $3s^2\ 3p^3$ qui contient ici 5 électrons.

3. Réponse a. Le numéro atomique du magnésium est $Z = 12$. L'ion magnésium Mg^{2+} n'a quant à lui que 10 électrons, donc sa configuration électronique est : $1s^2\ 2s^2\ 2p^6$.

3 Les molécules

Réponses a et c. Les atomes complètent leur couche externe à deux ou huit électrons comme les gaz rares très stables et donc non réactifs !

4 La mole

1. Réponses b et c.
Dans une mole d'atomes, il y a $6,02 \times 10^{23}$ atomes ou 602×10^{21} atomes.

2. Réponse c. La quantité de matière n est : $n = \dfrac{N}{N_A} = \dfrac{N}{6,02 \times 10^{23}}$ (en mol).

▶ S'ENTRAÎNER

5 Le chlore

a. Le chlore a pour numéro atomique $Z = 17$ donc il contient 17 protons. Il possède $N = 18$ neutrons. Le nombre total de nucléons est donc $A = Z + N = 35$.
b. L'atome est électriquement neutre : il possède autant de protons que d'électrons. Il possède donc 17 électrons.
c. L'ion possède 18 électrons, il a un électron de plus que l'atome, il s'agit de l'anion Cl^-.
d. La configuration électronique de l'ion chlorure est $1s^2\ 2s^2\ 2p^6\ 3s^2\ 3p^6$.

Entités microscopiques

6 Ions monoatomiques stables

a. Pour l'oxygène $Z = 8$, donc sa configuration électronique est : $1s^2\ 2s^2\ 2p^4$; celle du soufre ($Z = 16$) est : $1s^2\ 2s^2\ 2p^6\ 3s^2\ 3p^4$.

b. L'atome d'oxygène se trouve dans la deuxième période et 16e colonne car sa configuration externe est : $2s^2\ 2p^4$; il a 6 électrons de valence. Le soufre se trouve dans la troisième période mais aussi dans la 16e colonne de la classification car sa couche externe contient également 6 électrons de valence : $3s^2\ 3p^4$. Le soufre se situe dans la même colonne que l'oxygène, juste en dessous.

c. Pour compléter sa couche externe à 8 électrons, l'oxygène va gagner 2 électrons, il aura la configuration : $1s^2\ 2s^2\ 2p^6$. Il donnera l'anion oxyde O^{2-}.

d. Le soufre, faisant partie de la même famille chimique, a la même couche externe et donnera le même ion, soit S^{2-}. Les éléments d'une même famille chimique ont des propriétés chimiques identiques et ils donnent les mêmes ions monoatomiques.

7 Solides ioniques

a. L'atome d'aluminium $^{27}_{13}A\ell$ a le numéro atomique $Z = 13$. Il possède donc 13 protons et $A = 27$ donc $27 - 13 = 14$ neutrons dans son noyau. Comme l'atome est électriquement neutre, 13 électrons gravitent autour du noyau.

b. La configuration électronique de l'atome d'aluminium est : $1s^2\ 2s^2\ 2p^6\ 3s^2\ 3p^1$. L'atome perd 3 électrons pour avoir la configuration externe stable en octet : $2s^2\ 2p^6$. L'ion aluminium est un cation de charge +3e, soit $A\ell^{3+}$.

c. $A = 35$ et $35 - 18 = 17$ protons donc $Z = 17$. Soit $^{35}_{17}C\ell$.
Le chlore possède donc 17 électrons ; sa configuration électronique est : $1s^2\ 2s^2\ 2p^6\ 3s^2\ 3p^5$.
Pour compléter sa couche à 8 électrons, l'atome va acquérir un électron et former l'anion $C\ell^-$ de configuration : $1s^2\ 2s^2\ 2p^6\ 3s^2\ 3p^6$.

d. L'ion aluminium possède 3 charges positives alors que l'ion chlorure une charge négative, il faut donc trois ions chlorure pour un ion aluminium pour que le solide ionique soit neutre, soit $A\ell C\ell_3$. On a donc $a = 1$ et $b = 3$.

e. Le magnésium de configuration : $1s^2\ 2s^2\ 2p^6\ 3s^2$ ($Z = 12$) aura tendance à perdre deux électrons pour satisfaire à la règle de l'octet et donner le cation Mg^{2+}.

f. Il forme le solide $MgC\ell_2$ avec l'ion chlorure pour respecter la neutralité électrique.

8 Étude d'une étiquette d'eau minérale

1. Les espèces contenues dans cette eau sont des ions.

2. Les ions calcium Ca^{2+}, magnésium Mg^{3+} et potassium K^+ sont des ions chargés positivement alors que les ions bicarbonate HCO_3^-, sulfate SO_4^{2-}, nitrate NO_3^- et chlorure $C\ell^-$ sont chargés négativement.

3. Les ions chargés positivement sont appelés cations et ceux chargés négativement anions. Les cations sont des espèces qui ont perdu un ou plusieurs électrons alors que les anions ont gagné un ou plusieurs électrons.

4. a. Les 18 électrons se répartissent sur les différentes couches en : $1s^2\ 2s^2\ 2p^6\ 3s^2\ 3p^6$. Cet ion calcium a une configuration à 8 électrons sur sa dernière couche, c'est une configuration en octet comme les gaz rares. L'ion calcium est donc une espèce stable.

b. L'atome de calcium a deux électrons en plus que le cation Ca^{2+}, il possède donc 20 électrons dans son nuage électronique. Son numéro atomique est donc $Z = 20$.

5. a. D'après les données, $Z = 17$ pour l'atome de chlore. Il y a donc 17 électrons dans le nuage électronique, ce qui donne une configuration en : $1s^2\ 2s^2\ 2p^6\ 3s^2\ 3p^5$.

b. Pour se stabiliser, le chlore va suivre la règle de l'octet en complétant sa couche périphérique à 8 électrons pour avoir la configuration du gaz noble le plus proche. Il va donc gagner 1 électron, soit la configuration électronique : $1s^2\ 2s^2\ 2p^6\ 3s^2\ 3p^6$.

c. On constate que l'ion calcium et l'ion chlorure ont la même configuration électronique : $1s^2\ 2s^2\ 2p^6\ 3s^2\ 3p^6$, comme le gaz rare argon.

6. L'atome de magnésium de numéro atomique $Z = 12$ a la configuration électronique : $1s^2\ 2s^2\ 2p^6\ 3s^2$. Pour satisfaire à la règle de l'octet, il perd 2 électrons pour acquérir la configuration en : $1s^2\ 2s^2\ 2p^6$, comme le gaz rare néon. Ainsi, il formera un cation de charge +2e soit Mg^{2+} et non ce qui est indiqué sur l'étiquette Mg^{3+}.

9 Formule de Lewis et formule brute

a. Un tiret noir représente une liaison de covalence, c'est-à-dire un doublet d'électrons. Chaque atome met en commun un électron de sa couche externe, on a alors un doublet liant deux atomes.

b. Le tiret bleu se trouve sur l'atome d'azote N, c'est un doublet non liant qui appartient à cet atome d'azote et qui n'est pas partagé avec un autre atome.

c. Pour écrire la formule brute d'une molécule :
– chaque élément chimique est représenté par son symbole atomique ;
– le nombre de chaque élément est noté en indice de son symbole ;
– un indice « 1 » n'est jamais noté, afin d'alléger la notation. Par conséquent, un symbole sans indice est implicitement associé à une quantité « 1 » ;
– dans le cas d'un ion, le nombre et signe des charges élémentaires est en exposant.
Pour les molécules organiques on commence toujours par le carbone puis l'hydrogène et ensuite par ordre alphabétique pour les autres éléments présents.
Dans la molécule A, il y a 2C et 6H, soit C_2H_6 sa formule brute.
Dans la molécule B, il y a 1C, 5H et 1N, soit CH_5N sa formule brute.

> **CONSEILS**
> **c.** Pour trouver la formule brute, il suffit de compter tous les atomes de la molécule.

10 Formule de Lewis d'une molécule

a. Selon la règle du duet, l'hydrogène H ($Z = 1$) qui a la configuration : $1s^1$, se lie une fois car il lui manque un électron pour obtenir la configuration externe saturée en duet : $1s^2$. Il est monovalent et n'a aucun doublet non liant.
Selon la règle de l'octet :
• Le carbone C ($Z = 6$) de configuration : $1s^2\ 2s^2\ 2p^2$ se lie 4 fois car il lui manque 4 électrons pour obtenir la configuration externe saturée : $2s^2\ 2p^6$. Il est tétravalent (4 doublets liants) et n'a aucun doublet non liant.
• L'oxygène O ($Z = 8$) de configuration : $1s^2\ 2s^2\ 2p^4$ se lie 2 fois car il lui manque 2 électrons pour obtenir la configuration externe saturée : $2s^2\ 2p^6$. Il est divalent (2 doublets liants) et a deux doublets non liants.

b. Les schémas de Lewis des molécules B et C sont incorrects.
• Dans la molécule B, il y a un carbone qui engendre seulement 2 liaisons au lieu de 4 et l'atome d'oxygène engendre 4 liaisons au lieu de 2.
• De même pour la molécule C, un carbone engendre seulement 3 liaisons au lieu de 4 et l'oxygène 3 liaisons au lieu de 2.
Les schémas de Lewis des molécules A et D sont corrects : pour les molécules A et D, chaque carbone engendre bien 4 liaisons simples, chaque hydrogène une seule liaison et l'oxygène engendre 2 liaisons (2 doublets liants) et porte 2 doublets non liants.
c. La formule brute de la molécule A est : C_2H_6O.
La molécule D a la même formule brute que la molécule A : C_2H_6O.

| Molécule A | Molécule B | Molécule C | Molécule D |

À NOTER
c. À une même formule brute peuvent correspondre plusieurs enchaînements d'atomes différents.

11 Schéma de Lewis de deux molécules

a. La formule brute de la molécule A est : $C_2H_4O_2$.
b. $Z = 8$, sa configuration électronique est $1s^2\,2s^2\,2p^4$, il possède 6 électrons sur sa couche externe et va engendrer 2 liaisons (pour se stabiliser et saturer sa couche externe à 8 électrons) soit $6 - 2 = 4$ électrons pour les doublets non liants, ce qui correspond à 2 doublets non liants.
c. La formule brute de la molécule B est : C_2H_5ON.
d. L'azote N se trouve juste avant l'oxygène dans la classification périodique, soit $Z = 7$. Il a donc la configuration électronique : $1s^2\,2s^2\,2p^3$.
Pour compléter sa couche externe à l'octet, il doit alors engendrer 3 liaisons de covalence. L'azote est dit trivalent et il possède un doublet non liant (5 électrons externes – 3 liaisons = 2 électrons, soit un doublet non liant).
e. Chaque azote engendre 3 liaisons et doit porter un doublet non liant : $\overline{N}\equiv\overline{N}$.

12 Réaction chimique

a. Les éléments sont classés par numéro atomique croissant dans la classification, donc $Z = 1$ pour l'hydrogène, soit : $1s^1$ sa configuration. Le brome est un halogène qui se situe dans la 17e colonne de la classification ou avant-dernière colonne. Tous les halogènes ont 7 électrons externes : $ns^2\,np^5$.
b. L'hydrogène, pour se stabiliser, va compléter sa couche en duet et former une seule liaison de covalence. Il ne portera donc pas de doublet non liant ($1s^2$).
Le brome complète sa couche externe avec un électron pour avoir une couche externe en octet (4 doublets) : un doublet liant (une liaison de covalence) et 3 doublets non liants. Les schémas de Lewis corrects sont le schéma E : H–H et le schéma C : $|\overline{Br}-\overline{Br}|$.

COURS & MÉTHODES   EXERCICES   CORRIGÉS

c. Les réactifs sont H_2 et Br_2 ; le produit est HBr.
d. H–H + Br–Br → 2 H–Br
e. Une liaison H–H et une liaison Br–Br vont se rompre. Et 2 liaisons H–Br doivent se former car il se forme 2 molécules de HBr à l'état microscopique. À l'état macroscopique, 1 mol de H_2 et 1 mol de Br_2 réagissent ; 2 mol de HBr se forment.
f. E(H–H) = 436 kJ·mol^{-1} et E(Br–Br) = 193 kJ·mol^{-1} soit :
436 + 193 = 629 kJ·mol^{-1} à apporter pour casser les liaisons d'une mole de H_2 et d'une mole de Br_2. L'énergie libérée est due à la formation des liaisons H–Br soit :
$2 \times E$(H–Br) = 2×366 = 732 kJ·mol^{-1}.
g. La réaction « consomme » 629 kJ et « libère » 732 kJ. Elle libère plus d'énergie qu'elle n'en consomme. Cette réaction est donc une réaction exothermique, qui se fait avec dégagement de chaleur.

13 Quantité de matière et masse

a.

	Espèce moléculaire	Formule brute	Masse d'une molécule (g)	Masse d'une mole de molécule (g)
1	dioxygène	O_2	$5{,}34 \times 10^{-23}$	31,15
2	dichlore	$C\ell_2$	$1{,}19 \times 10^{-22}$	71,64
3	saccharose	$C_{12}H_{22}O_{11}$	$3{,}30 \times 10^{-22}$	343,1

$m(O_2) = 2 \times m_O = 2 \times 2{,}67 \times 10^{-23} = 5{,}34 \times 10^{-23}$ g, soit $m(1\text{ mol}) = N_A \times m(O_2)$.
$N_A \times m(O_2) = 6{,}02 \times 10^{23} \times 5{,}34 \times 10^{-23} = 31{,}15$ g.
$m(C\ell_2) = 2 \times m_{C\ell} = 2 \times 5{,}93 \times 10^{-23} = 1{,}19 \times 10^{-22}$ g,
soit $m(1\text{ mol}) = N_A \times m(C\ell_2)$.
$N_A \times m(C\ell_2) = 6{,}02 \times 10^{23} \times 1{,}19 \times 10^{-22} = 71{,}64$ g.
$m(C_{12}H_{22}O_{11}) = 12 \times m_C + 22 \times m_H + 11 \times m_O$.
$m(C_{12}H_{22}O_{11}) = 12 \times 2{,}00 \times 10^{-23} + 22 \times 1{,}66 \times 10^{-24} + 11 \times 2{,}67 \times 10^{-23}$
$= 5{,}70 \times 10^{-22}$ g.
$N_A \times m(C_{12}H_{22}O_{11}) = 6{,}02 \times 10^{23} \times 5{,}70 \times 10^{-22} = 343{,}1$ g.
b. La masse d'une mole est égale à $N_A \times m$(molécule) d'où la masse m de n mol est :
$m = n \times N_A \times m$(molécule) $= n \times m(1\text{ mol})$. D'après les résultats du tableau précédent, on connaît la masse d'une mole de molécule soit :
$m_1 = 2{,}3 \times 10^{-4} \times 31{,}15 = 7{,}2 \times 10^{-3}$ g ;
$m_2 = 2{,}3 \times 10^{-4} \times 71{,}64 = 1{,}6 \times 10^{-2}$ g ;
$m_3 = 2{,}3 \times 10^{-4} \times 343{,}1 = 7{,}9 \times 10^{-2}$ g.

14 Force des liaisons

a. Pour casser une liaison, il faut apporter de l'énergie. Au contraire, lors de la formation d'une liaison, les atomes se stabilisent en saturant leur couche externe : il y aura alors libération d'énergie.
b. Plus l'énergie à fournir pour casser la liaison est importante, plus la liaison sera forte. La liaison la plus forte est ici H–H et la moins forte C–C.

Entités microscopiques

c. La valeur est donnée en joules et non en kJ·mol⁻¹. Il faut donc faire un changement d'unité.
$E(C–C) = 5{,}78 \times 10^{-19}$ J,
soit pour une mole : $E = 5{,}78 \times 10^{-19} \times 6{,}02 \times 10^{23}$ J·mol⁻¹.
$E = 5{,}78 \times 10^{-19} \times 6{,}02 \times 10^{23} = 34{,}8 \times 10^{4}$
$= 348 \times 10^{3}$ J·mol⁻¹ $= 348$ kJ·mol⁻¹ ce qui est conforme à la valeur donnée dans le tableau pour la liaison C–C.

À NOTER
c. 1 kJ = 1 000 J = 10^{3} J.

▶ OBJECTIF BAC

15 Métaux alcalins

a. L'électron est une particule chargée négativement, on le retrouve dans les ions et les atomes. Un atome est constitué d'un noyau autour duquel gravitent les électrons. Si un atome perd ou gagne un ou des électrons, on a alors une espèce chargée, nommée ion monoatomique. Les molécules sont constituées d'un assemblage d'atomes.

b. Les nucléons (protons et neutrons) sont les constituants du noyau.
La masse du noyau est égale à : $m = A \times m_{\text{nucléon}}$.
Soit le nombre de nucléons : $A = \dfrac{m}{m_{\text{nucléon}}} = \dfrac{3{,}84 \times 10^{-26}}{1{,}67 \times 10^{-27}} = 23$.
La charge du noyau est due à la présence des protons chargés positivement (e leur charge) soit Z leur nombre. $Q = Ze$ soit $Z = \dfrac{Q}{e} = \dfrac{1{,}76 \times 10^{-18}}{1{,}6 \times 10^{-19}} = 11$.
Le noyau est constitué de $Z = 11$ protons et $N = A - Z = 23 - 11 = 12$ neutrons. D'où : $^{23}_{11}$Na.

c. L'élément sodium ne se trouve pas sous forme d'atome sur Terre car il n'est pas stable et est très réactif. Il réagit pour se stabiliser. De même pour le potassium qui fait partie de la même famille chimique et qui a les mêmes propriétés.

d. L'élément sodium se trouve sous forme d'ion : il est stable sous forme ionique, comme l'ion potassium.

e. L'atome de sodium a la configuration électronique : $1s^{2}\,2s^{2}\,2p^{6}\,3s^{1}$ car il possède 11 électrons. Pour satisfaire à la règle de l'octet, il aura tendance à perdre un électron. La configuration électronique de l'ion correspondant est : $1s^{2}\,2s^{2}\,2p^{6}$ comme celle d'un gaz rare, très stable. Il s'agit d'un cation Na⁺.
Le potassium, se trouvant dans la même colonne du tableau périodique que le sodium, donnera le cation K⁺ ayant le même nombre d'électrons sur la couche externe.

f. L'ion sodium possède une charge positive donc, pour que le chlorure de sodium soit neutre, l'ion chlorure possède une charge négative ; c'est un anion : Cℓ⁻.

g. D'après la configuration électronique de l'ion chlorure, il y a 18 électrons dans son nuage électronique. L'atome, lui, possède un électron de moins, soit la configuration : $1s^{2}\,2s^{2}\,2p^{6}\,3s^{2}\,3p^{5}$, d'où le numéro atomique $Z = 17$. Le noyau de l'atome de chlore est constitué de 18 neutrons et 17 protons soit $A = 35$ et $Z = 17$ soit $^{35}_{17}$Cℓ.

LA MATIÈRE

Les transformations de la matière

Ce timbre en l'honneur de Marie Curie a été émis en 1967 pour le centenaire de sa naissance. Marie Skłodowska-Curie a été lauréate du prix Nobel à deux reprises pour ses travaux sur la **radioactivité**, en 1903 en physique, puis en 1911 en chimie.

FICHES DE COURS	14 Transformations physiques	102
	15 Transformations chimiques	104
	16 Transformations nucléaires	106
	MÉMO VISUEL	108
EXERCICES	SE TESTER Exercices 1 à 3	110
	S'ENTRAÎNER Exercices 4 à 12	111
	OBJECTIF BAC Exercices 13 et 14 • Problèmes guidés	114
CORRIGÉS	Exercices 1 à 14	116

14 Transformations physiques

En bref *Une transformation physique, appelée changement d'état, peut avoir lieu lorsque de la matière reçoit ou libère de l'énergie thermique.*

I Les changements d'état

■ Le **changement d'état** d'une espèce chimique solide, liquide ou gazeuse est son passage à un autre état physique ; on parle d'une **transformation physique**.

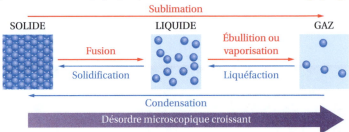

■ Un changement d'état n'affecte pas la structure des espèces chimiques mais **seulement l'organisation** de celles-ci à l'échelle microscopique.
Exemple : Les molécules H_2O sont ordonnées dans la glace et en mouvement désordonné dans l'eau liquide.

■ Le changement d'état d'un corps pur à une pression donnée a lieu à une température fixe, appelée **température de changement d'état** →FICHE 2.
Exemple : À la pression atmosphérique : T_{fusion} (eau) = $T_{solidification}$ (eau) = 0 °C

■ Un changement d'état est symbolisé par une **équation**.
Exemple : Équation de vaporisation de l'éthanol :
$$C_2H_6O_{(\ell)} \rightarrow C_2H_6O_{(g)}$$

À NOTER
L'état physique est symbolisé par une lettre : solide (s), liquide (ℓ), gaz (g).

II Énergie massique de changement d'état

■ Une transformation physique est : **endothermique** si elle absorbe de l'énergie thermique ; **exothermique** si elle libère de l'énergie. La fusion et la vaporisation sont endothermiques ; la liquéfaction et la solidification sont exothermiques.

■ L'**énergie massique E_m de changement d'état** d'une espèce chimique, exprimée en joules par kilogramme ($J \cdot kg^{-1}$), est l'énergie thermique transférée lors du changement d'état d'un kilogramme de cette espèce à sa température de changement d'état. La relation entre l'énergie massique E_m, la masse m d'espèce subissant le changement d'état et l'énergie E nécessaire à cette transformation est :

$$E_m = \frac{E}{m}$$

Exemple : Énergie massique de fusion de la glace à 0 °C : E_{fusion} = 330 $kJ \cdot kg^{-1}$.

Méthode

Exploiter la relation entre l'énergie transférée et l'énergie massique

L'énergie massique de vaporisation de l'eau est :
E_m (vaporisation) = 2,25 kJ·g^{-1} à 100 °C.

a. Écrire l'équation de vaporisation de l'eau.

b. Expliquer ce que représente l'énergie massique fournie.

c. Pourquoi la valeur de cette énergie massique est-elle donnée à 100 °C ?

d. Calculer l'énergie à apporter pour vaporiser un quart de litre d'eau à 100 °C.

e. S'agit-il d'une transformation endothermique ou exothermique ? Justifier.

CONSEILS

a. à **c.** Utilisez les définitions d'un changement d'état et de son énergie massique.

d. Utilisez la relation : $E_m = \dfrac{E}{m}$.

SOLUTION

a. Équation de vaporisation de l'eau :
$$H_2O_{(\ell)} \rightarrow H_2O_{(g)}$$

b. L'énergie massique de vaporisation représente l'énergie à apporter à un kilogramme d'eau liquide à 100 °C pour la transformer en un kilogramme d'eau à l'état de vapeur (gaz) à 100 °C.

c. L'énergie massique de vaporisation est donnée à 100 °C car c'est la température à laquelle a lieu ce changement d'état à la pression atmosphérique.

d. Un quart de litre d'eau (0,250 L) a une masse :
$m = 0{,}250$ kg $= 250$ g.
La relation $E_m = \dfrac{E}{m}$ conduit à $E = E_m \times m$.
Avec $E_m = 2{,}25$ kJ·g^{-1} et $m = 250$ g, on obtient :
$E = 2{,}25 \times 250 = 563$ kJ.
Il faut apporter une énergie de 563 kJ pour faire passer 250 g d'eau liquide initialement à 100 °C à l'état de vapeur d'eau à 100 °C.

À NOTER
Cette énergie ne change pas la température de l'eau, mais simplement son état physique.

e. La vaporisation est une transformation endothermique puisqu'il faut apporter de l'énergie à l'eau pour que le changement d'état se produise.

Les transformations de la matière

15 Transformations chimiques

En bref *Lors d'une transformation chimique, les éléments chimiques constituant les réactifs sont recombinés pour former les produits de la transformation.*

I La transformation chimique, un système qui évolue

■ Un système chimique est un mélange d'espèces chimiques susceptibles de réagir entre elles. L'**état d'un système chimique** est décrit par :
– les conditions de pression p et de température T ;
– les espèces chimiques présentes en précisant leur état physique : solide (s), liquide (ℓ), gaz (g) ou en solution aqueuse (aq).

■ Pour décrire l'évolution d'un système chimique, on compare son **état initial** (EI) à son **état final** (EF).

> **À NOTER**
> La plupart des systèmes chimiques se trouvent initialement à la pression atmosphérique. Cette pression s'exprime en pascals et vaut :
> $p_{atm} = 1{,}013 \times 10^5$ Pa.

EI (p_i, T_i)	Évolution	EF (p_f, T_f)
Espèces chimiques présentes	Transformation chimique	Espèces chimiques nouvelles / Espèces chimiques restantes

■ Une transformation chimique est une évolution d'un système au cours de laquelle des espèces chimiques, appelées **réactifs,** disparaissent en faisant apparaître de nouvelles espèces chimiques, appelées **produits** de la transformation. Les espèces système qui ne sont pas affectées sont dites **spectatrices**.

■ Au cours d'une transformation chimique, les réactifs disparaissent mais les éléments chimiques qui les constituent se retrouvent dans les produits de la transformation. C'est **la conservation des éléments** → FICHE 17.

Exemple : La combustion de l'éthanol (C_2H_6O) dans le dioxygène (O_2) est modélisée par une réaction dont l'équation → FICHE 17 est :

$$C_2H_6O_{(\ell)} + 3\ O_{2(g)} \rightarrow 2\ CO_{2(g)} + 3\ H_2O_{(g)}$$

Les éléments chimiques (H, C et O) présents dans les réactifs ne disparaissent pas, on les retrouve dans les produits de la transformation, assemblés différemment.

II Aspect énergétique d'une transformation chimique

■ Une transformation chimique **endothermique** absorbe de l'énergie. En général, cela se traduit par une diminution de la température du milieu réactionnel.
Exemple : La dissolution du nitrate d'ammonium est endothermique.

■ Une transformation chimique **exothermique** libère de l'énergie thermique. En général, cela se traduit par une élévation de température du milieu réactionnel.
Exemple : Les combustions sont exothermiques.

COURS & MÉTHODES

Méthode

Décrire un système chimique et son évolution

On chauffe fortement du sucre (saccharose $C_{12}H_{22}O_{11}$) dans un tube à essai équipé d'un tube à dégagement. Il brunit, de la vapeur d'eau s'échappe, se condense sous forme liquide dans un deuxième tube jusqu'au moment où, au fond du tube chauffé, il ne reste plus qu'un solide noir, c'est du carbone.

a. Décrire l'état initial et l'état final du système. Montrer qu'une transformation chimique a eu lieu et identifier les réactifs et les produits.

b. Lors de l'expérience, une transformation physique a également lieu. Laquelle ?

c. La transformation chimique est-elle endothermique ou exothermique ? Justifier.

CONSEILS

a. Relevez dans l'énoncé les espèces présentes initialement et finalement, en notant leur état physique. Identifiez celles qui disparaissent et celles qui apparaissent.
b. Identifiez le produit de la réaction qui subit le changement d'état.
c. Observez les conditions expérimentales.

SOLUTION

a. Initialement, le dispositif contient du saccharose solide : $C_{12}H_{22}O_{11(s)}$ et de l'air (diazote $N_{2(g)}$ et dioxygène $O_{2(g)}$). Finalement, il reste toujours de l'air, le sucre a disparu tandis que de l'eau liquide $H_2O_{(\ell)}$ et du carbone solide $C_{(s)}$ se sont formés.

EI (p_{atm}, T_1)	EF (p_{atm}, T_2)
Saccharose $C_{12}H_{22}O_{11(s)}$ Diazote $N_{2(g)}$ et dioxygène $O_{2(g)}$	Carbone $C_{(s)}$ Eau $H_2O_{(\ell)}$ Diazote $N_{2(g)}$ et dioxygène $O_{2(g)}$

C'est une transformation chimique car il apparaît deux nouvelles espèces (carbone et eau). Dans la situation étudiée, il n'y a qu'un réactif, le saccharose (sucre) qui est totalement consommé. Les produits de la transformation sont le carbone et l'eau.

À NOTER
Cette transformation n'est pas une combustion, mais une pyrolyse ; la molécule de saccharose est décomposée par la chaleur.

b. L'eau se forme à l'état de vapeur, puis elle se liquéfie lorsqu'elle se refroidit dans le tube à dégagement. L'eau subit donc une liquéfaction.

c. Pour réaliser cette pyrolyse, il faut chauffer fortement, c'est-à-dire apporter de l'énergie thermique. La transformation est donc endothermique.

Les transformations de la matière

16 Transformations nucléaires

En bref Certains noyaux atomiques peuvent subir une transformation, dite nucléaire, au cours de laquelle de nouveaux noyaux sont formés. Une telle transformation est modélisée par une réaction nucléaire.

I Isotopes

Des isotopes sont des atomes d'un même élément chimique (même nombre Z de protons) qui diffèrent seulement par leur nombre de neutrons (donc par leur masse) →FICHE 7.

Exemple : Le zinc 64 de symbole $^{64}_{30}Zn$ et le zinc 68 de symbole $^{68}_{30}Zn$ sont deux isotopes naturels stables du zinc.

À NOTER
Le mot isotope créé en 1913 par Sir Frederick Soddy signifie : « dans la même case de la classification périodique » (du grec, *iso* : égal et *topos* : place).

II Réactions nucléaires

■ Les noyaux de certains isotopes peuvent subir une transformation pour former de nouveaux noyaux. On parle alors d'une transformation nucléaire modélisée par une réaction nucléaire.

• La fusion nucléaire met en jeu des noyaux légers qui se réunissent pour former un noyau plus lourd. La fusion nucléaire est à l'origine de l'énergie du Soleil.

• La fission nucléaire est la division d'un noyau lourd en noyaux plus légers sous l'effet de l'impact d'un neutron. C'est le type de réactions nucléaires utilisées dans les centrales nucléaires pour produire de l'énergie thermique convertie en énergie électrique.

■ Au cours d'une transformation nucléaire, il y a :
– conservation du nombre de nucléons (nombre A) ;
– conservation du nombre de charges (nombre Z).

■ La réaction nucléaire modélisant la transformation est symbolisée par une équation respectant ces deux lois de conservation.

Exemple : L'équation :

$$^{2}_{1}H + {}^{2}_{1}H \rightarrow {}^{3}_{1}H + {}^{1}_{1}H$$

symbolise la fusion de deux noyaux d'hydrogène 2. Le nombre de nucléons est bien conservé (2 + 2 = 3 + 1) ainsi que le nombre de charges (1 + 1 = 1 + 1).

À NOTER
Contrairement aux transformations physiques et chimiques, les transformations nucléaires ne respectent pas la conservation des éléments chimiques.

Méthode

Écrire une équation de réaction nucléaire

a. En utilisant une notation $^A_Z X$, similaire à celle employée pour symboliser un noyau, le neutron se note $^1_0 n$. Expliquer pourquoi.

b. L'interaction entre un noyau d'azote 14 et un neutron est modélisée par une réaction nucléaire d'équation : $^1_0 n + ^{14}_7 N \rightarrow ^A_Z X + ^1_1 H$. Identifier le noyau $^A_Z X$.

c. Un neutron entrant en collision avec un noyau d'uranium 235 peut provoquer la fission de ce noyau en deux noyaux plus légers. L'une de ces réactions de fission donne naissance à un noyau de sélénium 85 et un noyau de cérium 146, il se forme également plusieurs neutrons. Écrire l'équation de cette réaction de fission et déterminer le nombre y de neutrons formés.

Données : symboles et numéros atomiques de quelques éléments chimiques

Élément	bore	carbone	azote	oxygène	fluor	sélénium	cérium	uranium
Symbole	B	C	N	O	F	Se	Ce	U
Z	5	6	7	8	9	34	58	92

CONSEILS

a. Utilisez la signification des nombres A et Z.
b. et **c.** Appliquez les lois de conservation.

SOLUTION

a. Un neutron se note $^1_0 n$ car le neutron est un nucléon ($A = 1$) qui ne porte pas de charge électrique ($Z = 0$).

b. La conservation du nombre de nucléons s'exprime par l'équation : $1 + 14 = A + 1$ et par conséquent $A = 14$. La conservation du nombre de charges s'exprime par l'équation : $0 + 7 = Z + 1$ donc $Z = 6$. L'élément chimique de numéro atomique $Z = 6$ est le carbone C. Le noyau $^A_Z X$ est donc $^{14}_6 C$, c'est-à-dire l'isotope 14 du carbone. L'équation est :

$$^1_0 n + ^{14}_7 N \rightarrow ^{14}_6 C + ^1_1 H$$

c. L'équation de fission nucléaire s'écrit :

$$^1_0 n + ^{235}_{92} U \rightarrow ^{85}_{34} Se + ^{146}_{58} Ce + y\, ^1_0 n$$

La conservation du nombre de nucléons se traduit par :
$1 + 235 = 85 + 146 + y \times 1$ et par conséquent $y = 235 + 1 - 85 - 146 = 5$.
Cette fission aboutit donc à la formation de 5 neutrons :

$$^1_0 n + ^{235}_{92} U \rightarrow ^{85}_{34} Se + ^{146}_{58} Ce + 5\, ^1_0 n$$

À NOTER

La conservation de la charge est bien vérifiée, il y a initialement 92 charges et finalement on retrouve ces 92 charges ($34 + 58 + 5 \times 0 = 92$).

Les transformations de la matière

MÉMO VISUEL

Changements d'état

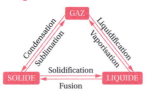

Température de changement d'état

À une pression donnée, le changement d'état d'une espèce chimique a lieu à une **température fixe** appelée température de changement d'état.

Équation de changement d'état

Un changement d'état ne change pas l'espèce chimique mais **seulement l'organisation** microscopique.

Exemple : Équation de fusion de l'eau :
$H_2O_{(s)} \rightarrow H_2O_{(\ell)}$

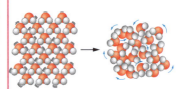

Eau solide — Eau liquide

Transformations physiques

TRANSFORMATIONS

Transformations chimiques

Évolution d'un système chimique

EI (p_{atm}, T_1)
Réactif 1, réactif 2...
Espèces spectatrices

→

EF (p_{atm}, T_2)
Produit 1, produit 2...
Reste d'un réactif
Espèces spectatrices

Équation modélisant la réaction

Réactif 1 + Réactif 2 + ... → Produit 1 + Produit 2 + ...

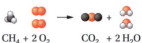

$CH_4 + 2\,O_2 \rightarrow CO_2 + 2\,H_2O$

Transformations nucléaires

Isotopes
Atomes ayant le même nombre Z de protons mais des nombres $A - Z$ de neutrons différents.

Exemple : Hélium

$^{1}_{1}H$ $^{2}_{1}H$ $^{3}_{1}H$

Réactions nucléaires

- **Fission nucléaire**

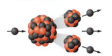

Exemple : Centrale nucléaire

- **Fusion nucléaire**

$^{2}_{1}H + ^{3}_{1}H \rightarrow ^{4}_{2}He + ^{1}_{0}n$

Exemple : Soleil

DE LA MATIÈRE

Lois de conservation

Transformations physiques et chimiques
- Les **éléments chimiques** se conservent lors des transformations physiques et chimiques.

Transformations nucléaires
- Le **nombre A** de nucléons et le **nombre Z** de charges électriques sont conservés lors des transformations nucléaires.

Aspect énergétique

Transformations physiques et chimiques
- **Exothermique** : si elle libère de la chaleur.
- **Endothermique** : si elle absorbe de la chaleur.

Transformations nucléaires
Elles libèrent de l'énergie.

▶ SE TESTER QUIZ

Vérifiez que vous avez bien compris les points clés des **fiches 14 à 16**.

1 Changements d'état → FICHE 14

1. Parmi les affirmations suivantes, lesquelles sont vraies ?
☐ **a.** Un changement d'état est une transformation chimique.
☐ **b.** La liquéfaction est le passage de l'état solide à liquide.
☐ **c.** Lors de la vaporisation de l'eau, la molécule d'eau garde la même formule.
☐ **d.** La solidification est une transformation exothermique.

2. La sublimation de l'espèce AB est modélisée par la réaction d'équation :
☐ **a.** $AB_{(\ell)} \rightarrow AB_{(g)}$ ☐ **b.** $AB_{(s)} \rightarrow AB_{(\ell)}$
☐ **c.** $AB_{(g)} \rightarrow AB_{(s)}$ ☐ **d.** $AB_{(s)} \rightarrow AB_{(g)}$

3. L'énergie massique de changement d'état d'une espèce chimique s'exprime en :
☐ **a.** J ☐ **b.** J·kg^{-1} ☐ **c.** W ☐ **d.** J·L^{-1}

2 Transformations chimiques → FICHE 15

Parmi les affirmations suivantes, lesquelles sont vraies ?
☐ **a.** Lors d'une transformation chimique, il est possible que des espèces chimiques soient consommées sans que d'autres espèces soient formées.
☐ **b.** Les espèces formées lors d'une transformation chimique sont les réactifs.
☐ **c.** La conservation des éléments chimiques n'est pas systématiquement respectée lors d'une transformation chimique.
☐ **d.** Un système chimique siège d'une transformation chimique peut parfois contenir des espèces qui ne sont ni des réactifs, ni des produits de la transformation.
☐ **e.** Une transformation chimique qui se traduit par un abaissement de la température du système chimique est endothermique.

3 Transformations nucléaires et isotopes → FICHE 16

Parmi les affirmations suivantes, lesquelles sont vraies ?
☐ **a.** Une transformation nucléaire met en jeu des molécules.
☐ **b.** La conservation des éléments chimiques est respectée lors d'une transformation nucléaire.
☐ **c.** La réaction symbolisée par $^{60}_{27}Co \rightarrow\ ^{60}_{28}Ni +\ ^{0}_{-1}e$ est une réaction nucléaire.
☐ **d.** La fusion nucléaire est le passage de l'état solide à l'état liquide.
☐ **e.** Lorsque deux noyaux atomiques légers se réunissent pour former un noyau plus lourd, on parle de fission nucléaire.
☐ **f.** Les noyaux $^{64}_{28}Ni$, $^{65}_{29}Cu$ et $^{66}_{30}Zn$ ont tous les trois le même nombre de neutrons.
☐ **g.** Les noyaux $^{64}_{28}Ni$; $^{65}_{29}Cu$; $^{66}_{30}Zn$ sont des isotopes.

S'ENTRAÎNER

4 Le sucre fond-il ? → FICHE 14

Un morceau de sucre (saccharose $C_{12}H_{22}O_{11(s)}$) fond dans une boisson chaude.

a. Quelle est la nature de la transformation subie par le saccharose ?

b. Parmi les équations suivantes, quelle est celle qui symbolise la réaction modélisant la transformation du saccharose ? Justifier.

- *Équation 1* : $C_{12}H_{22}O_{11(s)} \rightarrow C_{12}H_{22}O_{11(\ell)}$
- *Équation 2* : $C_{12}H_{22}O_{11(s)} \rightarrow C_{12}H_{22}O_{11(aq)}$
- *Équation 3* : $C_{12}H_{22}O_{11(s)} \rightarrow C_{12}H_{22}O_{11(g)}$

5 Fusion de la glace → FICHE 14

L'énergie massique de fusion de la glace à 0 °C et p_{atm} est $E_{fusion} = 335$ kJ·kg^{-1}.

Quelle est l'énergie thermique à apporter pour transformer totalement un glaçon de 25 g à 0 °C en eau liquide à 0 °C ?

6 Combustion du magnésium → FICHE 15

On considère la combustion d'un morceau de magnésium dans un flacon rempli d'air. Cette transformation chimique est schématisée ci-dessous.

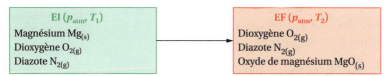

a. Expliquer la présence des gaz diazote et dioxygène dans l'état initial.

b. Quelle est l'espèce formée au cours de la transformation ?

c. Quels sont les réactifs ? Pourquoi ?

d. Quelle est l'espèce non affectée par la transformation ?

7 Quelle transformation chimique ? → FICHE 15

Un système chimique subit une transformation schématisée ci-dessous.

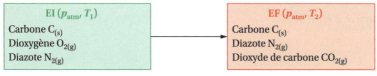

a. Comment se nomme la transformation chimique ? Justifier.

b. Expliquer dans quelles conditions expérimentales la transformation chimique a pu être réalisée.

c. Comparer la température T_2 à la température T_1 en expliquant.

Les transformations de la matière **111**

8 Quelle équation de réaction chimique ? → FICHE 15

On ajoute de la poudre de cuivre $Cu_{(s)}$ dans une solution aqueuse de nitrate d'argent $Ag^+_{(aq)} + NO^-_{3(aq)}$. On agite puis on laisse décanter. On constate que du métal argent $Ag_{(s)}$ s'est formé ainsi que des ions cuivre $Cu^{2+}_{(aq)}$ donnant une coloration bleue à la solution aqueuse. Il reste encore du cuivre mais un test montre la disparition totale des ions argent en solution.

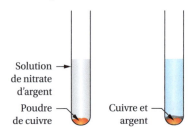

a. Décrire les états initial et final du système constitué par le contenu du tube.
b. Expliquer pourquoi on peut dire qu'il y a eu une transformation chimique.
c. Parmi les équations de réactions suivantes, quelle est celle qui symbolise la transformation chimique ? Justifier.

- *Équation 1* : $2\ Ag_{(s)} + Cu^{2+}_{(aq)} \rightarrow 2\ Ag^+_{(aq)} + Cu_{(s)}$
- *Équation 2* : $2\ Ag^+_{(aq)} + Cu_{(s)} \rightarrow 2\ Ag_{(s)} + Cu^{2+}_{(aq)}$
- *Équation 3* : $2\ Ag_{(s)} + Cu_{(s)} \rightarrow 2\ Ag^+_{(aq)} + Cu^{2+}_{(aq)}$
- *Équation 4* : $2\ Ag^+_{(aq)} + Cu^{2+}_{(aq)} \rightarrow 2\ Ag_{(s)} + Cu_{(s)}$

> **CONSEILS**
> **c.** Identifiez les réactifs et les produits.

9 Isotopes du germanium → FICHE 16

Le germanium Ge est l'élément chimique de numéro atomique 32. Compléter le tableau ci-dessous permettant de décrire la composition des noyaux des cinq isotopes naturels stables du germanium.

Isotope	70	72	73	74	76
Symbole du noyau					
Nombre de protons					
Nombre de neutrons					
Nombre d'électrons					

10 Symboles de quelques particules → FICHE 16

Pour écrire les équations des réactions nucléaires, les physiciens symbolisent les noyaux sous la forme $^{A}_{Z}X$. Ils utilisent la même forme de symbole pour représenter un neutron, un proton ou un électron. Ainsi, le neutron se symbolise par $^{1}_{0}n$.

En expliquant, indiquer parmi les propositions suivantes :

a. celles qui symbolisent un proton : $^{0}_{0}p$; $^{0}_{1}p$; $^{1}_{0}p$; $^{1}_{1}p$; $^{1}_{-1}p$; $^{1}_{1}H$;

b. celle qui symbolise un électron : $^{0}_{0}e$; $^{0}_{1}e$; $^{1}_{0}e$; $^{1}_{1}e$; $^{1}_{-1}e$; $^{0}_{-1}e$.

c. On considère la réaction de fusion de deux noyaux d'hydrogène 2 (aussi appelé deutérium) aboutissant à la formation d'un noyau d'hélium 3 et d'une autre particule $^{A}_{Z}X$. Identifier la particule X.

d. Le potassium 40 est radioactif. Cela signifie que son noyau peut se désintégrer spontanément en formant un noyau de calcium 40 et une particule $^{A'}_{Z'}X'$. Identifier la particule X'.

Données :

Élément	hydrogène	hélium	potassium	calcium
Symbole	H	He	K	Ca
Numéro atomique	1	2	19	20

11 Réacteur nucléaire → FICHE 16

Dans un réacteur nucléaire, l'une des réactions possibles est :

$$^{235}_{92}U + ^{1}_{0}n \rightarrow ^{139}_{Z}X + ^{94}_{39}Y + x\,^{1}_{0}n$$

a. Quelle est la nature de cette réaction ?

b. Déterminer x et identifier l'élément chimique X.

c. Dans un réacteur nucléaire, 1,4 kg d'uranium 235 est transformé chaque jour. Calculer en joules l'énergie totale E_T produite quotidiennement.

d. En déduire la puissance électrique P fournie par un tel réacteur si 40 % de l'énergie E_T est effectivement convertie en énergie électrique.

Données :

Élément	yttrium	tellure	iode	xénon	uranium
Symbole	Y	Te	I	Xe	U
Z	39	52	53	54	92

- énergie libérée par la fission d'un noyau d'uranium : $E = 2,8 \times 10^{-11}$ J ;
- masse d'un atome d'uranium 235 : $m(^{235}U) = 3,9 \times 10^{-25}$ kg.

À NOTER

La **puissance** est définie par la relation : puissance = $\dfrac{\text{énergie}}{\text{durée}}$.

Elle s'exprime en watts (W) tandis que l'énergie s'exprime en joules (J).

12 Transformation physique, chimique ou nucléaire ? →FICHES 14 à 16

Les équations suivantes symbolisent des transformations de la matière.
- Équation 1 : $2\,Ag^+_{(aq)} + Cu_{(s)} \rightarrow 2\,Ag_{(s)} + Cu^{2+}_{(aq)}$
- Équation 2 : $CO_{2(s)} \rightarrow CO_{2(g)}$
- Équation 3 : $^{226}_{88}Ra \rightarrow {}^{222}_{86}Rn + {}^{4}_{2}He$
- Équation 4 : $^{2}_{1}H + {}^{3}_{1}H \rightarrow {}^{4}_{2}He + {}^{1}_{0}n$
- Équation 5 : $Fe_{(s)} \rightarrow Fe_{(\ell)}$
- Équation 6 : $2\,H_2O_{2(aq)} \rightarrow 2\,H_2O_{(\ell)} + O_{2(g)}$
- Équation 7 : $^{235}_{92}U + {}^{1}_{0}n \rightarrow {}^{139}_{53}I + {}^{94}_{39}Y + 3\,{}^{1}_{0}n$

CONSEILS
a. Relevez si les entités mises en jeu sont des noyaux atomiques ou des espèces chimiques (atomes, molécules ou ions).

a. Identifier, en le justifiant, celles qui correspondent à une transformation physique, une transformation chimique ou une transformation nucléaire.
b. Dans le cas des transformations physiques, nommer le changement d'état.
c. Identifier les réactions de fusion nucléaire et de fission nucléaire.
d. Vérifier que chacune des réactions nucléaires respecte les lois de conservation.

▶ OBJECTIF BAC

13 Changements d'état de l'eau
30 min

> Ce problème étudie quelques aspects énergétiques des changements d'état de l'eau à partir de données figurant sur un diagramme.

📄 LE PROBLÈME

On considère un système constitué initialement de 500 g de glace à –20 °C et à la pression atmosphérique p_{atm}.

Le diagramme ci-dessous indique l'évolution de la température du système lorsqu'il échange de l'énergie thermique avec l'extérieur. Le point A correspond à l'état initial du système ; les points B, C, D et E à des états particuliers du système.

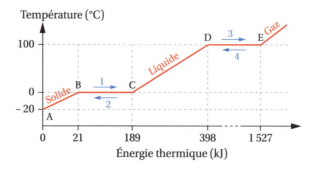

a. À quelles transformations correspondent les flèches 1 à 4 sur le diagramme ?
b. Quel est l'état physique du système entre les points B et C ?
c. Que se passe-t-il si on transfère une énergie thermique de 10 kJ à 500 g de glace à –20 °C ?
d. Quelle est l'énergie massique de fusion de la glace à la pression atmosphérique ?
e. Quelle énergie faut-il fournir ou retirer à 500 g d'eau liquide à 0 °C pour la transformer en glace à –20 °C ?
f. Quelle énergie faut-il fournir à 500 g de glace à 0 °C pour la transformer en eau bouillante ?

▶▶▶ **LA FEUILLE DE ROUTE**

a. et b. **Extraire des informations**   → FICHE 14
Recherchez les informations utiles du graphique et mobilisez vos connaissances.

c. **Extraire et exploiter des informations**   → FICHE 14
Déterminez l'état final du système en exploitant le graphique.

d à f. **Analyser/raisonner et réaliser un calcul**   → FICHE 14
Extrayez les informations nécessaires du graphique et réalisez les calculs nécessaires en utilisant la définition de l'énergie massique d'un changement d'état.

14 Bougie
30 min

Dans ce problème, on s'intéresse aux transformations de la matière mises en jeu lorsqu'une bougie brûle, et notamment leur aspect énergétique.

📄 **LE PROBLÈME**

Une bougie est constituée essentiellement de stéarine solide $C_{57}H_{110}O_{6(s)}$ et d'une mèche en coton. Lorsque la bougie est allumée, la stéarine fond à proximité de la mèche enflammée puis elle se vaporise avant d'être consommée par combustion.

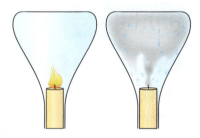

On réalise l'expérience suivante : une bougie enflammée est placée sous un flacon sec rempli d'air. La bougie continue à brûler pendant quelques secondes, puis elle s'éteint. Le flacon s'échauffe et se recouvre de buée. Un test à l'eau de chaux montre qu'il s'est formé du dioxyde de carbone.

On supposera que la pression dans le flacon reste égale à la pression atmosphérique.

a. Identifier les changements d'états subis par la stéarine lorsque la bougie brûle.

b. Écrire les équations de ces changements d'état.

c. Pourquoi la bougie s'éteint-elle ?

d. Décrire l'état initial et l'état final du système constitué par les espèces chimiques présentes dans le flacon. On négligera la mèche de coton.

e. Expliquer ce qui permet d'affirmer que le système subit une transformation chimique.

f. Quels sont les produits et les réactifs ? La loi de conservation des éléments est-elle bien vérifiée ?

g. Pour chaque transformation de la matière mise en jeu lorsqu'une bougie brûle, préciser s'il s'agit d'une transformation endothermique ou exothermique.

▶▶▶ **LA FEUILLE DE ROUTE**

a. à **d. Extraire des informations** → FICHES **14** et **15**

Repérez les informations utiles de l'énoncé et mobilisez vos connaissances, notamment sur la composition de l'air.

e. et **f. Vérifier une loi** → FICHE **15**

Comparez l'état initial et l'état final du système chimique. Mobilisez la loi de conservation des éléments chimiques.

g. Restituer des connaissances → FICHES **14** et **15**

Utilisez vos connaissances sur les aspects énergétiques des transformations physiques et chimiques.

CORRIGÉS

▶ SE TESTER QUIZ

1 Changements d'état

1. Réponses c et d.

L'affirmation **a** est fausse : un changement d'état n'est pas une transformation chimique mais une transformation physique.

L'affirmation **b** est fausse : la liquéfaction est le passage de l'état gazeux à liquide tandis que le passage de l'état solide à liquide est la fusion.

2. Réponse d. La sublimation est le passage de l'état solide à l'état gazeux :

$$AB_{(s)} \rightarrow AB_{(g)}$$

3. Réponse b. L'énergie massique s'exprime en $J \cdot kg^{-1}$

2 Transformations chimiques

Réponses d et e.

L'affirmation **a** est fausse car lors d'une transformation chimique, des espèces chimiques sont consommées et d'autres sont obligatoirement formées.
L'affirmation **b** est fausse : les espèces qui se forment lors d'une transformation chimique ne sont pas les réactifs mais les produits de la transformation.
L'affirmation **c** est fausse : la conservation des éléments chimiques est toujours respectée lors d'une transformation chimique.

3 Transformations nucléaires et isotopes

Réponses c et f.

L'affirmation **a** est fausse : une transformation nucléaire ne met pas en jeu des molécules, mais des noyaux atomiques.
L'affirmation **b** est fausse : la conservation des éléments chimiques n'est pas respectée lors d'une transformation nucléaire.
L'affirmation **c** est vraie : la réaction symbolisée par $^{60}_{27}Co \rightarrow \,^{60}_{28}Ni + \,^{0}_{-1}e$ est une réaction nucléaire au cours de laquelle un noyau de cobalt 60 est transformé en un noyau de nickel 60 en émettant un électron (symbolisé par $^{0}_{-1}e$). Il s'agit d'une désintégration radioactive.
L'affirmation **d** est fausse : la fusion nucléaire ne doit pas être confondue avec la fusion qui est une transformation physique correspondant au passage de l'état solide à l'état liquide.
L'affirmation **e** est fausse : lorsque deux noyaux atomiques légers se réunissent pour former un noyau plus lourd, il ne s'agit pas d'une fission nucléaire mais d'une fusion nucléaire.
L'affirmation **f** est vraie : les noyaux $^{64}_{28}Ni$, $^{65}_{29}Cu$ et $^{66}_{30}Zn$ ont tous 36 neutrons
L'affirmation **g** est fausse : les noyaux $^{64}_{28}Ni$, $^{65}_{29}Cu$ et $^{66}_{30}Zn$ ne sont pas des isotopes puisqu'ils n'ont pas le même nombre Z de protons.

▶ S'ENTRAÎNER

4 Le sucre fond-il ?

a. Même si le verbe fondre peut laisser penser à une fusion (passage de l'état solide à l'état liquide), il n'en est rien. Le sucre passe simplement en solution : il est dissous. Le sucre subit donc une dissolution qui est une transformation chimique.
b. Le saccharose passe de l'état solide à l'état d'espèce dissoute. C'est l'équation 2 qui traduit cette dissolution : $C_{12}H_{22}O_{11(s)} \rightarrow C_{12}H_{22}O_{11(aq)}$.

> **CONSEILS**
> **a.** Attention, ne confondez pas fusion et dissolution.

5 Fusion de la glace

La relation : $E_m = \dfrac{E}{m}$ conduit à : $E = E_m \times m$.
Avec $E_m = 335$ kJ·kg^{-1} et $m = 25$ g $= 25 \times 10^{-3}$ kg $= 2,5 \times 10^{-2}$ kg, on obtient :
$E = 335 \times 2,5 \times 10^{-2}$ kg $= 8,4$ kJ.

Les transformations de la matière

6 Combustion du magnésium

a. Le diazote et le dioxygène sont présents dans le système initial car ce sont les constituants principaux de l'air.

b. L'espèce formée au cours de la transformation chimique est l'oxyde de magnésium $MgO_{(s)}$ puisqu'elle n'est pas présente à l'état initial mais présente à l'état final.

À NOTER

a. L'air est un mélange composé, en quantité de matière, d'environ 78 % de diazote $N_{2(g)}$, 21 % de dioxygène $O_{2(g)}$ et 1 % d'argon $Ar_{(g)}$.

c. Le produit de la réaction $MgO_{(s)}$ est constitué des éléments oxygène O et magnésium Mg. Les réactifs sont constitués nécessairement de ces mêmes éléments puisqu'il y a conservation des éléments chimiques au cours d'une transformation chimique. Les réactifs sont donc le dioxygène $O_{2(g)}$ et le magnésium $Mg_{(s)}$.

d. L'espèce non affectée par la transformation est le diazote $N_{2(g)}$. On parle aussi d'espèce spectatrice.

7 Quelle transformation chimique ?

a. Dans l'état final, il y a apparition d'une espèce qui n'était pas initialement : le dioxyde de carbone $CO_{2(g)}$ qui est donc le produit de la réaction. On constate également la disparition du dioxygène initialement présent qui est donc un réactif.
Par ailleurs, le produit de la réaction $CO_{2(g)}$ est constitué des éléments C et O. Les réactifs sont constitués nécessairement de ces mêmes éléments puisqu'il y a conservation des éléments chimiques au cours d'une transformation chimique. Les réactifs sont donc le dioxygène $O_{2(g)}$ et le carbone $C_{(s)}$. La transformation faisant apparaître du dioxyde de carbone à partir du carbone et du dioxygène se nomme combustion du carbone.

b. Le diazote présent à la fois dans l'état initial et l'état final est une espèce non affectée par la transformation. Sa présence signifie que la combustion a été réalisée dans l'air. Par ailleurs, le carbone n'a pas été totalement consommé (il est présent dans l'état final), tandis que le dioxygène a été totalement consommé. L'expérience de combustion a donc été réalisée dans un flacon clos initialement rempli d'air. Lorsque tout le dioxygène présent dans le flacon a été consommé, la combustion s'est arrêtée et le flacon renfermait alors le dioxyde de carbone formé, le diazote et le reste de carbone.

c. Une combustion est une transformation chimique exothermique. L'énergie thermique dégagée a donc pour conséquence d'augmenter la température du système : la température finale T_2 est supérieure à la température initiale T_1.

8 Quelle équation de réaction chimique ?

a. Initialement, le tube à essai contient une solution de nitrate d'argent donc de l'eau $H_2O_{(\ell)}$, des ions argent $Ag^+_{(aq)}$ et des ions nitrate $NO^-_{3\,(aq)}$ dissous ; le tube contient aussi du cuivre $Cu_{(s)}$.
Finalement, il reste toujours de l'eau, les ions argent ont disparu tandis que de l'argent $Ag_{(s)}$ et des ions cuivre $Cu^{2+}_{(aq)}$ se sont formés.

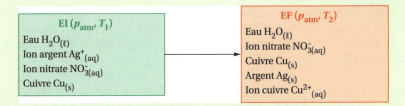

b. Une transformation chimique a eu lieu puisque de nouvelles espèces sont apparues : il s'agit de l'argent $Ag_{(s)}$ et des ions cuivre $Cu^{2+}_{(aq)}$.

c. Les produits de la réaction sont $Ag_{(s)}$ et $Cu^{2+}_{(aq)}$. L'ion $Ag^+_{(aq)}$ a disparu, c'est un réactif. Par ailleurs, les produits de la réaction $Ag_{(s)}$ et $Cu^{2+}_{(aq)}$ sont constitués des éléments Ag et Cu. Les réactifs sont constitués nécessairement de ces mêmes éléments puisqu'il y a conservation des éléments chimiques au cours d'une transformation chimique. Cela confirme que l'ion $Ag^+_{(aq)}$ est un réactif et indique par ailleurs que l'autre réactif est le cuivre $Cu_{(s)}$. C'est donc l'équation 2 qui symbolise la transformation chimique : $2\ Ag^+_{(aq)} + Cu_{(s)} \rightarrow 2\ Ag_{(s)} + Cu^{2+}_{(aq)}$.

 À NOTER
c. Pour ajuster l'équation, reportez-vous au chapitre suivant → FICHE 17.

9 Isotopes du germanium

Pour compléter le tableau, il faut utiliser les informations fournies par le symbole du noyau. Un noyau symbolisé par $^A_Z X$ est constitué de Z protons et $A - Z$ neutrons. Par exemple, le noyau de germanium 70 de symbole $^{70}_{32}Ge$ est constitué de 32 protons et $70 - 32 = 38$ neutrons.

Composition des noyaux des isotopes du germanium :

Isotope	70	72	73	74	76
Symbole du noyau	$^{70}_{32}Ge$	$^{72}_{32}Ge$	$^{73}_{32}Ge$	$^{74}_{32}Ge$	$^{76}_{32}Ge$
Nombre de protons	32	32	32	32	32
Nombre de neutrons	38	40	41	42	44
Nombre d'électrons	0	0	0	0	0

 À NOTER
Attention ! Il s'agit de décrire le noyau de chaque isotope et non l'atome. Il n'y a pas d'électrons dans le noyau, mais autour du noyau.

10 Symboles de quelques particules

a. Un proton est un nucléon (donc $A = 1$) et il porte une charge électrique positive ($Z = 1$) donc il se note : $^1_1 p$. Il se note aussi $^1_1 H$ puisque l'élément de numéro atomique $Z = 1$ est l'hydrogène H.

b. L'électron n'est pas un nucléon ($A = 0$) et il porte une charge élémentaire négative dont il est symbolisé par $_{-1}^{0}\text{e}$.

c. Le noyau d'hydrogène 2 a pour symbole $_{1}^{2}\text{H}$ et le noyau d'hélium 3 : $_{2}^{3}\text{He}$. L'équation de la réaction de fusion s'écrit :

$$_{1}^{2}\text{H} + _{1}^{2}\text{H} \rightarrow _{2}^{3}\text{He} + _{Z}^{A}\text{X}$$

La conservation du nombre de nucléons se traduit par : $2 + 2 = 3 + A$ et par conséquent $A = 1$. La conservation de la charge s'écrit : $1 + 1 = 2 + Z$ donc $Z = 0$.
La particule X telle que $A = 1$ et $Z = 0$ est un nucléon sans charge : un neutron $_{0}^{1}\text{n}$.

d. Le noyau de potassium 40 ($_{19}^{40}\text{K}$) se désintègre en formant un noyau de calcium 40 ($_{20}^{40}\text{Ca}$) et une particule $_{Z'}^{A'}\text{X}'$. L'équation de la réaction nucléaire est donc :

$$_{19}^{40}\text{K} \rightarrow _{20}^{40}\text{Ca} + _{Z'}^{A'}\text{X}'$$

La conservation du nombre de nucléons se traduit par :
$40 = 40 + A'$ et par conséquent $A' = 0$.
La conservation de la charge s'écrit : $19 = 20 + Z'$ donc $Z' = -1$.
La particule X', telle que $A' = 0$ et $Z' = -1$, porte donc une charge négative et n'est pas un nucléon. C'est donc un électron $_{-1}^{0}\text{e}$.

11 Réacteur nucléaire

a. Il s'agit d'une fission car un noyau d'uranium est divisé en deux noyaux plus légers sous l'effet de l'impact d'un neutron.

b. Les lois de conservation appliquées à $_{92}^{235}\text{U} + _{0}^{1}\text{n} \rightarrow _{Z}^{139}\text{X} + _{39}^{94}\text{Y} + x_{0}^{1}\text{n}$ donnent :

$\begin{cases} 235 + 1 = 139 + 94 + x \\ 92 = Z + 39 \end{cases}$ d'où $x = 3$ et $Z = 53$.

L'élément chimique X de numéro atomique $Z = 53$ est l'iode de symbole I.
L'équation de la réaction nucléaire s'écrit :

$$_{92}^{235}\text{U} + _{0}^{1}\text{n} \rightarrow _{53}^{139}\text{I} + _{39}^{94}\text{Y} + 3_{0}^{1}\text{n}$$

c. Le nombre N d'atomes d'uranium 235 dans une masse totale $m_T = 1,4$ kg est :

$$N = \frac{m_T}{m(_{92}^{235}\text{U})} = \frac{1,4}{3,9 \times 10^{-25}} = 3,6 \times 10^{24}.$$

L'énergie totale libérée par la fission de ces N noyaux est alors :

$$E_T = N \times E = 3,6 \times 10^{24} \times 2,8 \times 10^{-11} = 1,0 \times 10^{14} \text{ J}.$$

d. L'énergie électrique produite quotidiennement est :

$$E_{\text{élec}} = 40\% \times E_T = 40\% \times 1,0 \times 10^{14} = 4,0 \times 10^{13} \text{ J}.$$

Cette énergie est produite en une journée, c'est-à-dire en une durée :
$\Delta t = 24 \times 3\,600$ s $= 86\,400$ s donc la puissance électrique est :

$$P_{\text{élec}} = \frac{E_{\text{élec}}}{\Delta t} = \frac{4,0 \times 10^{13}}{86\,400} = 4,6 \times 10^{8} \text{ W} = 460 \text{ MW}.$$

La centrale génère une puissance électrique de 460 mégawatts.

12 Transformation physique, chimique ou nucléaire ?

a. Les équations 3, 4 et 7 mettent en jeu des noyaux (de symbole $_{Z}^{A}\text{X}$). Elles correspondent donc à des **transformations nucléaires**.
Dans les équations 2 et 5, la même espèce chimique est présente initialement et finalement mais son état physique est modifié. Ces équations correspondent donc à des **transformations physiques**.

Dans les équations 1 et 6, des espèces chimiques disparaissent et d'autres apparaissent. Ces équations correspondent donc à des **transformations chimiques**.
b. Équation 2 : le dioxyde de carbone passe de l'état solide à l'état gazeux ; il s'agit d'une **sublimation**.
Équation 5 : le fer passe de l'état solide à l'état liquide ; il s'agit d'une **fusion**.
c. Équation 4 : deux noyaux légers (isotopes 2 et 3 de l'hydrogène) se réunissent pour former un plus gros noyau : l'hélium 4 ; il se forme aussi un neutron $^1_0$n. C'est une réaction de **fusion nucléaire**.
Équation 7 : un noyau d'uranium est divisé en deux noyaux plus légers, sous l'effet de l'impact d'un neutron. C'est une réaction de **fission nucléaire**.
La réaction nucléaire 3 n'est ni une fusion, ni une fission, mais une réaction de désintégration radioactive.
d. La conservation du nombre A de nucléons et la conservation du nombre Z de charges sont vérifiées pour les trois réactions nucléaires :
- **Équation 3** : $226 = 222 + 4$ et $88 = 86 + 2$;
- **Équation 4** : $2 + 3 = 4 + 1$ et $1 + 1 = 2 + 0$;
- **Équation 7** : $235 + 1 = 139 + 94 + 3 \times 1$ et $92 + 0 = 53 + 39 + 3 \times 0$.

▶ OBJECTIF BAC

13 Changements d'état de l'eau

a. Transformation 1 : fusion de la glace ; transformation 2 : solidification de l'eau ; transformation 3 : vaporisation de l'eau ; transformation 4 : liquéfaction de la vapeur d'eau.
b. Entre A et B : l'eau est solide, entre C et D : elle est liquide et entre B et C : elle passe de l'état solide à liquide ou inversement. Par conséquent entre B et C : il y a présence simultanée d'eau solide et d'eau liquide.
c. On lit sur le graphique qu'un apport de 10 kJ à 500 g de glace, initialement à une température –20 °C, va réchauffer la glace sans pour autant permettre de la faire fondre. La température finale de la glace sera d'environ –10 °C.

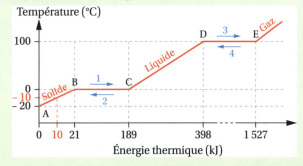

d. Sur le diagramme, on lit qu'il faut apporter $189 - 21 = 168$ kJ pour faire passer le système de B à C, c'est-à-dire pour faire fondre 500 g = 0,5 kg de glace à 0 °C.
L'énergie massique de fusion de la glace est donc : $E_m = \dfrac{E}{m} = \dfrac{168}{0,5} = 336$ kJ·kg^{-1}.

Les transformations de la matière

e. Le passage de 500 g d'eau liquide à 0 °C en glace à –20 °C correspond sur le graphique au passage du point C au point A. Cette transformation est exothermique, il faut retirer une énergie de 189 kJ au système.

f. Le passage de 500 g de glace à 0 °C en eau bouillante, correspond sur le graphique au passage du point B au point D. Cette transformation est endothermique, il faut apporter une énergie de 398 – 21 = 377 kJ au système.

14 Bougie

a. La stéarine solide subit une fusion, passant de l'état solide à l'état liquide, puis elle subit une vaporisation (passage de l'état liquide à gazeux).

b. Fusion : $C_{57}H_{110}O_{6(s)} \rightarrow C_{57}H_{110}O_{6(\ell)}$

Vaporisation : $C_{57}H_{110}O_{6(\ell)} \rightarrow C_{57}H_{110}O_{6(g)}$

c. Une combustion nécessite du dioxygène. La bougie brûle dans un récipient clos contenant de l'air (80 % de diazote et 20 % de dioxygène). Lorsque tout le dioxygène est consommé, la combustion cesse et la bougie s'éteint.

d. Initialement, le flacon contient : une bougie allumée constituée de stéarine solide, liquide et gazeuse, ainsi que de l'air (80 % de diazote et 20 % de dioxygène). Finalement, il reste de la stéarine solide et liquide (à proximité de la mèche) et il s'est formé du dioxyde de carbone et de la vapeur d'eau. Le dioxygène a disparu mais le diazote est toujours présent.

e. Le système évolue de la manière suivante :

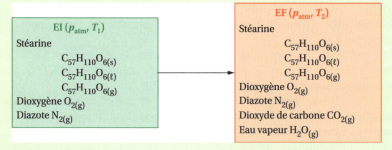

Des espèces chimiques disparaissent et d'autres apparaissent. Il y a donc transformation chimique.

f. Les produits de cette transformation chimique sont le dioxyde de carbone et la vapeur d'eau. Les réactifs sont la stéarine gazeuse et le dioxygène. On vérifie que les produits et les réactifs sont bien constitués des mêmes éléments chimiques : l'hydrogène H, le carbone C et l'oxygène O.

g. La fusion et la vaporisation de la stéarine nécessitent un apport d'énergie thermique pour avoir lieu : ce sont deux changements d'état endothermiques. Cette énergie est apportée au début par la flamme (allumette par exemple) qui amorce la combustion de la mèche.

La combustion de la stéarine est une transformation chimique exothermique comme toutes les combustions.

LA MATIÈRE

Les transformations chimiques

La **rouille** qui apparaît sur certains objets est formée par une réaction chimique entre l'oxygène et le fer ou ses alliages, comme l'acier, en présence d'eau. Cette corrosion, qui dégrade une partie importante de l'acier produit dans le monde, doit être limitée par la protection des objets.

FICHES DE COURS		
17	La réaction chimique	124
18	Stœchiométrie et réactif limitant	126
19	Synthèse d'une espèce chimique	128
MÉMO VISUEL		130

EXERCICES		
SE TESTER	Exercices 1 à 3	132
S'ENTRAÎNER	Exercices 4 à 10	133
OBJECTIF BAC	Exercice 11 • Problème guidé	137

CORRIGÉS		
	Exercices 1 à 11	140

17 La réaction chimique

En bref *Une transformation chimique est modélisée par une réaction chimique. Les équations chimiques sont ajustées pour traduire la conservation de la matière et des charges électriques.*

I L'équation de la réaction et sa signification

■ Une transformation chimique →FICHE 15 est modélisée par une réaction chimique dont l'équation indique les **réactifs** et les **produits**, représentés par leur formule et l'état physique des espèces : solide (s), liquide (ℓ), gaz (g) ou aqueux (aq). Elle indique les proportions des quantités qui interviennent mais pas les conditions dans lesquelles se déroule la réaction.

MOT CLÉ
Aqueux signifie que l'espèce est dissoute, en solution dans l'eau.

■ Les espèces chimiques présentes et qui ne réagissent pas sont appelées **espèces spectatrices.** Elles n'apparaissent pas dans l'équation chimique.

Exemple : La combustion du charbon qui brûle dans l'air est une transformation modélisée par la réaction entre le carbone et le dioxygène d'équation :

$$C_{(s)} + O_{2(g)} \rightarrow CO_{2(g)}$$

• À l'**échelle microscopique** : un atome de carbone réagit avec une molécule de dioxygène pour former une molécule de dioxyde de carbone.

• À l'**échelle macroscopique** : une mole d'atomes de carbone réagit avec une mole de molécules de dioxygène pour former une mole de dioxyde de carbone.

• Les gaz présents dans l'air (diazote par exemple) sont des espèces spectatrices.

II Conservation de la matière et nombres stœchiométriques

■ Au cours d'une transformation chimique, il y a **conservation des éléments chimiques** et **des charges électriques**.

■ Dans l'équation, on place devant les formules, des **nombres stœchiométriques** que l'on ajuste pour traduire cette conservation (le nombre 1 n'est pas écrit).

Exemple : La réaction entre l'éthanol (C_2H_6O) et le dioxygène (O_2) forme du dioxyde de carbone (CO_2) et de la vapeur d'eau (H_2O). Son équation est :

$$C_2H_6O_{(\ell)} + 3\ O_{2(g)} \rightarrow 2\ CO_{2(g)} + 3\ H_2O_{(g)}$$

Les nombres stœchiométriques (en rouge dans l'équation) renseignent sur les proportions dans lesquelles les réactifs sont consommés et les produits sont formés : **1** mole d'éthanol réagit avec **3** moles de dioxygène pour former **2** moles de dioxyde de carbone et **3** moles d'eau.

■ La conservation de la matière se manifeste à l'échelle macroscopique par la **conservation de la masse totale** du système chimique.

Méthode

Écrire et ajuster des équations chimiques

Le gaz de ville est constitué de méthane de formule CH_4 qui brûle en réagissant avec le dioxygène de l'air. Cette transformation exothermique est très utilisée pour le chauffage au gaz ; elle produit du dioxyde de carbone et de l'eau.

Les pluies acides attaquent le calcaire : les ions hydrogène H^+ contenus dans les acides réagissent avec le carbonate de calcium $CaCO_3$ constituant le calcaire. Il apparaît des ions calcium Ca^{2+}, des molécules de dioxyde de carbone et d'eau.

Écrire les équations des réactions chimiques qui modélisent ces deux transformations.

> **CONSEILS**
>
> **Étape 1.** Après avoir identifié les réactifs (espèces qui disparaissent) et les produits (espèces qui apparaissent), écrivez les formules brutes des différents constituants avec leur état physique : les réactifs à gauche et les produits à droite de la flèche.
> **Étape 2.** Comptez les éléments présents de part et d'autre de la flèche : vérifiez qu'il y a le même nombre, sinon ajoutez, devant les formules, les nombres stœchiométriques qui permettent d'écrire la conservation.
> **Étape 3.** Vérifiez la conservation des charges électriques.

SOLUTION

Étape 1. Pour la combustion du méthane, les réactifs sont : le méthane $CH_{4(g)}$ et le dioxygène $O_{2(g)}$; les produits : le dioxyde de carbone $CO_{2(g)}$ et l'eau $H_2O_{(g)}$.
Pour l'attaque du calcaire, les réactifs sont : les ions hydrogène $H^+_{(aq)}$, dissous dans l'eau de pluie, et le calcaire $CaCO_{3(s)}$; les produits : les ions calcium $Ca^{2+}_{(aq)}$, le dioxyde de carbone $CO_{2(g)}$ et l'eau $H_2O_{(\ell)}$. Pour les deux réactions, on écrit les formules des espèces à gauche et à droite de la flèche :

$$CH_{4(g)} + O_{2(g)} \rightarrow CO_{2(g)} + H_2O_{(g)}$$
$$H^+_{(aq)} + CaCO_{3(s)} \rightarrow Ca^{2+}_{(aq)} + CO_{2(g)} + H_2O_{(\ell)}$$

Étape 2. On ajuste pour écrire la conservation des éléments :

$$CH_{4(g)} + 2\ O_{2(g)} \rightarrow CO_{2(g)} + 2\ H_2O_{(g)}$$

2 devant H_2O permet d'écrire la conservation de l'hydrogène : 4 de chaque côté tandis que 2 devant O_2 permet d'écrire la conservation de l'oxygène : 4 de chaque côté.

$$2\ H^+_{(aq)} + CaCO_{3(s)} \rightarrow Ca^{2+}_{(aq)} + CO_{2(g)} + H_2O_{(\ell)}$$

2 devant H^+ permet d'écrire la conservation de H : 2 de chaque côté.

Étape 3. Seule la seconde situation comporte des charges électriques. Le nombre stœchiométrique 2 devant H^+ permet d'avoir 2 charges positives avant et après la transformation. Les équations ci-dessus sont donc ajustées.

18 Stœchiométrie et réactif limitant

En bref Les réactifs d'un système chimique qui subit une transformation chimique ne sont pas souvent mélangés dans les « bonnes » proportions. L'équation chimique permet de faire un bilan en fonction des quantités mises en jeu.

I Stœchiométrie d'une réaction

La stœchiométrie d'une réaction correspond aux **proportions** dans lesquelles les réactifs réagissent. Elle est indiquée par les nombres stœchiométriques de l'équation chimique.

MOT CLÉ
Le mot **stœchiométrie** vient des mots grecs « élément » et « mesure » : c'est la mesure des quantités qui interviennent lors d'une réaction chimique.

Exemple : La combustion du méthane est une réaction avec le dioxygène dont l'équation est :

$$CH_{4(g)} + 2\ O_{2(g)} \rightarrow CO_{2(g)} + 2\ H_2O_{(g)}$$

Les nombres stœchiométriques 1 (non écrit dans l'équation devant CH_4) et 2 (devant O_2) indiquent les proportions dans lesquelles le méthane et le dioxygène réagissent. Ainsi 1 mole de méthane réagit avec 2 moles de dioxygène. Et de façon générale, x moles de méthane réagissent avec $2x$ moles de dioxygène.

II Réaction totale et réactif limitant

■ Une transformation chimique est modélisée par une **réaction totale** si elle s'arrête lorsqu'un réactif a complètement disparu.

■ Le réactif qui est totalement consommé est appelé **réactif limitant**. Sa disparition complète empêche la transformation de se poursuivre. La détermination du réactif limitant repose sur la comparaison des quantités initiales mises en jeu avec les proportions stœchiométriques indiquées par les nombres stœchiométriques.

À NOTER
Il est possible qu'il y ait deux réactifs limitants lors d'une réaction.

Exemple : Pour la combustion du méthane (équation ci-dessus) :

Si le système chimique qui est le siège de la combustion du méthane est composé d'un mélange de 7 moles de méthane et de 19 moles de dioxygène, alors les proportions stœchiométriques ne sont pas respectées.

En effet, si 1 mole de méthane réagit avec 2 moles de dioxygène, alors 7 moles de méthane réagissent avec $2 \times 7 = 14$ moles de dioxygène.

Donc, si la réaction est totale, tout le méthane disparaît et il reste $19 - 14 = 5$ moles de dioxygène. Le méthane est le réactif limitant.

COURS & MÉTHODES

Méthode

Identifier le réactif limitant d'une transformation chimique

Un morceau de fusain incandescent, constitué de 0,25 mol de carbone solide, est plongé dans un flacon contenant 0,10 mol de dioxygène. Il s'enflamme pendant quelques secondes puis s'éteint. En fin d'évolution, le flacon s'est échauffé, une partie seulement du fusain a disparu et il ne reste plus de dioxygène.

Un test à l'eau de chaux montre qu'il s'est formé du dioxyde de carbone.

a. Quels sont les réactifs et les produits de cette transformation chimique ?
b. Écrire l'équation de la combustion du fusain.
c. Expliquer pourquoi on observe un reste de fusain en fin de transformation.
d. Identifier le réactif limitant de cette réaction et interpréter.

> **CONSEILS**
> **a.** Recherchez les espèces qui disparaissent et celles qui apparaissent.
> **b.** Veillez à respecter l'écriture des formules et pensez à préciser l'état physique.
> **c.** Comparez les quantités initiales avec les nombres stœchiométriques.
> **d.** Justifiez l'observation réalisée pour le dioxygène.

SOLUTION

a. Les réactifs sont le carbone et le dioxygène ; le produit est le dioxyde de carbone.

b. Équation chimique de la réaction : $C_{(s)} + O_{2(g)} \rightarrow CO_{2(g)}$.

c. Les nombres stœchiométriques sont 1 et 1 (non écrits dans l'équation). Cela signifie que 1 mole de carbone réagit avec 1 mole de dioxygène.
Donc seulement 0,10 mol de carbone peut réagir avec 0,10 mol de dioxygène.
Il reste donc 0,25 − 0,10 = 0,15 mol de carbone qui n'a pas réagi.
On dit alors que le carbone est en excès.

d. Le dioxygène disparaît entièrement. Cette disparition complète est due au fait que le carbone est en excès dans le flacon. Le réactif limitant est le dioxygène.

Les transformations chimiques

19 Synthèse d'une espèce chimique

En bref *L'insuffisance des produits naturels et les besoins en produits spécifiques imposent le recours à la synthèse chimique. C'est le cas dans de nombreux domaines : pharmacie, agroalimentaire, cosmétique…*

I Définition

■ La **synthèse d'une espèce chimique** →FICHES 15 et 17 est une transformation chimique au cours de laquelle des réactifs mis en jeu conduisent à un (ou des) produit(s) dont l'espèce recherchée. Lors d'une synthèse, certaines conditions expérimentales doivent être respectées : température, pression, proportions de réactifs…

■ Si l'espèce synthétisée est identique à une **espèce naturelle**, alors elle possède les mêmes propriétés physico-chimiques que celle-ci.

II Techniques expérimentales

La synthèse d'une espèce chimique s'effectue en **plusieurs étapes**.

■ Un **chauffage à reflux** (ci-contre) permet d'accélérer la réaction à température élevée. Le mélange réactionnel est maintenu à ébullition. Les espèces, transformées en gaz lors du chauffage, se condensent dans le réfrigérant vertical et refluent à l'état liquide dans le ballon ; ceci permet d'éviter toute perte de matière. Les produits se forment au sein du mélange réactionnel. L'agitation est nécessaire pour mélanger les réactifs et pour que le chauffage soit homogène.

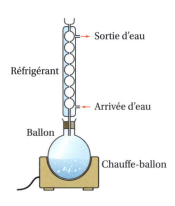

■ Un **traitement** permet de séparer l'espèce synthétisée des autres produits. Plusieurs techniques sont possibles : une extraction (si l'espèce synthétisée est mélangée en phase liquide) ou une filtration (si l'espèce synthétisée est solide).

■ Une fois isolée, l'espèce chimique synthétisée doit être identifiée en déterminant certaines de ses caractéristiques physiques : température de changement d'état, densité, indice de réfraction →FICHE 2 en réalisant un test chimique ou en la comparant à une espèce de référence par chromatographie →FICHE 3. Cette **identification** permet de vérifier sa pureté et de confirmer que la transformation attendue a bien eu lieu.

Méthodes

1. Mettre en œuvre un montage de synthèse

On réalise la synthèse d'une espèce chimique en chauffant des réactifs en phase liquide. Parmi les trois dispositifs proposés, lequel faut-il retenir ? Argumenter clairement son choix.

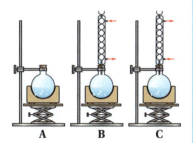

CONSEILS
Observez les trois montages et comparez-les. Pensez à ce qui se passe lorsqu'on chauffe un mélange liquide de réactifs (pour obtenir le maximum de produit).

SOLUTION

Le montage à choisir est le montage C. Au cours du chauffage, des vapeurs se forment qui s'échappent : on aura des pertes avec le montage A. Il est donc nécessaire d'avoir un réfrigérant pour condenser les vapeurs. L'eau de refroidissement doit circuler du bas vers le haut dans le réfrigérant, ce qui correspond au montage C, appelé montage à reflux.

2. Comparer une espèce synthétique et une espèce naturelle

La menthone est un des constituants de la menthe poivrée (10 % de l'huile essentielle). Elle peut aussi être synthétisée à partir du menthol obtenu par extraction de l'espèce végétale (50 % de l'huile essentielle). La chromatographie ci-contre a été obtenue en réalisant différents dépôts :
1. de menthone naturelle ;
2. de menthol naturel ;
3. d'huile essentielle de menthe poivrée ;
4. du produit de synthèse obtenu à partir du menthol.

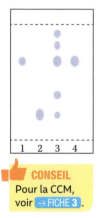

a. Comment voit-on la présence de menthone dans l'huile essentielle de menthe ?
b. Quelle est la nature du produit de synthèse ?

CONSEIL
Pour la CCM, voir → FICHE 3.

SOLUTION

a. La chromatographie de l'huile essentielle (dépôt 3) montre une tache à la même hauteur que celle de la menthone : elle est donc présente dans l'huile essentielle.

b. La tache associée au dépôt 4 est à la hauteur de celle de la menthone : le produit de synthèse est donc de la menthone synthétique identique à la menthone naturelle.

Les transformations chimiques

MÉMO VISUEL

Modélisation d'une transformation chimique

Une transformation chimique est modélisée par une **réaction chimique** symbolisée par une **équation chimique** :

$$\text{RÉACTIFS} \rightarrow \text{PRODUITS}$$

Exemples :
- Combustion du méthane
$$CH_{4(g)} + O_{2(g)} \rightarrow CO_{2(g)} + 2\ H_2O_{(g)}$$
- Attaque du zinc par un acide
$$Zn_{(s)} + 2\ H^+_{(aq)} \rightarrow Zn^{2+}_{(aq)} + H_{2(g)}$$

TRANSFORMATIONS

Propriétés d'une transformation chimique

Conservation de la matière et stœchiométrie
- La conservation des éléments chimiques et des charges électriques est traduite par l'ajustement des **nombres stœchiométriques**.
- Ils indiquent les **proportions** dans lesquelles les réactifs réagissent et les produits se forment.

Réactif limitant
Réactif qui **disparaît totalement** lors d'une réaction totale.

Espèces spectatrices
Espèces chimiques présentes qui **ne réagissent pas** et qui n'apparaissent pas dans l'équation chimique.

Exemple : la combustion du carbone

$$C_{(s)} + O_{2(g)} \rightarrow CO_{2(g)}$$

- **1 mole** de carbone réagit avec **1 mole** de dioxygène pour former **1 mole** de dioxyde de carbone.

- La combustion du carbone dans le dioxygène fait apparaître du dioxyde de carbone et il reste du carbone dans l'état final : le carbone est **en excès** et le dioxygène qui a totalement disparu est le **réactif limitant**.

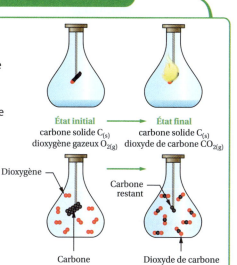

État initial : carbone solide $C_{(s)}$, dioxygène gazeux $O_{2(g)}$
État final : carbone solide $C_{(s)}$, dioxyde de carbone $CO_{2(g)}$

CHIMIQUES

Synthèse d'une espèce chimique

Transformation chimique qui permet de produire l'espèce recherchée et s'effectue en plusieurs étapes.

Exemple : Le **chauffage à reflux** est une technique expérimentale qui maintient à ébullition le mélange réactionnel pour accélérer la réaction.

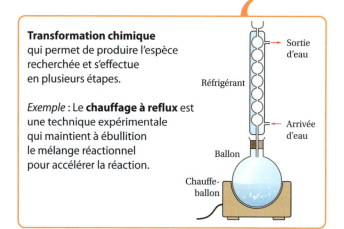

Les transformations chimiques

▶ SE TESTER QUIZ

Vérifiez que vous avez bien compris les points clés des **fiches 17 à 19**.

1 La réaction chimique → FICHE 17

Lors de la fabrication du vin, le glucose $C_6H_{12}O_6$ contenu dans le jus de raisin se transforme en éthanol C_2H_6O et en dioxyde de carbone.

1. Le réactif est :

☐ **a.** le glucose ☐ **b.** le dioxyde de carbone ☐ **c.** l'éthanol

2. L'équation de la réaction qui modélise cette transformation est :

☐ **a.** $C_6H_{12}O_6 \rightarrow C_2H_6O + CO_2$
☐ **b.** $C_6H_{12}O_6 \rightarrow 2\ C_2H_6O + 2\ CO_2$
☐ **c.** $2\ C_6H_{12}O_6 \rightarrow C_2H_6O + CO_2$

3. Au cours d'une transformation chimique, il y a conservation :

☐ **a.** des éléments chimiques ☐ **b.** des molécules ☐ **c.** de la masse totale

2 Stœchiométrie et réactif limitant → FICHE 18

1. L'équation chimique d'une réaction indique :

☐ **a.** les réactifs et les produits
☐ **b.** les quantités mélangées
☐ **c.** les conditions de la transformation : température et vitesse de la réaction

2. Les nombres stœchiométriques de l'équation chimique :

☐ **a.** dépendent des quantités de réactifs mélangés
☐ **b.** indiquent les proportions dans lesquelles les réactifs réagissent
☐ **c.** rendent compte de la conservation des éléments et des charges électriques

3 Synthèse d'une espèce chimique → FICHE 19

1. La synthèse d'une espèce chimique :

☐ **a.** est une transformation physique de la matière
☐ **b.** est l'extraction d'un corps pur d'une substance naturelle
☐ **c.** produit une espèce chimique synthétique qui a les mêmes propriétés que l'espèce chimique naturelle correspondante

2. Le montage utilisé fréquemment pour une synthèse chimique est :

☐ **a.** un chauffage à reflux qui évapore et condense les vapeurs des réactifs
☐ **b.** un chauffage à flux qui permet aux vapeurs de s'échapper pour réagir
☐ **c.** un chauffage à distiller qui permet de recueillir le produit

▶ S'ENTRAÎNER

4 Équations de réactions chimiques   → FICHE 17

Ajuster les nombres stœchiométriques des équations suivantes.

a. ... $H_2O_{2(aq)} \rightarrow$ ... $H_2O_{(\ell)} +$ ... $O_{2(g)}$

b. ... $CO_{(g)} +$ ... $H_{2(g)} \rightarrow$ ... $CH_3OH_{(g)}$

c. ... $C_2H_{4(g)} +$ ... $O_{2(g)} \rightarrow$ ... $H_2O_{(g)} +$ ... $CO_{2(g)}$

d. ... $C_3H_{8(g)} +$ ... $O_{2(g)} \rightarrow$ ... $H_2O_{(g)} +$ ... $CO_{2(g)}$

e. ... $NH_2CONH_{2(aq)} +$ ... $H_2O_{(\ell)} \rightarrow$ ... $NH_{4(aq)}^+ +$ ... $CO_{3(aq)}^{2-}$

f. ... $H_{(aq)}^+ +$ ... $Fe_{(s)} \rightarrow$ ... $H_{2(g)} +$ ... $Fe_{(aq)}^{2+}$

g. ... $I_{2(aq)} +$ ... $C_6H_8O_{6(aq)} \rightarrow$ ... $I_{(aq)}^- +$ ... $C_6H_6O_{6(aq)} +$ ... $H_{(aq)}^+$

5 Écrire des équations de réactions chimiques   → FICHE 17

L'airbag est un coussin de sécurité utilisé dans l'automobile qui se gonfle en quelques millisecondes en cas de collision. Un dispositif de mise à feu allume un mélange de bore et de nitrate de sodium qui réagit vivement en produisant une forte élévation de température.

Cette élévation de température déclenche la décomposition d'une poudre d'azoture de sodium NaN_3 présent dans l'airbag, en sodium Na (solide) et en gaz diazote N_2.

Le sodium produit réagit avec du nitrate de potassium solide de formule KNO_3 également présent pour donner à nouveau du diazote gazeux ainsi que deux solides : de l'oxyde de sodium Na_2O et de l'oxyde de potassium K_2O.

Ces deux derniers réagissent sur de la silice SiO_2 pour former un sel (silicate alcalin) de sodium et de potassium $K_2Na_2SiO_4$ qui est une poudre de verre inoffensive.

a. Écrire les équations des trois réactions chimiques décrites ci-dessus.

b. Quelle est l'espèce chimique responsable du gonflage du coussin ?

c. Combien de moles de diazote sont produites par la décomposition de 10 moles d'azoture de sodium selon les deux premières réactions ?

> **CONSEILS**
> **b.** Quel peut être l'état physique de l'espèce qui permet un gonflage ?
> **c.** Exploitez les nombres stœchiométriques et utilisez les deux transformations.

6 Formation de la rouille   → FICHE 17

La formation de la rouille est un phénomène dont la description n'est pas simple. Les différentes étapes des transformations chimiques probables décrivant la formation de la rouille sont données ci-dessous. La « rouille » est un mélange des différents oxydes et hydroxydes de fer cités dans ce mécanisme.

Les transformations chimiques

• Réaction du fer sur le dioxygène de l'air en présence d'eau :
$$\ldots\ldots \text{Fe}_{(s)} + \ldots\ldots \text{X}_{(g)} + 2\text{H}_2\text{O}_{(\ell)} \rightarrow \ldots\ldots \text{Fe}^{2+}_{(aq)} + 4\text{HO}^-_{(aq)}$$

• Réaction entre les ions fer et les ions hydroxyde formés pour aboutir à un précipité d'hydroxyde de fer II :
$$\ldots\ldots \text{Y}_{(aq)} + \ldots\ldots \text{Z}_{(aq)} \rightarrow \text{Fe(OH)}_{2(s)}$$

• Oxydation de l'hydroxyde de fer II par le dioxygène en présence d'eau, pour former de l'hydroxyde de fer III :
$$4\,\text{Fe(OH)}_{2(s)} + \ldots\ldots \text{X}_{(g)} + \ldots\ldots \text{H}_2\text{O}_{(\ell)} \rightarrow 4\,\text{Fe(OH)}_{3(s)}$$

• Formation de la rouille : l'hydroxyde de fer III se transforme en oxyde de fer de formule Fe_2O_3 :
$$\ldots\ldots \text{Fe(OH)}_{3(s)} \rightarrow \text{Fe}_2\text{O}_3 + \ldots\ldots \text{H}_2\text{O}$$

a. Compléter les équations ci-dessus des réactions modélisant les transformations chimiques proposées pour expliquer la formation de rouille en ajoutant les formules des espèces chimiques manquantes : X, Y et Z.

b. Ajuster les équations en déterminant les nombres stœchiométriques (compléter les pointillés).

7 Attaque du fer par l'acide chlorhydrique

→ FICHES **17** et **18**

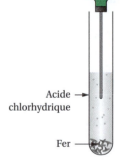

On verse dans un tube à essais quelques mL de solution aqueuse d'acide chlorhydrique sur de la poudre de fer. La solution d'acide chlorhydrique est constituée d'ions hydrogène et chlorure dans l'eau. Sa formule est $(\text{H}^+_{(aq)} + \text{C}\ell^-_{(aq)})$ la poudre de fer est constituée d'atomes de fer de symbole Fe. La poudre de fer disparaît progressivement, il apparaît une effervescence et un dégagement gazeux qui détonne à la flamme d'une allumette. La mesure du pH du milieu montre une augmentation du pH pendant la transformation. Un test final montre l'apparition d'ions fer, Fe^{2+}.

a. Quelle est l'espèce chimique responsable de l'acidité d'une solution et dont l'augmentation du pH montre la disparition ?

b. En déduire les deux réactifs de la transformation chimique.

> **CONSEILS**
> **b.** Recherchez dans la description donnée, l'autre espèce chimique qui disparaît.

c. Quel est le gaz produit par la transformation et caractérisé par la détonation à la flamme ?

d. Écrire l'équation de la transformation.

e. Nommer deux espèces chimiques spectatrices pendant la transformation.

f. Identifier le réactif limitant.

8 Levures chimiques ou biochimiques ?

→ FICHES **17** et **18**

Pour faire lever la pâte, les boulangers utilisent des levures. Celles-ci sont responsables de transformations chimiques qui produisent un dégagement gazeux assurant le gonflement de petites bulles à l'intérieur de la pâte.

• La levure de boulanger (champignon microscopique) provoque la fermentation de sucres (glucose de formule $C_6H_{12}O_6$) qui produit de l'éthanol et du dioxyde de carbone.

• La levure chimique (poudre à lever) est un mélange composé essentiellement de bicarbonate de sodium ($NaHCO_3$), d'acide tartrique et d'un excipient (amidon). Les poudres à lever agissent deux fois : à température ordinaire, l'acide tartrique réagit avec les ions bicarbonate (HCO_3^-) en produisant du dioxyde de carbone, des ions tartrate ($C_4H_5O_6^-$) et de l'eau ; à température plus élevée, les ions bicarbonate se décomposent en ions carbonate (CO_3^{2-}) avec formation de dioxyde de carbone et d'eau.

Donnée : formule semi-développée de l'acide tartrique

$$\begin{array}{c} COOH \\ | \\ H-C-OH \\ | \\ HO-C-H \\ | \\ COOH \end{array}$$

a. Quel est le gaz responsable de la levée de la pâte ? Quelle est sa formule chimique ?

b. Quels sont les réactifs et les produits de la réaction modélisant la transformation chimique associée à la fermentation du glucose ?

c. Parmi les formules suivantes, choisir celle de l'éthanol en justifiant le choix : C_2H_5ONa, C_2H_5OH, $C_2H_5OC\ell$.

CONSEILS
c. Pensez à la conservation des éléments chimiques.

d. Écrire l'équation chimique de la réaction de fermentation du glucose.

e. Quelle quantité de dioxyde de carbone est produite par la fermentation de 7 moles de glucose ?

f. À l'aide de la formule semi-développée, écrire la formule brute de l'acide tartrique.

g. Écrire les équations des deux réactions qui modélisent les transformations se produisant dans la pâte contenant de la levure chimique.

Les transformations chimiques

9 Combustion du magnésium

→ FICHES **17** et **18**

On réalise la combustion d'un ruban de magnésium de 0,070 mol dans un flacon rempli d'air et contenant 0,050 mol de dioxygène. Cette combustion est vive avec production de fumées blanches (particules solides) d'oxyde de magnésium. Dans l'état final, tout le magnésium a disparu.

Cette transformation chimique peut être schématisée par :

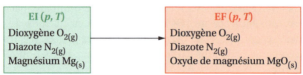

Données :
Composition de l'air : l'air est un mélange composé, en quantité de matière, d'environ 78 % de diazote N_2 et 21 % de dioxygène O_2 (1 % d'autres gaz).

a. Expliquer la présence des gaz diazote et dioxygène dans l'état initial.

b. Quelle est l'espèce formée au cours de la transformation ?

c. Quels sont les réactifs ? Pourquoi ?

d. Quelle est l'espèce spectatrice ?

e. Écrire l'équation de la réaction modélisant cette transformation, sans oublier d'ajuster les nombres stœchiométriques.

f. Quel est le réactif limitant ? Est-ce confirmé par les observations expérimentales ?

> 👍 **CONSEILS**
> **d.** Une espèce spectatrice est une espèce présente dans le système chimique et qui ne réagit pas.
> **f.** Comparez les quantités initiales de réactifs avec les proportions stœchiométriques.

10 Synthèse de l'arôme de vanille → FICHE **19**

Document 1 **Synthèse de l'arôme de vanille**

La vanille naturelle développe un parfum complexe formé de plusieurs dizaines de composés aromatiques différents. Son arôme est principalement dû à la vanilline qu'elle contient. Pour des raisons économiques, les chimistes ont mis au point plusieurs méthodes de synthèse pour produire l'arôme de vanille, en synthétisant soit la vanilline $C_8H_8O_3$, soit une molécule dont le pouvoir aromatisant est supérieur : l'éthylvanilline $C_9H_{10}O_3$. La dernière étape de la synthèse de la vanilline est une transformation chimique entre l'acétate de vanilline $C_{10}H_{10}O_4$ et l'eau. La réaction produit aussi une autre espèce chimique.

Document 2 — Analyse chromatographique

Pour comparer la composition de différents sucres aromatisés à la vanille, on extrait l'arôme de trois mélanges du commerce appelés sucre vanillé ou sucre vanilliné. Une chromatographie est réalisée avec 5 dépôts :
1. vanilline de synthèse ;
2. arôme naturel extrait de gousse de vanille ;
3. extrait du sucre vanillé (arôme synthétique) ;
4. extrait du sucre vanilliné (arôme synthétique) ;
5. extrait du sucre vanillé (arôme naturel).

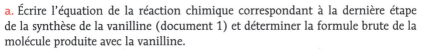

a. Écrire l'équation de la réaction chimique correspondant à la dernière étape de la synthèse de la vanilline (document 1) et déterminer la formule brute de la molécule produite avec la vanilline.

b. Quelle différence entre la vanilline de synthèse et l'arôme naturel de la vanille est mise en évidence par la chromatographie (document 2) ?

c. Préciser la nature et l'origine des arômes extraits des sucres du commerce.

👍 CONSEILS
a. Les coefficients stœchiométriques sont tous égaux à 1.
b. Comparez les taches à la verticale des dépôts 1 et 2.
c. Observez l'analyse des dépôts 3, 4 et 5. Quelles sont les espèces chimiques présentes dans les extraits ? L'origine synthétique ou naturelle est-elle confirmée ?

▶ OBJECTIF BAC

11 Arôme de lavande : naturel ou synthétique ?
60 min

Ce problème permet de revenir sur les mélanges liquides et les transformations de la matière. La transformation chimique est analysée par une chromatographie qui permet de comparer un mélange naturel à un produit de synthèse.

LE PROBLÈME

Document 1 — L'huile essentielle de lavande : une substance naturelle

Elle est calmante, utile contre les insomnies, l'anxiété et les maux de tête. Elle est aussi cicatrisante pour les plaies, les brûlures et bénéfiques pour les problèmes de peau en général, acné et dermatoses.

L'huile essentielle de lavande est très utilisée et provient de l'hydrodistillation des fleurs de lavande. La lavande officinale (*Lavandula angustifolia*) qui est cultivée en Provence est constituée de plusieurs espèces chimiques dont les deux principales sont l'éthanoate de linalyle (33 %) de formule $C_{12}H_{20}O_2$ et le linalol (29 %) de formule $C_{10}H_{18}O$.

Les transformations chimiques

Document 2 **Extraction de l'huile essentielle de lavande**

Les anciens alambics possédaient des chaudières de petite capacité qui permettaient d'effectuer les distillations sur les lieux de culture de lavande. Les fleurs de lavande sont déposées sur une grille placée dans un récipient. Une chaudière fournit de la vapeur d'eau qui traverse les fleurs et se charge de leur essence. Le mélange obtenu passe ensuite par le serpentin où, en se refroidissant, il se condense dans l'essencier.

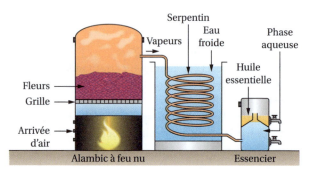

Document 3 **Préparation de l'arôme synthétique de lavande**

L'éthanoate de linalyle, qui entre dans la composition de l'huile essentielle de lavande, est utilisé comme arôme de lavande dans certains produits d'entretien. Il peut être synthétisé au laboratoire en utilisant un montage à reflux. Il est obtenu par réaction entre le linalol et l'anhydride acétique $C_4H_6O_3$. Ces deux espèces chimiques sont issues de l'industrie chimique et constituent les matières premières de la synthèse de l'éthanoate de linalyle qui produit aussi de l'acide éthanoïque $C_2H_4O_2$. Le lavage à l'eau du mélange final permet d'éliminer certaines espèces chimiques et de récupérer l'arôme de synthèse.

Document 4 **Données physico-chimiques**

Espèce chimique	linalol	anhydride éthanoïque	éthanoate de linalyle	acide éthanoïque
Masse volumique	0,87 g·mL^{-1}	1,08 g·mL^{-1}	0,89 g·mL^{-1}	1,05 g·mL^{-1}
Solubilité dans l'eau	faible	très soluble	très faible	très soluble

Document 5 **Analyse chromatographique**

Afin d'analyser l'huile essentielle de lavande extraite de la fleur et l'arôme synthétique obtenu au laboratoire, on réalise une chromatographie sur couche mince. On obtient le chromatogramme ci-contre avec 4 dépôts :

A linalol ;
B éthanoate de linalyle ;
C huile essentielle de lavande naturelle ;
D arôme de synthèse obtenu au laboratoire.

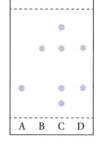

1. D'après le document 2 :

a. Quelle est la nature des transformations dans les anciens alambics ?

b. Quel est le rôle du serpentin ? Pourquoi est-il immergé dans l'eau froide ? Pourquoi n'est-il pas constitué d'un tube rectiligne ?

c. Deux phases liquides sont recueillies dans l'essencier, l'essence de lavande étant à la surface. Quelles sont les deux informations scientifiques que l'on peut déduire de cette observation ? Les données du document 4 sont-elles en accord avec cette observation ?

2. Le montage à reflux utilisé pour synthétiser l'éthanoate de linalyle (document 3) est schématisé ci-contre.

a. Compléter la légende du montage avec les termes suivants :

ballon • réfrigérant • chauffe-ballon • support élévateur • mélange réactionnel • entrée d'eau réfrigérante • sortie d'eau réfrigérante.

b. Écrire l'équation de la réaction qui modélise la synthèse chimique.

c. Quelles sont les espèces du mélange qui sont éliminées par le lavage à l'eau ? Quelles sont celles qui sont susceptibles d'être présentes dans l'arôme ?

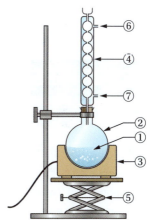

3. On considère l'analyse chromatographique de l'huile essentielle et de l'arôme synthétique (document 5).

a. Quelle information du document 1 est confirmée par la chromatographie ?

b. La synthèse chimique a-t-elle permis de préparer l'éthanoate de linalyle ?

▶▶▶ **LA FEUILLE DE ROUTE** ─────────────

1. a. Distinguer les différents types de transformation de la matière → FICHE 14

Utilisez le document 1 et analysez le type de transformation : changement d'état ou réaction chimique ?

Les transformations chimiques

b. Rechercher une information

Quels sont les facteurs qui favorisent la condensation des vapeurs ?

c. Utiliser la notion de masse volumique → FICHE 2

Qu'est-ce qu'une phase aqueuse ? Pourquoi l'essence ne se mélange-t-elle pas à l'eau ? Pourquoi est-elle au-dessus ?

2. a. Légender le schéma d'un montage à reflux → FICHE 19

Attention au sens de circulation de l'eau de refroidissement.

b. Établir l'équation d'une réaction → FICHE 17

Identifiez les réactifs et les produits et recherchez leurs formules chimiques.

c. Exploiter une information

Utilisez le document 4 en faisant l'hypothèse que les 4 espèces qui apparaissent dans l'équation chimique peuvent être présentes à l'état final.

3. Analyser et exploiter une chromatographie → FICHE 3

Recherchez la composition annoncée de l'huile essentielle et comparez-la au chromatogramme.

CORRIGÉS

▶ SE TESTER QUIZ

1 La réaction chimique

1. Réponse a. Le glucose est transformé donc il disparaît.

2. Réponse b. Il y a bien 6C, 12H et 6O de chaque côté de l'équation.

3. Réponses a. et c. Au cours d'une transformation chimique, les éléments chimiques et la masse totale sont conservés, mais des molécules disparaissent et d'autres sont créées.

2 Stœchiométrie et réactif limitant

1. Réponse a. L'affirmation **b** est fausse car les quantités peuvent être très différentes suivant les conditions expérimentales.

L'affirmation **c** est fausse car les conditions de la transformation ne sont pas précisées dans l'équation.

2. Réponses b. et c. L'affirmation **a** est fausse car les quantités de réactifs mélangés peuvent être quelconque.

L'affirmation **c** est vraie : ce sont les lois de la conservation de la matière.

3 Synthèse d'une espèce chimique

1. Réponse c. L'affirmation **a** est fausse : c'est une transformation chimique de la matière.
L'affirmation **b** est fausse car l'extraction d'un corps pur d'une substance naturelle peut permettre d'obtenir une espèce chimique mais d'origine naturelle.

2. Réponse a. L'affirmation **b** est fausse car le chauffage à reflux (et non flux) permet aux vapeurs de ne pas s'échapper grâce à leur condensation dans le réfrigérant.
L'affirmation **c** est fausse car un montage à distiller permet de séparer les constituants d'un mélange mais pas de synthétiser une espèce chimique.

▶ S'ENTRAÎNER

4 Équations de réactions chimiques

a. $2\,H_2O_{2(aq)} \rightarrow 2\,H_2O_{(\ell)} + O_{2(g)}$
b. $CO_{(g)} + 2\,H_{2(g)} \rightarrow CH_3OH_{(g)}$
c. $C_2H_{4(g)} + 3\,O_{2(g)} \rightarrow 2\,H_2O_{(g)} + 2\,CO_{2(g)}$
d. $C_3H_{8(g)} + 5\,O_{2(g)} \rightarrow 4\,H_2O_{(g)} + 3\,CO_{2(g)}$
e. $NH_2CONH_{2(aq)} + 2\,H_2O_{(\ell)} \rightarrow 2\,NH_{4(aq)}^+ + CO_{3(aq)}^{2-}$
f. $2\,H_{(aq)}^+ + Fe_{(s)} \rightarrow H_{2(g)} + Fe_{(aq)}^{2+}$
g. $I_{2(aq)} + C_6H_8O_{6(aq)} \rightarrow 2\,I_{(aq)}^- + C_6H_6O_{6(aq)} + 2\,H_{(aq)}^+$

CONSEILS
Écrivez dans l'ordre, la conservation des éléments puis la conservation des charges.

5 Écrire des équations de réactions chimiques

a. Équation de la réaction de décomposition de l'azoture de sodium :
(1) $2\,NaN_{3(s)} \rightarrow 2\,Na_{(s)} + 3\,N_{2(g)}$.
Équation de la réaction entre le sodium et le nitrate de potassium :
(2) $10\,Na_{(s)} + 2\,KNO_{3(s)} \rightarrow N_{2(g)} + 5\,Na_2O_{(s)} + K_2O_{(s)}$
Équation de la formation du silicate alcalin :
(3) $Na_2O(s) + K_2O_{(s)} + SiO_{2(s)} \rightarrow K_2Na_2SiO_{4(s)}$

b. L'espèce chimique responsable du gonflage est celle qui se présente sous forme de gaz : le diazote de formule N_2.

c. D'après (1) : si 2 moles de $NaN_{3(s)}$ produisent 2 moles de $Na_{(s)}$ et 3 moles de $N_{2(g)}$, alors 10 moles de $NaN_{3(s)}$ produisent 10 moles de $Na_{(s)}$ et 15 moles de $N_{2(g)}$.
D'après (2) : 10 moles de $Na_{(s)}$ produisent 1 mole de $N_{2(g)}$ supplémentaire.
Au total : la transformation de 10 moles de $NaN_{3(s)}$ fait apparaître 16 moles (15 + 1) de $N_{2(g)}$.

6 Formation de la rouille

a. Les données de l'énoncé permettent d'identifier les espèces manquantes : $X = O_2$; $Y = Fe^{2+}$ et $Z = HO^-$.

b. La conservation des éléments et des charges électriques permet d'ajuster l'équation avec les bons nombres stœchiométriques (le nombre 1 n'est pas indiqué) :

$$2\,Fe_{(s)} + O_{2(g)} + 2\,H_2O_{(\ell)} \rightarrow 2\,Fe^{2+}_{(aq)} + 4\,HO^-_{(aq)}$$
$$Fe^{2+}_{(aq)} + 2\,HO^-_{(aq)} \rightarrow Fe(OH)_{2(s)}$$
$$4\,Fe(OH)_{2(s)} + O_{2(g)} + 2\,H_2O_{(\ell)} \rightarrow 4\,Fe(OH)_{3(s)}$$
$$2\,Fe(OH)_{3(s)} \rightarrow Fe_2O_3 + 3\,H_2O$$

7 Attaque du fer par l'acide chlorhydrique

a. L'acidité d'une solution aqueuse est causée par la présence d'ions hydrogène de formule H^+. Une augmentation de pH témoigne d'une diminution de la quantité d'ions : on peut donc dire que les ions H^+ disparaissent.

b. Deux espèces chimiques disparaissent : les ions hydrogène H^+ et les atomes de fer Fe : ce sont les deux réactifs de la transformation chimique.

c. Le gaz produit par la transformation et caractérisé par la détonation à la flamme est le dihydrogène de formule H_2.

d. Comme il apparaît aussi des ions fer Fe^{2+}, l'équation de la réaction est :

$$Fe_{(s)} + 2\,H^+_{(aq)} \rightarrow Fe^{2+}_{(aq)} + H_{2(g)}$$

e. En solution aqueuse, les molécules d'eau et les ions chlorure ne réagissent pas et sont les espèces spectatrices.

f. La poudre de fer disparaît totalement. La réaction va s'arrêter en l'absence d'atomes de fer : le fer est le réactif limitant.

CONSEILS
c. Pour les tests d'identification, voir → FICHE 3 .
d. Procédez par étapes → FICHE 17 .

8 Levures chimiques ou biochimiques ?

a. La pâte lève sous l'action du dioxyde de carbone produit par les différentes transformations chimiques. Sa formule est CO_2.

b. Le glucose est le seul réactif et les produits sont l'éthanol et le dioxyde de carbone.

c. La formule de l'éthanol est C_2H_5OH. La conservation des éléments chimiques impose de retrouver les éléments présents dans le glucose au sein des produits de la réaction. Seuls les éléments carbone C, hydrogène H, et oxygène O sont présents, donc les formules faisant apparaître le sodium Na ou le chlore $C\ell$ sont impossibles.

d. Équation chimique de la fermentation du glucose :

$$C_6H_{12}O_6 \rightarrow 2\,C_2H_5OH + 2\,CO_2$$

e. L'équation chimique indique que 1 mole de glucose produit 2 moles de dioxyde de carbone. Proportionnellement, 7 moles de glucose produiront $2 \times 7 = 14$ moles de dioxyde de carbone.

f. La formule brute de l'acide tartrique est : $C_4H_6O_6$.

g. À température ordinaire, l'acide tartrique réagit avec le bicarbonate :

$$C_4H_6O_6 + HCO_3^- \rightarrow CO_2 + C_4H_5O_6^- + H_2O$$

À chaud, le bicarbonate se décompose :

$$2\,HCO_3^- \rightarrow CO_3^{2-} + CO_2 + H_2O$$

9 Combustion du magnésium

a. Le diazote et le dioxygène sont présents dans le système initial car ce sont les constituants principaux de l'air.
b. L'espèce formée au cours de la transformation est l'oxyde de magnésium $MgO_{(s)}$.
c. Le produit de la réaction, MgO, est formé des éléments oxygène O et magnésium Mg. Les réactifs sont constitués nécessairement de ces mêmes éléments puisqu'il y a conservation des éléments chimiques au cours d'une transformation. Les réactifs sont donc le dioxygène $O_{2(g)}$ et le magnésium $Mg_{(s)}$.
d. L'espèce spectatrice, non affectée par la transformation est le diazote $N_{2(g)}$.
e. L'équation de la réaction est :

$$2\,Mg_{(s)} + O_2 \rightarrow 2\,MgO_{(s)}$$

f. D'après l'équation chimique, 2 moles de magnésium réagissent avec 1 mole de dioxygène, soit moitié moins.

Donc 0,070 mol de magnésium réagit avec $\dfrac{0,070}{2}$ = 0,035 mol de dioxygène.

Le flacon contenant initialement 0,050 mol de dioxygène, celui-ci est en excès (il en restera 0,050 – 0,035 = 0,015 mol). Le réactif limitant est donc le magnésium.
On observe expérimentalement que le magnésium a totalement disparu à la fin de la transformation : ce qui confirme qu'il est le réactif limitant.
Par ailleurs, le dioxygène n'est pas le réactif limitant puisqu'il en reste à l'état final.

10 Synthèse de l'arôme de vanille

a. L'équation s'écrit :

        acétate de vanilline + eau → vanilline + espèce inconnue
soit : $C_{10}H_{10}O_4$ + H_2O → $C_8H_8O_3$ + espèce inconnue

La conservation des éléments chimiques permet de proposer une formule brute pour l'espèce inconnue :

$$C_{10}H_{10}O_4 + H_2O \rightarrow C_8H_8O_3 + C_2H_4O_2$$

b. Les dépôts 1 et 2 permettent de comparer la vanilline de synthèse et l'arôme naturel de la vanille : la vanilline de synthèse est un produit pur car la chromatographie ne fait apparaître qu'une seule tache, alors que l'arôme de la vanille est composé de plusieurs espèces chimiques comme il est écrit dans le texte de l'exercice.
c. En observant les positions des taches obtenues au-dessus des dépôts 3, 4 et 5, on peut en déduire :
3. l'extrait de sucre vanillé contient de la vanilline seule, donc sans doute d'origine synthétique ;
4. l'extrait de sucre vanilliné contient un seul arôme, différent de la vanilline, qui est sans doute l'éthylvanilline d'origine synthétique ;
5. extrait de sucre vanillé (naturel) contient plusieurs molécules qui composent l'arôme de la vanille et est sans doute extrait de cette plante, confirmant son origine naturelle.

Les transformations chimiques

▶ OBJECTIF BAC

11 Arôme de lavande : naturel ou synthétique ?

1. a. Le chauffage permet l'ébullition de l'eau qui redevient liquide ensuite : il s'agit donc d'un changement d'état donc d'une transformation physique.
b. Le serpentin permet la condensation (ou liquéfaction) des vapeurs. Son immersion dans l'eau permet un refroidissement plus efficace que dans l'air.
Sa forme hélicoïdale plutôt que rectiligne permet d'accroître la distance parcourue par les espèces chimiques avant de tomber dans l'essencier. Le refroidissement est donc plus efficace.
c. Deux phases liquides sont recueillies dans l'essencier donc cela signifie que l'essence de lavande et l'eau sont non miscibles : le mélange est hétérogène.
Par ailleurs l'essence de lavande surnage donc elle est plus légère que l'eau ; c'est-à-dire que sa masse volumique est inférieure à 1.
C'est en accord avec les données du document 4 car le linalol et l'éthanoate de linalyle qui sont les principaux constituants de l'huile essentielle ne sont pas solubles dans l'eau et ont une masse volumique inférieure à 1.
2. a. ① mélange réactionnel ; ② ballon ; ③ chauffe ballon ; ④ réfrigérant ; ⑤ support élévateur ; ⑥ sortie de l'eau ; ⑦ entrée de l'eau.
b. Le linalol réagit avec l'anhydride acétique pour former de l'éthanoate de linalyle et de l'acide éthanoïque, donc :

$$C_{10}H_{18}O + C_4H_6O_3 \rightarrow C_{12}H_{20}O_2 + C_2H_4O_2$$

Remarque : les nombres stœchiométriques sont tous égaux à 1.
c. Si le mélange final contient les quatre espèces chimiques citées dans l'équation, réactifs et produits, alors seules celles qui sont solubles dans l'eau sont éliminées par le lavage : il s'agit de l'anhydride acétique et de l'acide éthanoïque.
L'arôme peut être constitué de linalol et d'éthanoate de linalyle.
3. a. La chromatographie montre que l'huile essentielle est constituée de plusieurs espèces chimiques car son dépôt laisse apparaître plusieurs taches. Les deux taches à la même hauteur que le linalol et l'éthanoate de linalyle prouve qu'elle en contient effectivement.
b. La synthèse chimique a permis de préparer l'éthanoate de linalyle mais le produit de la synthèse est un mélange qui contient aussi du linalol, tout comme l'huile essentielle naturelle.

> **À NOTER**
> **3.b.** Cet arôme de synthèse est un mélange moins riche en espèces chimiques que l'arôme naturel.

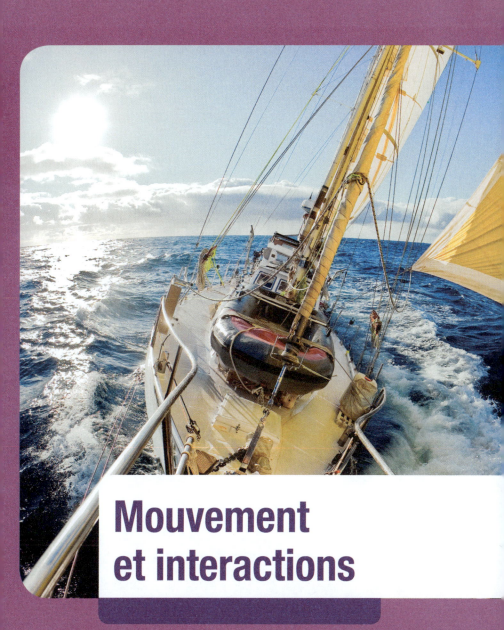

Mouvement et interactions

MOUVEMENT ET INTERACTIONS

Décrire un mouvement

Au XIXᵉ siècle, le photographe anglais Eadweard Muybridge a l'idée de décomposer le mouvement avec un appareil photo. Étienne-Jules Marey, physiologiste français spécialiste du mouvement animal, perfectionne les appareils de Muybridge. Ils obtiennent des **chronophotographies** (ici, une réalisée par Marey) en superposant sur la même image les photographies successives du système en mouvement.

FICHES DE COURS			
	20	La relativité du mouvement	148
	21	Les différents types de mouvements	150
	22	Le vecteur vitesse et sa variation	152
	MÉMO VISUEL		154
EXERCICES	SE TESTER	Exercices 1 à 3	156
	S'ENTRAÎNER	Exercices 4 à 10	157
	OBJECTIF BAC	Exercice 11 • Problème guidé	161
CORRIGÉS		Exercices 1 à 11	163

20 La relativité du mouvement

En bref *La description du mouvement d'un système doit permettre de répondre à des questions comme : quel est le mobile étudié ? Comment se déplace-t-il et par rapport à quoi ? Les réponses dépendent des choix faits avant d'étudier le mouvement.*

I Se repérer pour décrire un mouvement

Exemple : Au démarrage du bus, la personne B se déplace dans le bus en restant à la hauteur de C, placé sur le côté de la route. Pour C, vu de la route, B semble immobile alors que A avance. Pour le chauffeur du bus, c'est l'inverse. Il faut donc préciser par rapport à quoi est observé le mouvement.

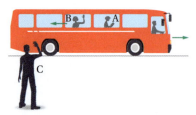

1 Relativité du mouvement

■ Le mouvement est une notion relative. La description du mouvement d'un nécessite le choix d'un solide de référence appelé référentiel. Dans l'exemple précédent, si on choisit le référentiel « route », A se déplace et C est immobile. Si on choisit le référentiel « bus », c'est le contraire.

> **MOT CLÉ**
> Le **système** est l'objet ou l'ensemble d'objets choisi pour l'étude. Ce qui est en dehors du système est appelé « environnement ».

■ Le référentiel le plus souvent utilisé est la Terre ou un solide fixe par rapport à la Terre : c'est le référentiel terrestre.

2 Repères d'espace et de temps

■ Pour localiser le mobile dans l'espace il faut définir un repère avec une origine notée O, liée au référentiel ainsi que des axes gradués pour situer le mobile.

■ Pour situer le mobile dans le temps, il faut choisir une origine des temps ($t = 0$) et une unité de mesure, comme la seconde par exemple.

II Caractéristiques d'un mouvement

■ La trajectoire est l'ensemble des positions successives occupées par le système mobile au cours de son mouvement.

■ La vitesse moyenne v est le quotient de la distance parcourue d sur la durée du parcours $\Delta t = t_2 - t_1$ (t_1 et t_2 : deux dates successives).

$$v = \frac{d}{\Delta t}$$

d en m (ou km) ; Δt en s (ou h) ; v en m·s^{-1} (ou km·h^{-1}).

COURS & MÉTHODES

Méthode

Décrire un mouvement dans deux référentiels différents

Un cycliste lâche une balle en roulant à vélo à vitesse constante. Les enregistrements ci-dessous montrent les mouvements du vélo, de la balle et de la roue dans deux référentiels différents. L'intervalle de temps séparant deux positions successives est τ = 40 ms.

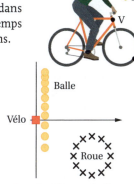

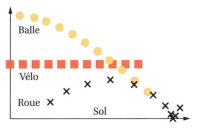

Dans le référentiel terrestre   **Dans le référentiel vélo**

a. Décrire les trajectoires observées pour la balle dans chaque référentiel.

b. Décrire les variations de la vitesse du vélo et de la balle dans le référentiel terrestre.

c. Le vélo se déplace sur la route de 2,8 m en 0,40 s. Calculer sa vitesse dans chaque référentiel.

CONSEILS
a. Une trajectoire peut être rectiligne, circulaire ou curviligne.
b. Observez la manière dont évoluent les intervalles entre les points.
c. Utilisez la définition de la vitesse en précisant le référentiel choisi.

SOLUTION

a. Dans le référentiel terrestre, la balle a une trajectoire curviligne (parabolique) mais dans le référentiel vélo, elle a une trajectoire rectiligne.

b. La distance parcourue par le vélo pendant des intervalles de temps égaux reste la même, sa vitesse est donc constante : le mouvement du vélo est uniforme. Les positions de la balle sont de plus en plus espacées, sa vitesse est donc de plus en plus grande : le mouvement de la balle est accéléré.

c. Dans le référentiel terrestre : $v = \dfrac{d}{\Delta t} = \dfrac{2,8}{0,40} = 7,0 \text{ m} \cdot \text{s}^{-1}$.

Dans le référentiel vélo, il est immobile : $v = 0 \text{ m} \cdot \text{s}^{-1}$.

À NOTER
La trajectoire et la vitesse sont relatives : elles dépendent du choix du référentiel.

21 Les différents types de mouvements

En bref *Le mouvement d'un système est décrit par la nature de sa trajectoire et les variations éventuelles de sa vitesse. Pour faciliter cette description, on réduit souvent ce mouvement à celui d'un point particulier du mobile.*

I Observation par vidéo ou chronophotographie

■ La vidéo ou la chronophotographie permettent d'enregistrer et d'analyser le mouvement d'un objet. La décomposition image par image donne les positions occupées par le mobile à intervalles de temps réguliers.

■ Si ces positions successives sont régulièrement espacées alors la vitesse est constante et le mouvement est dit uniforme. Si elles sont de plus en plus espacées, le mouvement est accéléré et si elles sont de plus en plus rapprochées, le mouvement est ralenti.

Exemple : Dans le référentiel terrestre, le « poids » lancé par un athlète est animé d'un mouvement ascendant ralenti puis d'un mouvement descendant accéléré.

Mouvement ascendant ralenti | Mouvement descendant accéléré

II Quelques mouvements simples

	La vitesse **augmente**.	La vitesse est **constante**.	La vitesse **diminue**.
La trajectoire est une **droite**.	Mouvement rectiligne accéléré Sens du mouvement	Mouvement rectiligne uniforme Sens du mouvement	Mouvement rectiligne ralenti Sens du mouvement
La trajectoire est un **cercle**.	Sens du mouvement Mouvement circulaire accéléré	Sens du mouvement Mouvement circulaire uniforme	Sens du mouvement Mouvement circulaire ralenti

COURS & MÉTHODES

Méthode

Étudier un mouvement de chute

Cette chronophotographie de la chute d'une bille dans une éprouvette d'huile a été réalisée avec une caméra filmant 25 images par seconde. Les positions de la bille sont repérées sur l'axe des x orienté vers le bas à 4 dates différentes.

a. Décrire le mouvement de la bille.
b. Calculer sa vitesse moyenne sur toute la chute.
c. Déterminer sa vitesse instantanée au point 14.

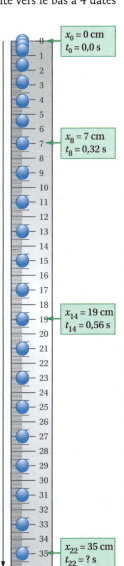

> **CONSEILS**
> **a.** Indiquez la nature de la trajectoire et la manière dont varie la vitesse en précisant le référentiel.
> **b.** Utilisez la définition de la vitesse moyenne.
> **c.** Pour déterminer la vitesse en un point, évaluez la vitesse moyenne sur un petit intervalle contenant le point considéré.

SOLUTION

a. Dans le référentiel terrestre, la bille tombe suivant la verticale, sa trajectoire est donc rectiligne. Entre les positions 0 et 8, les écarts augmentent, donc sa vitesse augmente. Puis à partir de la position 8, les écarts restent égaux donc sa vitesse est constante. Donc :
– entre 0 et 8 : mouvement rectiligne accéléré ;
– entre 8 et 22 : mouvement rectiligne uniforme.

b. Entre 2 images, il s'écoule $\frac{1}{25}$ seconde soit 0,040 s. La chute fait apparaître 22 intervalles de temps et dure donc :
$\Delta t = t_{22} - t_0 = 22 \times 0,040 = 0,88$ s.
La distance parcourue est alors $d = 35$ cm, donc :
$v = \frac{d}{\Delta t} = \frac{35}{0,88} = 39,8 = 40$ cm·s^{-1}.

c. Entre les points 14 et 15, la vitesse est constante et la bille chute de 2,0 cm (entre chaque position) en $\Delta t = 0,040$ s, donc :
$v = \frac{d}{\Delta t} = \frac{2,0}{0,040} = 50$ cm·s^{-1}.

Décrire un mouvement

22 Le vecteur vitesse et sa variation

En bref *Le déplacement et la vitesse d'un point mobile sont caractérisés par une direction, un sens et une valeur : ils peuvent donc être associés à des vecteurs représentés par des flèches.*

I Vecteurs déplacement et vitesse

Les positions d'un mobile M sont enregistrées à intervalles de temps réguliers Δt.

■ Le **vecteur déplacement** $\overrightarrow{MM'}$ est représenté par une flèche entre les points M et M'.

■ Le **vecteur vitesse** $\vec{v}$ est : colinéaire au vecteur $\overrightarrow{MM'}$; dans le sens du mouvement ; de valeur (ou norme) : $\dfrac{MM'}{\Delta t}$. Il est représenté par une flèche de même direction et de même sens que $\overrightarrow{MM'}$ et de longueur proportionnelle à sa valeur, en fonction de l'échelle de représentation choisie.

• Sur la figure 1, M et M' sont éloignés : on définit ainsi est un vecteur **vitesse moyenne** entre M et M'.

• Sur la figure 2, lorsque M et M' sont suffisamment proches, $\vec{v}$ tend vers le vecteur **vitesse instantanée** en M.

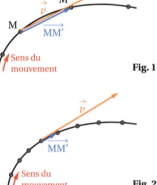

Fig. 1

Fig. 2

II La variation du vecteur vitesse

Pour décrire la variation du vecteur vitesse pendant le mouvement entre deux points M_1 et M_2, il faut prendre en compte **sa direction et sa valeur**.

• Si la trajectoire est **rectiligne**, la variation de la valeur du vecteur indique la variation de la vitesse (sur la figure 3, la valeur de la vitesse augmente).

• Si la trajectoire n'est **pas rectiligne** et si la vitesse est **constante**, alors c'est la direction du vecteur vitesse qui change (comme sur la figure 4).

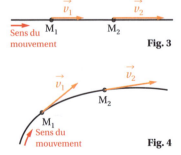

Fig. 3

Fig. 4

COURS & MÉTHODES

Méthode

Représenter des vecteurs vitesse et décrire la variation de la vitesse

Une voiture jouet a été photographiée pendant son mouvement, toutes les 0,5 s devant une échelle graduée en mètres et posée sur le sol.

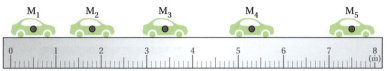

a. Décrire le mouvement de la voiture en précisant le référentiel choisi.

b. Déterminer la valeur de sa vitesse moyenne sur les déplacements M_2M_3 et M_4M_5.

c. Tracer les vecteurs vitesse $\vec{v_2}$ et $\vec{v_4}$ en choisissant comme échelle 1 cm (sur le dessin) pour 2 m·s^{-1} (vitesse calculée).

d. Décrire la variation du vecteur vitesse entre les points M_2 et M_4.

 CONSEILS
a. Indiquez la trajectoire et la variation de vitesse.
b. La distance parcourue toutes les 0,5 s est lue sur l'échelle graduée.
c. Pour tracer les vecteurs vitesse, tracez d'abord les vecteurs déplacement.
d. Comparez les vecteurs vitesse $\vec{v_2}$ et $\vec{v_4}$ (direction et valeur).

SOLUTION

a. Le mouvement de la voiture est étudié dans le référentiel « sol » (ou référentiel terrestre). Les positions successives sont alignées et de plus en plus écartées : le mouvement est donc rectiligne (horizontal) et accéléré (la vitesse augmente).

b. $v_2 = \dfrac{M_2M_3}{\Delta t} = \dfrac{(3,4 - 1,8)}{0,5} = 3,2$ m·s^{-1} $v_4 = \dfrac{M_4M_5}{\Delta t} = \dfrac{(7,5 - 5,3)}{0,5} = 4,4$ m·s^{-1}

c. Colinéaires aux vecteurs déplacements, les vecteurs $\vec{v_2}$ et $\vec{v_4}$ sont représentés aux points M_2 et M_4 suivant la direction et le sens du mouvement avec des flèches de longueurs 1,6 cm $\left(\dfrac{3,2}{2}\right)$ et 2,2 cm $\left(\dfrac{4,4}{2}\right)$ en tenant compte de l'échelle imposée.

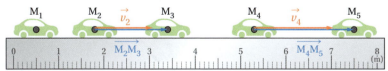

d. Entre les points M_2 et M_4 le vecteur vitesse ne change pas de direction car le mouvement est rectiligne, mais sa norme augmente car la valeur de la vitesse augmente.

MÉMO VISUEL

Référentiel

Solide de référence choisi pour décrire le mouvement du système.

Un référentiel terrestre

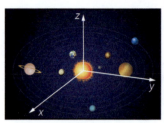
Un référentiel héliocentrique

SYSTÈME

Trajectoire

L'ensemble des **positions successives** occupées par le système mobile au cours de son mouvement.

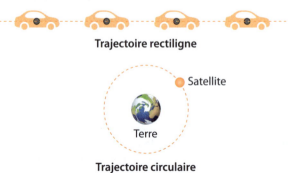

Trajectoire rectiligne

Trajectoire circulaire

Vitesse moyenne v

$$v = \dfrac{d}{\Delta t}$$

d en m (ou km) ;
Δt en s (ou h) ;
v en m·s^{-1} (ou km·h^{-1}).

d distance parcourue sur la durée $\Delta t = t_2 - t_1$
(t_1 et t_2 : 2 dates successives).

Types de mouvement   Sens du mouvement
- **uniforme** (vitesse constante)
- **accéléré** (vitesse qui augmente)
- **ralenti** (vitesse qui diminue)

EN MOUVEMENT

Vitesse

Vecteur vitesse $\vec{v}$

- **Colinéaire** et de même sens que le vecteur déplacement.
- Si M' est proche de M, $\vec{v}$ représente la **vitesse instantanée** en M.

- Le vecteur vitesse peut varier **en direction** (mouvement non rectiligne) et/ou **en valeur** (mouvement non uniforme).

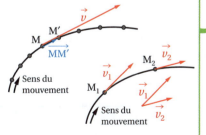

Décrire un mouvement

▶ SE TESTER QUIZ

*Vérifiez que vous avez bien compris les points clés des **fiches 20 à 22**.*

1 La relativité du mouvement → FICHE 20

Un marathonien (A), coiffé d'une casquette (C), court sur une route (B). Il est encouragé par un spectateur assis sur le bord de la route.

1. Le marathonien est en mouvement par rapport :
- ☐ **a.** à la route
- ☐ **b.** à sa casquette
- ☐ **c.** au spectateur

2. Le marathonien est en mouvement dans le référentiel :
- ☐ **a.** terrestre
- ☐ **b.** spectateur
- ☐ **c.** route.

3. Le spectateur est en mouvement par rapport :
- ☐ **a.** à la route
- ☐ **b.** au spectateur
- ☐ **c.** à la casquette.

2 Les différents types de mouvement → FICHE 21

Les positions successives d'un ballon de football, roulant sur le gazon de A vers C, sont repérées à intervalles de temps réguliers $\Delta t = 0{,}1$ s, dans le référentiel terrestre. L'enregistrement obtenu est le suivant :

1. Entre A et B, les déplacements pendant Δt sont :
- ☐ **a.** de plus en plus petits
- ☐ **b.** égaux
- ☐ **c.** de plus en plus grands

2. Entre A et B, le mouvement est rectiligne et :
- ☐ **a.** ralenti
- ☐ **b.** uniforme
- ☐ **c.** accéléré

3. Entre B et C, le mouvement est rectiligne et :
- ☐ **a.** ralenti
- ☐ **b.** uniforme
- ☐ **c.** accéléré

3 Le vecteur vitesse et sa variation → FICHE 22

La figure suivante montre le mouvement rectiligne uniforme d'un mobile M.

1. Le seul vecteur vitesse correct est : ☐ **a.** $\vec{v}_1$ ☐ **b.** $\vec{v}_2$ ☐ **c.** $\vec{v}_3$

2. Les vecteurs vitesse aux différents points M doivent être :
- ☐ **a.** de même direction
- ☐ **b.** de même sens
- ☐ **c.** de même longueur

S'ENTRAÎNER

4 Soleil-Terre-Lune
→ FICHE 20

Les figures suivantes montrent deux représentations différentes des trois astres en mouvement : le Soleil, la Terre et la Lune (les échelles ne sont pas respectées).

La Lune fait le tour de la Terre en 27,3 jours sur une orbite de rayon moyen égal à environ 382 000 km.

Fig. 1. Référentiel géocentrique

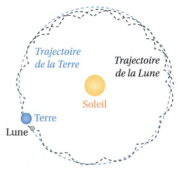
Fig. 2. Référentiel héliocentrique

a. Justifier les noms des deux référentiels en précisant l'objet choisi comme référence pour décrire le mouvement des deux autres.
b. Décrire le mouvement des trois astres dans le référentiel géocentrique.
c. Quelle est la période de révolution de la Terre dans le référentiel héliocentrique ?
d. Expliquer la forme de la trajectoire de la Lune sur la figure 2.
e. Calculer la vitesse moyenne de la Lune en $km \cdot s^{-1}$ dans le référentiel géocentrique.

> **CONSEILS**
> **b.** Attention, la Terre bouge même dans le référentiel géocentrique.
> **c.** On appelle « période de révolution » la durée d'un tour.
> **d.** La trajectoire de la Lune résulte de la superposition de deux mouvements.

5 Un vol historique
→ FICHE 20

En mai 1927, Lindbergh est le premier pilote à relier New York à Paris en solitaire, à bord de son avion, le célèbre *Spirit of Saint Louis*, spécialement conçu pour l'occasion. Après un vol à 175 $km \cdot h^{-1}$ de moyenne, de 33 heures et 30 minutes, il se pose à l'aéroport du Bourget, devant une foule immense. Aujourd'hui les vols New York - Paris durent environ 7 h à l'aller et 8 h au retour.

a. Dans quel référentiel est exprimée la vitesse de l'avion ?
b. Calculer la distance parcourue entre New York et Paris.
c. Évaluer la vitesse des avions actuels par comparaison avec celui de Lindbergh.
d. Comment peut-on expliquer le fait que l'aller soit plus rapide que le retour ?

Décrire un mouvement

6 Le roi des stades

→ FICHE 20

Le 20 août 2009, un journaliste sportif s'exclamait à la radio : « L'athlète jamaïcain Usain Bolt est vraiment le roi des stades. Non content d'avoir établi il y a quelques jours le nouveau record du monde du 100 m en neuf secondes et cinquante-huit centièmes, il vient aujourd'hui de battre celui du 200 m en dix-neuf secondes et dix-neuf centièmes. »

a. À quelle vitesse moyenne Usain Bolt a-t-il couru le 100 m ?

b. Dans quel référentiel est calculée cette vitesse ?

c. Comparer, en faisant le minimum de calcul, les vitesses moyennes d'Usain Bolt sur 200 m et sur 100 m.

d. Il est admis que le guépard est l'animal terrestre le plus rapide. Pour chasser ses proies, il peut courir 300 m ou 400 m à une vitesse de 80 km·h^{-1} en moyenne et est capable de pointes à 110 km·h^{-1}. Comparer la vitesse de l'homme le plus rapide du monde à celle du guépard.

CONSEILS

c. Comparez les durées et les distances pour comparer qualitativement les vitesses.

7 Sortie à la barre fixe

→ FICHE 21

La chronophotographie ci-contre montre le mouvement d'un gymnaste à la barre fixe. Ce cliché a été obtenu à l'aide d'un appareil photo réglé sur 10 images par seconde. On a repéré sur chaque image la position d'un point particulier appelé « centre de gravité » correspondant approximativement au milieu du corps (point d'application de la force appelée poids → FICHE 25).

a. Dans quel référentiel est étudié le mouvement ?

b. Indiquer le sens du mouvement enregistré : point de départ et point d'arrivée.

c. Déterminer la durée totale du mouvement.

d. On distingue deux types de trajectoires pour le centre de gravité de l'athlète sur ce document : circulaire et parabolique. Préciser entre quelles positions on peut reconnaître chacune des trajectoires.

e. Décrire les variations de la vitesse du centre de gravité pendant le mouvement.

f. Expliquer l'intérêt d'étudier le mouvement du centre de gravité de l'athlète plutôt qu'un autre point du corps.

CONSEILS

c. Ne confondez pas les positions du gymnaste et les intervalles entre ces positions.

8 Partie de pétanque

→ FICHE 21

On filme dans le référentiel terrestre le mouvement parabolique d'une boule de pétanque lancée par un joueur. Un logiciel de traitement vidéo permet de repérer les positions successives de la boule à intervalles de temps réguliers égaux à 40 ms (25 images par seconde).

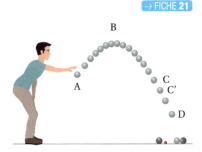

Les points de la trajectoire s'inscrivent dans un repère d'espace (O, x, y). On obtient le graphique ci-dessous.

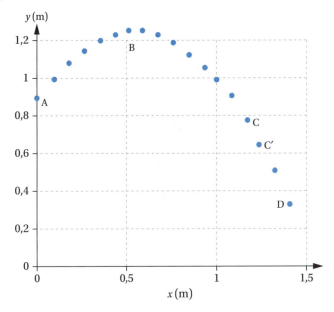

a. Décrire le mouvement de la boule en distinguant deux phases entre A et B puis entre B et D.
b. Déterminer l'échelle de représentation de la trajectoire sur le graphique.
c. En déduire les valeurs réelles des distances CC' et CD.
d. Calculer les vitesses moyennes v_1 entre C et C' puis v_2 entre C et D.
e. Expliquer pourquoi la vitesse v_1 est proche de la vitesse instantanée en C.

CONSEILS
L'échelle du document est le quotient de la distance mesurée sur le document et de la distance réelle. Ici : 1 m (réel) est représenté par 5 cm (schéma).

9 Mouvement et variation de vitesse

Un mobile M se déplace en passant par M_1 et M_2.
Ses vecteurs vitesse $\vec{v}_1$ et $\vec{v}_2$ sont représentés sur la figure ci-dessous.

a. Le mouvement est-il accéléré ou ralenti ?

b. Décrire la variation du vecteur vitesse entre M_1 et M_2.

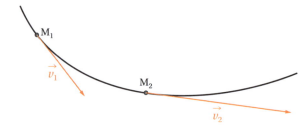

> 👍 **CONSEILS**
> **b.** Pour décrire la variation du vecteur vitesse, pensez à comparer les directions et les normes des vecteurs vitesse. On peut aussi les redessiner à partir d'un même point à côté de la trajectoire.

10 Cas particulier du mouvement rectiligne uniforme

Une voiture jouet est filmée à 2 images par seconde, devant une règle graduée en mètres et posée sur le sol. Son mouvement est rectiligne et uniforme entre les points M_1 et M_5.

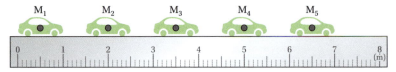

a. Expliquer pourquoi le mouvement est qualifié de rectiligne et uniforme.

b. Quel est l'intervalle de temps séparant deux images successives ?

c. Représenter sur la figure 1 les vecteurs déplacement $\overrightarrow{M_1M_2}$ et $\overrightarrow{M_4M_5}$.

d. Calculer la vitesse moyenne v_1 entre M_1 et M_2 et v_4 entre M_4 et M_5.

e. Tracer les vecteurs vitesse moyenne $\vec{v}_1$ et $\vec{v}_4$ en proposant une échelle de représentation simple.

f. En déduire la variation du vecteur vitesse entre M_1 et M_4.

g. Expliquer en quoi le mouvement rectiligne uniforme est un cas particulier de mouvement pour la variation du vecteur vitesse.

> 👍 **CONSEILS**
> **e.** Une échelle simple doit permettre une conversion rapide et une longueur des flèches adaptée au schéma.

▶ OBJECTIF BAC

11 Looping à la fête foraine
40 min

L'analyse du mouvement proposé permet de revenir sur les notions de référentiel, de vitesse modélisée par son vecteur et de variation du vecteur vitesse.

📄 LE PROBLÈME

On s'intéresse au mouvement d'un chariot effectuant un looping sur un rail quasi circulaire. Afin de simplifier l'étude du mouvement, on assimile le chariot à un point matériel noté M. Les positions du chariot ont été enregistrées par une vidéo filmée à 5 images par seconde.

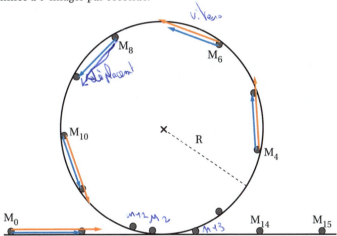

Échelle longueur : 10 m

Échelle vitesse : 20 m.s^{-1}

a. Quelle est la durée totale du déplacement M_0M_{15} ?

b. Quel est le référentiel utilisé pour représenter le mouvement du chariot ?

c. Indiquer sur la figure les positions des points M_2, M_{12} et M_{13}.

d. Indiquer sur la figure quelles sont les flèches qui représentent les vecteurs déplacement et les vecteurs vitesse moyenne déjà dessinés.

e. Tracer les vecteurs vitesse moyenne $\vec{v}_8$ et $\vec{v}_{14}$ en respectant l'échelle donnée.

f. Exprimer la vitesse v_{14} en km·h^{-1}.

g. Décrire les variations du vecteur vitesse sur l'ensemble de la trajectoire en distinguant les différentes phases du mouvement.

Décrire un mouvement **161**

▶▶▶ LA FEUILLE DE ROUTE

a. Identifier les échelles pertinentes de description d'un mouvement.

La description du mouvement nécessite de repérer l'échelle de temps et l'échelle d'espace.

b. Choisir le référentiel pour décrire un mouvement. → FICHE 20

Vous devez identifier l'objet de référence qui sert à décrire le mouvement : par rapport à quoi le chariot se déplace-t-il ?

c. Décrire le mouvement d'un point. → FICHE 21

Les positions des points M_2, M_{12} et M_{13} s'inscrivent dans le mouvement entre les points M_1M_3 et $M_{11}M_{14}$ en observant la trajectoire et les écarts relatifs parcourus par le mobile.

d. Distinguer les vecteurs déplacement des vecteurs vitesse. → FICHE 22

Ces vecteurs sont colinéaires, les déplacements sont construits sur la trajectoire, entre les points enregistrés et les vecteurs vitesse moyenne sont construits à partir des précédents.

e. Représenter un vecteur vitesse. → FICHE 22

Utilisez la définition de la vitesse et les échelles données pour calculer la valeur de la vitesse à partir des déplacements et de l'intervalle de temps entre deux images. S'appuyer sur le vecteur déplacement pour construire le vecteur vitesse.

f. Effectuer un changement d'unités.

Rappel : 1 km = 1 000 m et 1 h = 3 600 s.

g. Décrire les variations du vecteur vitesse. → FICHE 22

Distinguer quatre phases pour le mouvement et comparer les vecteurs vitesse successifs : la vitesse varie-t-elle en direction, en valeur ou bien les deux ?

CORRIGÉS

▶ SE TESTER QUIZ

1 La relativité du mouvement

1. Réponses a et c. L'affirmation **a** est vraie, car il se déplace sur la route.
L'affirmation **b** est fausse, car la casquette reste immobile sur sa tête.
L'affirmation **c** est vraie, car le spectateur est immobile sur la route.

2. Réponses a, b et c. Tous ces référentiels sont liés à la Terre par rapport à laquelle il se déplace.

3. Réponse c. L'affirmation **a** est fausse car le spectateur est assis sur le bord de la route.
L'affirmation **c** est vraie, puisque la casquette suit le coureur.

2 Les différents types de mouvement

1. Réponse b. Il faut comparer les écarts entre les positions du ballon.

2. Réponse b. La trajectoire est droite et la vitesse constante.

3. Réponse a. La trajectoire est droite et les écarts entre les positions de plus en plus petits, donc la vitesse diminue.

3 Le vecteur vitesse et sa variation

1. Réponse a. Le vecteur vitesse est colinéaire au mouvement ($\vec{v}_2$ incorrect) et dans le sens du mouvement ($\vec{v}_3$ incorrect).

2. Réponses a, b et c.
L'affirmation **a** est vraie, car le mouvement est rectiligne.
L'affirmation **b** est vraie, car le déplacement se fait vers la droite.
L'affirmation **c** est vraie, car la vitesse est constante, donc les vecteurs vitesse seront représentés par une flèche identique.

▶ S'ENTRAÎNER

4 Soleil-Terre-Lune

a. Le référentiel géocentrique est un référentiel lié au centre de la Terre (et à des étoiles fixes dans le ciel) : *géo* est un préfixe qui veut dire « Terre ».
Le référentiel héliocentrique est lié au centre du Soleil (et à des étoiles fixes) : *hélio* est un préfixe qui signifie « relatif au Soleil ».

b. Dans le référentiel géocentrique : la Terre tourne sur elle-même en 1 jour, la Lune a un mouvement circulaire avec une période de 27 jours et la Soleil tourne autour de la Terre en 1 an (ce mouvement est lié au choix du référentiel).

c. Dans le référentiel héliocentrique, la Terre tourne autour du Soleil en 1 an (365,25 jours).

d. Dans le référentiel héliocentrique, la forme de la trajectoire de la Lune est le résultat de la combinaison de sa révolution autour de la Terre et de la révolution de la Terre autour du Soleil.

e. Dans le référentiel géocentrique, la Lune effectue un tour en 27,3 jours. La distance parcourue est donc $d = 2 \times \pi \times 382\,000 = 2,40 \times 10^6$ km, pendant une durée $\Delta t = 27,3$ jours $= 27,3 \times 24 \times 3\,600 = 2,36 \times 10^6$ s (chaque jour comprend 24 h de 3 600 s).

Sa vitesse est : $v = \dfrac{d}{\Delta t} = \dfrac{2,40 \times 10^6}{2,36 \times 10^6} = 1,02$ km·s^{-1}, soit environ 1 km par seconde.

5 Un vol historique

a. La vitesse est exprimée par rapport à la Terre : référentiel terrestre.

b. D'après la définition de la vitesse : $v = \dfrac{d}{\Delta t}$, on peut calculer la distance avec la vitesse et la durée :
$d = v \times \Delta t = 175 \times 33,5 = 5\,860 = 5,86 \times 10^3$ km (30 minutes = 0,5 h).

c. Si les avions actuels franchissent la même distance en 4,5 fois moins de temps, (33,5/7,5 = 4,5) on peut estimer que leur vitesse est environ 4,5 fois plus élevée que celle du Spirit of Saint Louis, $4,5 \times 175 = 787$ km·h^{-1} soit environ 800 km·h^{-1}.

d. La durée supérieure pour le retour de Paris vers New York peut s'expliquer par le mouvement de rotation de la Terre qui crée des courants d'air aériens défavorables au vol retour.

6 Le roi des stades

a. La vitesse moyenne d'Usain Bolt s'exprime ainsi : $v = \dfrac{d}{\Delta t}$.
$d = 100$ m et $\Delta t = 9,58$ s donc $v = \dfrac{100}{9,58} = 10,4$ m·s^{-1}.

À NOTER
Le résultat est écrit avec 3 chiffres significatifs, comme la durée Δt qui est la moins précise des données de l'exercice →FICHE 39.

b. Cette vitesse est calculée par rapport au sol, donc dans le référentiel terrestre.

c. Usain Bolt court le 200 m en 19,19 s et le 100 m en 9,58 s.
Or $2 \times 9,58 = 19,16$ s.
La durée du 200 m est (à trois centièmes de seconde près) égale à la durée de deux fois 100 m, autrement dit Usain Bolt court pratiquement à la même vitesse moyenne sur 100 m et 200 m !

d. Pour comparer les deux vitesses, il faut les exprimer dans la même unité.
1 h = 60 min = 60×60 s = 3 600 s, donc : 1 m·s^{-1} = 3 600 m·h^{-1} = 3,6 km·h^{-1}.
Usain Bolt court le 100 m à la vitesse moyenne : $v = \dfrac{100}{9,58} \times 3,6 = 37,6$ km·h^{-1}.

Un guépard court à 80 km·h^{-1} de moyenne donc plus de deux fois plus vite que l'homme le plus rapide du monde.

7 Sortie à la barre fixe

a. Le mouvement est étudié par rapport au sol, donc dans le référentiel terrestre.
b. Le mouvement est enregistré à partir de la position haute (à la verticale de la barre) jusqu'à l'arrivée sur le sol.
c. Le mouvement est enregistré à 10 images par seconde, il s'écoule donc 0,1 s entre deux images successives. 18 images apparaissent sur le document, séparées de 17 intervalles : le mouvement dure donc $17 \times 0,1 = 1,7$ s.
d. Lorsque l'athlète tourne autour de la barre, son mouvement est circulaire : de la 1re à la 9e position. Lorsqu'il lâche la barre, son centre de gravité suit une trajectoire « en cloche », qui correspond à une trajectoire parabolique jusqu'à ce qu'il touche le sol : de la 10e à la 17e position.

 À NOTER
La trajectoire d'un objet en chute dans le champ de pesanteur est une parabole lorsqu'il est soumis seulement à la force d'attraction de la Terre, c'est-à-dire son poids → FICHE 25.

e. De la 1re à la 8e position, le mouvement est accéléré car les écarts augmentent. De la 8e à la 13e position, les écarts se réduisent, le mouvement est donc ralenti. De la 13e à la 17e position, la vitesse augmente à nouveau.
f. L'étude du mouvement du centre de gravité de l'athlète permet d'obtenir une trajectoire simple (cercle ou parabole) alors que les autres points du corps montrent des trajectoires plus complexes (par exemple une rotation autour du centre de gravité pendant le saut).

8 Partie de pétanque

a. La trajectoire de la boule est parabolique. Entre A et B, les positions enregistrées sont de plus en plus proches puis entre B et D, les écarts augmentent. Son mouvement est donc parabolique et ralenti entre A et B puis parabolique et accéléré entre B et D.
b. Sur le graphique, on peut remarquer que 1,0 m est représenté par 5,0 cm, l'échelle est donc de $\frac{5}{100} = \frac{1}{20}$.
c. Sur le graphique, on mesure CC' = 8 mm et CD = 26 mm.
Les distances réelles sont donc : CC' = 8×20 = 160 mm = 0,16 m
et CD = 26×20 = 520 mm = 0,52 m.
d. Le déplacement de 0,16 m entre C et C' dure 40 ms = 0,040 s, la vitesse est donc : $v_1 = \frac{d}{\Delta t} = \frac{0,16}{0,040} = 4,0$ m·s^{-1}.
Entre C et D, le déplacement de 0,52 m se fait en $3 \times 0,040 = 0,12$ s.
$v_2 = \frac{d}{\Delta t} = \frac{0,52}{0,12} = 4,3$ m·s^{-1}.
e. On remarque que $v_2 > v_1$, ce qui correspond bien au fait que le mouvement est accéléré. Pour s'approcher de la vitesse au point C, il faut donc calculer la vitesse sur un petit intervalle proche du point considéré, ce qui est le cas de CC' au lieu de CD. La vitesse v_1 est donc plus proche de la vitesse instantanée en C que v_2, calculée sur un intervalle plus grand.

Décrire un mouvement

9 Mouvement et vitesse

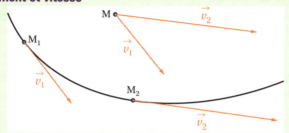

a. Le mouvement est accéléré car on peut remarquer que le vecteur vitesse $\vec{v}_2$ est plus long que $\vec{v}_1$.

b. La variation du vecteur vitesse est visualisée en traçant les vecteurs à partir d'un même point M. On voit alors que le vecteur vitesse change de direction et de norme : la direction de la trajectoire est modifiée et la valeur de la vitesse augmente.

> **À NOTER**
> Tracer les deux vecteurs vitesse à partir d'un même point facilite leur comparaison.

10 Cas particulier du mouvement rectiligne uniforme

a. Le mouvement est qualifié de rectiligne et uniforme car les positions de la voiture sont alignées et régulièrement espacées. La trajectoire est une droite (mouvement rectiligne) et la vitesse est constante (mouvement uniforme).

b. L'intervalle de temps qui sépare deux images successives est égal à 0,5 s car le film a été réalisé à 2 images par seconde.

c. Les vecteurs déplacement $\overrightarrow{M_1M_2}$ et $\overrightarrow{M_4M_5}$ sont représentés entre les points considérés :

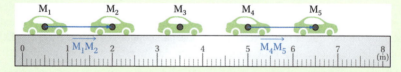

d. Les vitesses moyennes sont :
$v_1 = \dfrac{d}{\Delta t} = \dfrac{1,5}{0,5} = 3,0 \text{ m·s}^{-1}$ et $v_4 = \dfrac{d}{\Delta t} = \dfrac{1,5}{0,5} = 3,0 \text{ m·s}^{-1}$.

e. Compte tenu de la valeur des vitesses, on peut choisir comme échelle : 1 cm pour 1 m·s^{-1}. Ainsi les flèches auront une longueur de 3 cm.

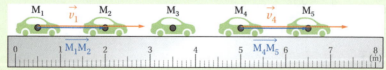

> **À NOTER**
> Les vecteurs déplacements et les vecteurs vitesse sont toujours colinéaires et suivant le mouvement. Seul le vecteur vitesse nécessite une échelle pour son tracé, son choix doit être simple (exemple 1 cm pour 1 m·s^{-1}).

f. La variation du vecteur vitesse entre M_1 et M_4 est déterminée en comparant les deux vecteurs vitesse. Comme $\vec{v_4}$ et $\vec{v_1}$ sont identiques en direction et en norme, alors la variation du vecteur vitesse est nulle.

g. Le mouvement rectiligne uniforme est le seul cas où le vecteur vitesse reste constant (en direction, sens et valeur) pendant le mouvement.
C'est donc le seul cas où la variation du vecteur vitesse est nulle.

▶ OBJECTIF BAC

11 Looping à la fête foraine

a. Entre les points M_0 et M_{15}, 15 intervalles de temps s'écoulent. Or le mouvement a été filmé à 5 images par seconde, soit toutes les $\frac{1}{5} = 0{,}20$ s.
Il dure donc $15 \times 0{,}20 = 3{,}0$ s.

b. Le mouvement est observé par rapport au rail, fixe sur le sol, c'est donc le référentiel terrestre.

c. Les points M_2, M_{12} et M_{13} sont notés sur la figure, page suivante. Ces points sont à peu près à égales distances des points qui les encadrent sur la trajectoire.

d. Les vecteurs déplacement sont dessinés entre les points considérés. Ainsi $\overrightarrow{M_4M_5}$ est tracé avec une flèche reliant M_4 à M_5. Ce sont les flèches bleues. Les vecteurs vitesse sont tracés colinéaires et de même sens que les vecteurs déplacement mais en respectant l'échelle de vitesse. Ce sont les flèches en orange sur la figure.

e. • Le vecteur vitesse moyenne $\vec{v}_8$ est tracé à partir du point M_8, il est colinéaire au déplacement M_8M_9. En respectant l'échelle donnée, on mesure une distance réelle $M_8M_9 = 3{,}0$ m. Cette distance a été parcourue en 0,20 s, la valeur de la vitesse est donc : $v_8 = \frac{d}{\Delta t} = \frac{3{,}0}{0{,}20} = 15$ m·s^{-1}.

La longueur de la flèche du vecteur vitesse $\vec{v}_8$ (norme du vecteur) sera donc 15/20e de la longueur de l'échelle représentée : soit $\left(\frac{15}{20}\right) \times 2{,}5$ cm $= 1{,}9$ cm.

• Le vecteur vitesse moyenne $\vec{v}_{14}$ est tracé à partir de M_{14}. En respectant l'échelle donnée, on mesure $M_{14}M_{15} = 3{,}5$ m. Cette distance a été parcourue en 0,20 s, la valeur de la vitesse est donc : $v_{14} = \frac{d}{\Delta t} = \frac{3{,}5}{0{,}20} = 17{,}5$ m·s^{-1}.

La longueur de la flèche du vecteur vitesse $\vec{v}_{14}$ sera donc de 17,5/20 de la longueur de l'échelle représentée : soit $\left(\frac{17{,}5}{20}\right) \times 2{,}5$ cm $= 2{,}2$ cm.

Les vecteurs vitesses moyennes $\vec{v}_8$ et $\vec{v}_{14}$ sont tracés sur la figure, page suivante.

f. La vitesse $v_{14} = 17{,}5$ m·s^{-1} = $17{,}5 \times 3\,600 = 63\,000$ m·h^{-1} = 63 km·h^{-1}.

g. On peut distinguer 4 phases pour le mouvement du chariot.

• Entre M_0 et M_2, le mouvement est rectiligne et uniforme car la trajectoire est droite et la vitesse est constante ; le vecteur vitesse est donc constant, il conserve la même direction et la même norme (même valeur).

• Entre M_2 et M_7, le mouvement est circulaire et ralenti car la trajectoire est un cercle et la vitesse diminue ; le vecteur vitesse change de direction, il est dévié vers le centre de la trajectoire et sa norme diminue (la valeur de la vitesse diminue).

- Entre M_7 et M_{12}, le mouvement est circulaire et accéléré car la vitesse augmente ; le vecteur vitesse est dévié vers le centre de la trajectoire et sa norme augmente.
- Entre M_{12} et M_{15}, le mouvement est rectiligne et uniforme ; le vecteur vitesse est sensiblement constant, même direction, même sens et même valeur.

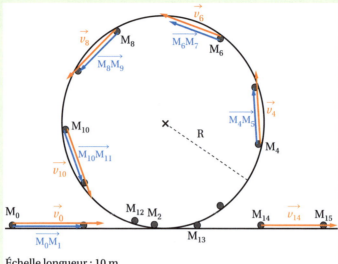

Échelle longueur : 10 m

Échelle vitesse : 20 m.s^{-1}

MOUVEMENT ET INTERACTIONS

Modéliser une action par une force

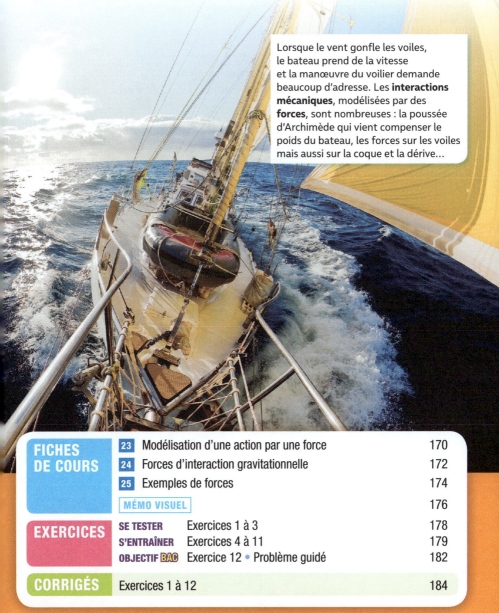

Lorsque le vent gonfle les voiles, le bateau prend de la vitesse et la manœuvre du voilier demande beaucoup d'adresse. Les **interactions mécaniques**, modélisées par des **forces**, sont nombreuses : la poussée d'Archimède qui vient compenser le poids du bateau, les forces sur les voiles mais aussi sur la coque et la dérive...

FICHES DE COURS			
	23	Modélisation d'une action par une force	170
	24	Forces d'interaction gravitationnelle	172
	25	Exemples de forces	174
	MÉMO VISUEL		176

EXERCICES			
	SE TESTER	Exercices 1 à 3	178
	S'ENTRAÎNER	Exercices 4 à 11	179
	OBJECTIF BAC	Exercice 12 • Problème guidé	182

CORRIGÉS	Exercices 1 à 12	184

23 Modélisation d'une action par une force

En bref *Pour comprendre le mouvement d'un système, il faut prendre en compte les actions mécaniques qui s'exercent sur lui. Chaque action exercée sur un système peut être modélisée par une force.*

I Représenter une force

■ Lorsque deux systèmes sont en interaction, ils exercent l'un sur l'autre des **actions mécaniques** modélisées par des forces.

Exemple : Les personnages A et B exercent une force l'un sur l'autre par l'intermédiaire de la corde.

■ Une **force** est caractérisée par : sa direction, son sens et sa valeur (ou intensité) exprimée en newtons (N). L'endroit où la force s'exerce, est appelé point d'application.

■ Les caractéristiques d'une force sont celles d'un **vecteur**. On schématise une force par un segment fléché appelé vecteur force dont :
– la direction est celle de la force ;
– le sens est celui de la force ;
– la longueur est proportionnelle à l'intensité de la force ;
– l'origine est placée au point d'application de la force.

Exemple : La force exercée par A sur B est représentée par le vecteur force $\vec{F}_{A/B}$ et son intensité est égale à $F_{A/B} = 200$ N car la longueur de la flèche est le double du segment choisi pour représenter 100 N.

> **À NOTER**
> Le choix d'une échelle doit permettre une représentation simple : la valeur de la force correspondant à la norme du vecteur force.

II Principe des actions réciproques

Lorsque deux systèmes sont en interaction, ils exercent toujours l'un sur l'autre des **forces opposées**. Ainsi, tout corps A exerçant une force sur un corps B subit une force exercée par B, d'intensité égale, de même direction mais de sens opposé :

$$\vec{F}_{B/A} = -\vec{F}_{A/B}$$

COURS & MÉTHODES

Méthodes

1 | Distinguer actions à distance et actions de contact

Quelles sont les forces subies par la balle de ping-pong pendant un échange ? Distinguer, parmi les actions exercées sur la balle, celles qui sont des forces de contact et celles qui s'exercent à distance.

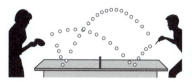

 CONSEILS

On distingue deux types d'actions mécaniques suivant qu'elles s'exercent avec ou sans contact entre les systèmes en interaction. Pour trouver les forces qui interviennent, listez les autres systèmes en interaction avec la balle.

SOLUTION

La balle est frappée par les raquettes, rebondit sur la table, est freinée par l'air et est déviée vers le bas. Elle est donc soumise aux moments des contacts, à la force des raquettes ou de la table et pendant tout son mouvement, elle est freinée par l'air et attirée par La Terre. Les forces exercées par les raquettes, la table ou l'air sont des forces de contact. L'attraction de la Terre se fait à distance : c'est le poids →FICHE 25.

2 | Réaliser un diagramme objet-interactions (DOI)

a. Proposer le diagramme objet-interactions, noté DOI, permettant de faire l'inventaire des forces s'exerçant sur un perchiste pendant le saut.

b. En déduire les trois forces s'exerçant sur le perchiste au même moment.

 CONSEILS

Pour faire l'inventaire des forces s'appliquant sur le système, identifiez tous les « autres objets » qui interagissent avec lui. Représentez les objets en interaction dans des bulles et les interactions par une double flèche entre les bulles.

SOLUTION

a. Si le système étudié est le perchiste, alors les « objets » qui agissent sur lui sont la Terre, l'air et la perche.

b. Le perchiste est donc soumis à l'attraction terrestre (ou poids →FICHE 25), l'action de la perche et l'action de l'air.

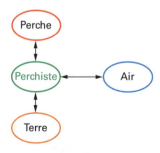

Modéliser une action par une force **171**

24 Forces d'interaction gravitationnelle

En bref La gravitation universelle a été découverte par Newton au XVIIe siècle. Le mouvement de la Lune autour de la Terre est la manifestation d'une action à distance appelée interaction gravitationnelle.

I Intensité des forces gravitationnelles

■ Deux corps A et B s'attirent en exerçant l'un sur l'autre des forces d'interaction gravitationnelle.

■ D'après le principe des actions réciproques, la force exercée par A sur B est opposée à la force exercée par B sur A : $\vec{F}_{B/A} = -\vec{F}_{A/B}$.

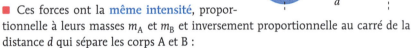

■ Ces forces ont la même intensité, proportionnelle à leurs masses m_A et m_B et inversement proportionnelle au carré de la distance d qui sépare les corps A et B :

$$F_{A/B} = F_{B/A} = G \times \frac{m_A \times m_B}{d^2}$$

$F_{A/B}$ et $F_{B/A}$ en newtons (N)
m_A et m_B en kilogrammes (kg)
d en mètres (m)

G est la constante de gravitation universelle : $G = 6{,}67 \times 10^{-11} \, \text{N} \cdot \text{m}^2 \cdot \text{kg}^{-2}$.

 À NOTER
Cette expression n'est valable que pour des objets « ponctuels » (dont la taille est petite devant la distance qui les sépare) ou des objets sphériques à répartition homogène de masse (c'est le cas des astres par exemple). G est une grandeur « universelle » car elle est constante dans tout l'Univers.

II Expression vectorielle des forces gravitationnelles

Exemple :

■ En choisissant un vecteur unitaire $\vec{u}$ dirigé de la Terre vers la Lune, on peut exprimer la force exercée sur la Terre vectoriellement : $\vec{F}_{L/T} = G \times \frac{m_T \times m_L}{d^2} \vec{u}$.

■ La force exercée sur la Lune étant dans l'autre sens : $\vec{F}_{T/L} = -G \times \frac{m_T \times m_L}{d^2} \vec{u}$.

 À NOTER
Cette expression est généralisable à toute interaction gravitationnelle entre deux corps A et B

COURS & MÉTHODES

Méthode

Calculer l'intensité des forces d'interaction gravitationnelle

a. Calculer la valeur de la force exercée par la Terre sur la Lune. La comparer à la valeur de la force exercée par la Lune sur la Terre.

b. Calculer la valeur de la force exercée par la Terre sur une pomme de masse 70 g proche du sol.

c. Que peut-on dire de la force d'attraction gravitationnelle entre deux pommes de 70 g séparées de 50 cm ?

Données : • $M_{Terre} = 5{,}98 \times 10^{24}$ kg et $M_{Lune} = 7{,}35 \times 10^{22}$ kg ;
• distance Terre-Lune : $d_{T/L} = 3{,}84 \times 10^8$ m ;
• rayon de la Terre : $R_T = 6\,380$ km.

CONSEILS

a. Utilisez la formule donnant l'intensité des forces d'interaction gravitationnelles sans oublier le carré de la distance au dénominateur de l'expression.
b. La distance d à prendre en compte est celle qui sépare les centres des objets : recherchez la donnée correspondante en faisant attention aux unités.
c. Attention aux unités : les masses sont en kg et les distances en m.

SOLUTION

a. D'après la loi de la gravitation universelle :
$$F_{T/L} = G \times \frac{m_T \times m_L}{d_{T/L}^2} = 6{,}67 \times 10^{-11} \times \frac{5{,}98 \times 10^{24} \times 7{,}35 \times 10^{22}}{(3{,}84 \times 10^8)^2} = 1{,}99 \times 10^{20} \text{ N}.$$

La force exercée par la Lune sur la Terre a la même valeur que la force exercée par la Terre sur la Lune : $F_{L/T} = F_{T/L} = 1{,}99 \times 10^{20}$ N.

b. La distance à prendre en compte pour le calcul est le rayon terrestre R_T et il doit être exprimé en mètres : $6\,380$ km $= 6\,380\,000$ m $= 6{,}38 \times 10^6$ m.

$$F_{T/P} = G \times \frac{m_T \times m_P}{d_{T/P}^2} = 6{,}67 \times 10^{-11} \times \frac{5{,}98 \times 10^{24} \times 70 \times 10^{-3}}{(6{,}38 \times 10^6)^2} = 0{,}69 \text{ N}.$$

c. Entre deux pommes séparées de 50 cm $= 0{,}50$ m (distance exprimée en m) ayant une masse de 70 g $= 70 \times 10^{-3}$ kg (masse exprimée en kg)

$$F_{P/P} = G \times \frac{m_P \times m_P}{d_{P/P}^2} = 6{,}67 \times 10^{-11} \times \frac{70 \times 10^{-3} \times 70 \times 10^{-3}}{(0{,}50)^2} = 1{,}3 \times 10^{-12} \text{ N}.$$

Cette force est extrêmement petite comparée à $F_{T/P}$.

À NOTER

Les forces gravitationnelles se manifestent surtout lorsqu'un au moins des deux corps est massif (astre par exemple).

Modéliser une action par une force

25 Exemples de forces

En bref *Parmi les forces les plus fréquentes rencontrées à l'étude des systèmes figurent le poids et la force exercée par un support ou par un fil. Elles ont chacune des caractéristiques propres.*

I Poids

■ Au voisinage de la Terre, tout objet de masse m est soumis à une action mécanique modélisée par une force appelée **poids** et notée $\vec{P}$.

■ Ce poids s'applique au centre de gravité de l'objet, suivant la **verticale et vers le bas**. Sa valeur, notée P, est proportionnelle à la masse de l'objet :

$P = m \times g$ | P en N ; m en kg ; g en N·kg^{-1}
g intensité de la pesanteur terrestre.

■ Le poids $\vec{P}$ d'un objet résulte de **l'attraction de la Terre**. Il peut être assimilé à la force gravitationnelle $\vec{F}_{T/O}$ exercée par la Terre sur cet objet.

Si $\vec{P} = \vec{F}_{T/O} = -G \times \dfrac{M_T \times m}{d^2} \vec{u}$, alors $mg = G \times \dfrac{m \times M_T}{d^2}$ et $g = G \times \dfrac{M_T}{d^2}$.

Sur Terre : $d = R_T = 6\,380$ km $= 6{,}38 \times 10^6$ m et $M_T = 5{,}98 \times 10^{24}$ kg.

D'où $g = 6{,}67 \times 10^{-11} \times \dfrac{5{,}98 \times 10^{24}}{(6{,}38 \times 10^6)^2} = 9{,}80$ N·kg^{-1}.

II Force exercée par un support ou par un fil

■ Lorsqu'un objet est immobile, posé sur un support ou suspendu par un fil, il exerce sur le support ou le fil une force verticale et vers le bas, liée à son poids $\vec{P}$. D'après le principe des **actions réciproques**, le support exerce sur l'objet une force opposée $\vec{R}$ et le fil exerce une force opposée $\vec{F}$.

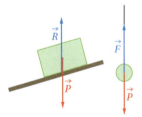

■ Dans ce cas, les forces exercées sont souvent **verticales et vers le haut**.

> **À NOTER**
> Les forces décrites ci-dessus peuvent être déterminées en utilisant le principe d'inertie → FICHE 26.

COURS & MÉTHODES

Méthode

Calculer le poids en différents endroits

a. Déterminer la valeur du poids d'un astronaute A, de 75,3 kg, lorsqu'il se trouve à Paris puis à l'équateur.

b. Quelle est l'intensité de la force gravitationnelle exercée sur lui par la Terre dans une station spatiale à 400 km d'altitude ?

c. En assimilant l'attraction gravitationnelle avec le poids, déterminer la valeur de la pesanteur g dans la station. L'intensité de pesanteur dépend-elle de l'altitude ?

d. Le même astronaute se trouve sur la Lune. Comparer son poids sur la Lune à celui sur la Terre. Expliquer la différence observée.

Données :
- $g_{Paris} = 9{,}81$ N·kg^{-1} ; $g_{équateur} = 9{,}79$ N·kg^{-1} ; $g_{Lune} = 1{,}62$ N·kg^{-1} ;
- masse de la Terre : $M_T = 5{,}98 \times 10^{24}$ kg ;
- rayon de la Terre : $R_T = 6\,380$ km.

CONSEILS

a. Utilisez l'expression mathématique reliant le poids d'un objet à sa masse.
b. Utilisez l'expression de la force d'interaction gravitationnelle → FICHE 24.
c. Utilisez la relation $F_{T/A} = P = mg$ en faisant attention aux unités.
d. Calculez le quotient $\dfrac{P_{Terre}}{P_{Lune}}$ et comparez les masses des astres.

SOLUTION

a. $P_{Paris} = m \times g_{Paris} = 75{,}3 \times 9{,}81 = 739$ N.
$P_{équateur} = m \times g_{équateur} = 75{,}3 \times 9{,}79 = 737$ N.

b. À 400 km d'altitude, la distance au centre de la Terre est :
$6\,380 + 400 = 6\,780$ km.
$F_{T/A} = G \times \dfrac{m \times M_T}{d^2} = 6{,}67 \times 10^{-11} \times \dfrac{5{,}98 \times 10^{24} \times 75{,}3}{(6{,}78 \times 10^6)^2} = 653$ N.

c. Soit g_S l'intensité de pesanteur dans la station.
$F_{T/A} = P = m \times g$, donc $g_S = \dfrac{F_{T/A}}{m} = \dfrac{653}{75{,}3} = 8{,}67$ N·kg^{-1}.
La valeur de la pesanteur diminue lorsque l'altitude augmente

d. Poids de l'astronaute sur la Lune : $P_{Lune} = m \times g_{Lune} = 75{,}3 \times 1{,}62 = 122$ N.
Ainsi $\dfrac{P_{Terre}}{P_{Lune}} = \dfrac{739}{122} = 6{,}06 \approx 6$. Le poids sur la Terre est donc environ 6 fois plus grand que sur la Lune. Ceci est dû à la différence de masse : la Lune moins massive attire moins les objets que la Terre.

Modéliser une action par une force

MÉMO VISUEL

Diagramme objet-interactions (DOI)

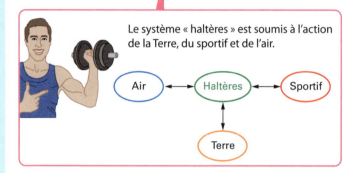

Le système « haltères » est soumis à l'action de la Terre, du sportif et de l'air.

ACTIONS ET

Caractéristiques et représentation d'une force

- Force exercée par le sportif sur les haltères :
  - **direction** : verticale ;
  - **sens** : vers le haut ;
  - **intensité** : 100 N.
- Vecteur $\vec{F}_{S/H}$ représentant cette force :
  - **direction** : verticale ;
  - **sens** : vers le haut ;
  - **longueur** proportionnelle à l'intensité de la force (en fonction de l'échelle choisie).

FORCES

Principe des actions réciproques

Deux systèmes en interaction exercent l'un sur l'autre des **forces opposées**.

Exemple : Si le sportif exerce une force sur les haltères (verticale et vers le haut), alors les haltères exercent aussi une force sur le sportif (verticale et vers le bas).

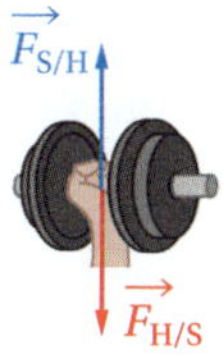

Deux types de forces

- **Actions de contact** : forces qui s'exercent grâce au contact entre deux systèmes.

Exemple : Force exercée par le sportif sur les haltères

- **Actions à distance** : forces qui s'exercent entre deux systèmes sans contact entre eux.

Exemple : Force d'interaction gravitationnelle

Force d'interaction gravitationnelle et poids

- **Force gravitationnelle** :

$$F_{A/B} = F_{B/A} = G \times \frac{m_A \times m_B}{d^2}$$

avec G est la constante de gravitation universelle : $G = 6{,}67 \times 10^{-11}\ N \cdot m^2 \cdot kg^{-2}$

- **Poids** :

$$P = m \times g$$

avec g est l'intensité de la pesanteur : $g = 9{,}8\ N \cdot kg^{-1}$ à la surface de la Terre

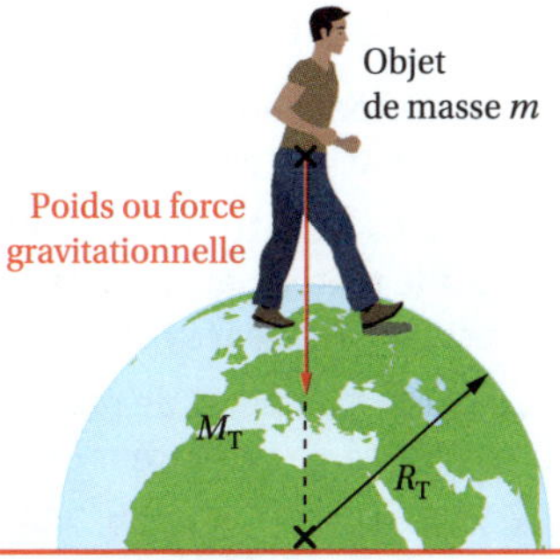

▶ SE TESTER QUIZ

Vérifiez que vous avez bien compris les points clés des **fiches 23 à 25**.

1 Modélisation d'une action par une force → FICHE 23

1. Une action mécanique est modélisée par une force :

- a. qui s'exerce toujours à distance
- b. dont la valeur s'exprime en newtons
- c. représentée par un vecteur perpendiculaire à la force

2. Les forces d'interactions entre deux systèmes qui agissent l'un sur l'autre sont :

- a. de même direction
- b. de même sens
- c. de même intensité

3. La force exercée par l'air sur un système est :

- a. une force de contact
- b. toujours négligeable
- c. horizontale

2 Forces d'interaction gravitationnelle → FICHE 24

1. La force d'interaction gravitationnelle entre deux systèmes :

- a. s'exerce à distance
- b. est proportionnelle aux masses des systèmes qui s'attirent
- c. est indépendante de la distance qui les sépare

2. Parmi ces schémas, lequel représente les forces d'interaction gravitationnelle qui s'exercent entre deux corps A et B ?

- a. $\vec{F}_{B/A}$ $\vec{F}_{A/B}$ A ← → B
- b. $\vec{F}_{B/A}$ ← A   B → $\vec{F}_{A/B}$
- c. $\vec{F}_{B/A}$ $\vec{F}_{A/B}$ A → ← B

3 Exemple de force : le poids → FICHE 25

1. Tout système au voisinage de la Terre est soumis à une force verticale et vers le bas appelée « poids du système ». Son poids :

- a. résulte de l'attraction gravitationnelle de la Terre
- b. est le même partout à la surface de la Terre
- c. est le même sur la Lune

2. Le poids d'un objet de masse 77,3 kg, placé à l'équateur terrestre, où l'intensité de pesanteur est $g_{\text{équateur}} = 9{,}79\ \text{N}\cdot\text{kg}^{-1}$, a pour valeur :

- a. 757 kg
- b. 756,767 kg·N^{-1}
- c. 757 N

S'ENTRAÎNER

4 Modéliser les actions par des forces → FICHE 23

En choisissant comme système la judoka immobilisée sur le sol, faire l'inventaire de toutes les forces exercées sur elle en s'aidant d'un diagramme objet-interactions.

5 Représenter des forces → FICHE 23

Une bille, soumise à son poids de 37 N et suspendue par un fil, est attirée par un aimant. L'attraction de l'aimant est horizontale et vaut 10 N et la force exercée par le fil est dirigée suivant le fil et vaut 40 N.

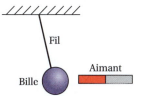

a. Préciser pour chaque force si elle correspond à une action de contact ou à une action à distance.

b. Représenter les 3 forces sur le schéma en précisant l'échelle choisie.

6 Reconnaître des forces → FICHE 23

La chronophotographie ci-dessous représente un échange au football entre deux joueurs J_1 et J_2. Les flèches représentent les forces qui s'exercent à 3 moments différents. On néglige l'action de l'air.

a. Quel est le système considéré ?

b. Nommer les forces en précisant ce qui les exerce et leur valeur.

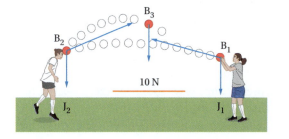

> **CONSEILS**
> **b.** Pour les valeurs ou intensités des forces, il faut tenir compte de l'échelle donnée.

Modéliser une action par une force

7 Calculer une force d'interaction gravitationnelle → FICHE 24

La valeur de la force gravitationnelle exercée par le Soleil sur la Terre s'exprime par la relation : $F_{S/T} = G \times \dfrac{M_S \times M_T}{d^2}$.

a. Les masses du Soleil et de la Terre sont notées respectivement M_S et M_T. Quelles sont les grandeurs représentées par G et d ?

b. La valeur de G est : $G = 6{,}67 \times 10^{-11}$ N·m²·kg⁻².
Préciser les unités de d, M_T et M_L.

c. Calculer la valeur de la force de gravitation du Soleil sur la Terre.

d. Quelle est la valeur de la force gravitationnelle exercée par la Terre sur le Soleil ?

e. Représenter sur le schéma ci-contre, les forces d'interaction gravitationnelle $\vec{F}_{S/T}$ et $\vec{F}_{T/S}$ sans souci d'échelle mais en respectant leurs caractéristiques.

Données :
- $M_S = 1{,}99 \times 10^{30}$ kg ; $M_T = 5{,}98 \times 10^{24}$ kg ;
- $d = 1{,}50 \times 10^8$ km.

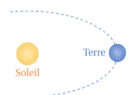

8 Mouvement elliptique d'un satellite → FICHE 24

Dans le référentiel géocentrique, un satellite de masse m décrit une orbite elliptique autour de la Terre. On appelle « périgée » le point de l'orbite le plus proche du centre O de la Terre et « apogée » le point le plus éloigné.

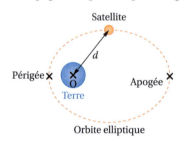

Orbite elliptique

a. Que signifie « mouvement du satellite dans le référentiel géocentrique » ?

b. Pourquoi la force gravitationnelle terrestre exercée sur le satellite varie-t-elle au cours d'une révolution ?

c. En quel point de l'orbite, la valeur de la force gravitationnelle est-elle maximale ? En quel point est-elle minimale ? Justifier.

d. Sur la figure, schématiser la force gravitationnelle exercée par la Terre sur le satellite au passage à l'apogée, puis au périgée.

e. Pour quel type d'orbite la valeur de la force gravitationnelle terrestre exercée sur un satellite est-elle invariable ?

9 Station spatiale internationale

→ FICHE 24

La station spatiale internationale ou ISS (*International Space Station*) est une station spatiale placée en orbite terrestre basse (altitude inférieure à 2 000 km) occupée en permanence par un équipage international qui se consacre à la recherche scientifique. Elle décrit, en 92,7 minutes, une orbite elliptique dont l'altitude notée h est comprise entre h_{min} = 361 km et h_{max} = 437 km.

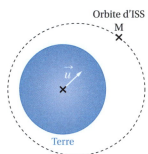

a. Recopier puis compléter le schéma en y faisant figurer : le rayon R_T de la Terre, l'altitude h du satellite lors de son passage en M (point quelconque de l'orbite), les altitudes h_{min} et h_{max}. Attention, le schéma n'est pas à l'échelle.

b. Exprimer la distance d séparant le centre de la Terre au point M, en fonction de R_T et de h.

c. Écrire l'expression littérale et vectorielle de la force gravitationnelle $\vec{F}_{T/S}$ exercée par la Terre sur la station spatiale de masse m_{ISS} lorsqu'elle se trouve au point M, à une altitude h, en fonction du vecteur unitaire $\vec{u}$.

d. Entre quelle valeur minimale et quelle valeur maximale évolue cette force lors d'une révolution ?

e. Combien de tours de la Terre ce satellite effectue-t-il chaque jour ?

Données :
- rayon de la Terre : R_T = 6 370 km ;
- masse de la Terre : M_T = 5,98 × 10^{24} kg ; masse de la station : m_{ISS} = 420 t.

> **CONSEILS**
> **d.** Faites le calcul de la valeur avec chaque altitude : maximale et minimale, et pensez aux unités.

10 Masse et poids sur Terre et sur la Lune

→ FICHE 25

Le module lunaire ou LEM (*Lunar Excursion Module*) est un véhicule spatial utilisé lors des missions américaines Apollo pour débarquer des hommes sur la Lune. Sa masse est de 2,5 tonnes, mais son poids n'est pas le même partout.

a. Définir ce que le physicien appelle « le poids du LEM ».

b. Calculer la valeur de ce poids sur Terre, à l'altitude zéro, en sachant que l'intensité de la pesanteur vaut g = 9,8 N·kg^{-1}.

c. Quand l'objet se pose sur la Lune où l'attraction gravitationnelle est 6 fois plus faible qu'à la surface de la Terre, quelle est sa masse ? Quel est son poids ? Expliquer.

d. En déduire la valeur de l'intensité de la pesanteur sur la Lune.

11 La pesanteur à la surface de la Terre → FICHE 25

a. L'expression du poids d'un corps de masse m à la surface d'une planète de rayon R et de masse M est : $P = G \times \dfrac{M \times m}{R^2}$. En déduire l'expression de l'intensité de la pesanteur à la surface de cette planète.

b. Le globe terrestre n'est pas une sphère parfaite, il est légèrement aplati aux pôles. Expliquer pourquoi l'intensité de la pesanteur g_T à la surface de la Terre dépend de la latitude λ du lieu considéré ? Indiquer si la pesanteur est plus forte à l'équateur ou aux pôles.

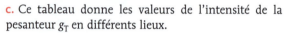

c. Ce tableau donne les valeurs de l'intensité de la pesanteur g_T en différents lieux.

Lieu	Nairobi (Kenya)	Paris	Helsinki (Finlande)
g_T (N·kg^{-1})	9,78	9,81	9,83

Est-ce cohérent avec la réponse précédente ? Expliquer.

d. Déterminer la valeur du rayon R_M de Mercure où la pesanteur mercurienne est g_M = 3,31 N·kg^{-1}. Comparer au rayon terrestre.

Données :
- rayon de la Terre : $R_T = 6{,}37 \times 10^6$ m ;
- masse de Mercure : $M_M = 3{,}28 \times 10^{23}$ kg ;
- constante de gravitation universelle : $G = 6{,}67 \times 10^{-11}$ N·m^2·kg^{-2}.

▶ OBJECTIF BAC

 La sonde InSight
60 min

> Ce problème permet de revenir sur les forces mises en jeu à différents moments du déplacement de la sonde InSight vers Mars.

LE PROBLÈME

La sonde InSight a été lancée depuis la Terre à l'aide d'une fusée Atlas. Le décollage a eu lieu le 5 mai 2018. Grâce à plusieurs instruments de mesure, la sonde qui s'est posée sur le sol martien devrait permettre une meilleure connaissance de la structure interne de la planète.

Données :
- masse de la fusée Atlas au décollage (lanceur, carburant et sonde) : 370 t ;
- masse de la sonde InSight : 694 kg ;
- pesanteur terrestre : 9,81 N·kg^{-1} ;
- pesanteur martienne : 3,71 N·kg^{-1}.

1. Avant le décollage, la fusée est immobile sur la plateforme de lancement.

a. Quelles sont les deux principales forces qui s'exercent sur elle ?

b. En admettant que ces forces se compensent →FICHE 27, calculer leur valeur et les représenter sur le schéma de la fusée sans souci d'échelle.

2. Le décollage est obtenu grâce à la force exercée par les gaz produits par la combustion dans les moteurs et expulsés vers le bas.

a. Quelles sont les deux principales forces qui s'exercent sur la fusée juste après le décollage ?

b. Indiquer leur direction, leur sens et comparer leurs intensités.

3. Lors de son transit vers Mars, la sonde spatiale effectue moins d'une demi-orbite autour du Soleil. Le trajet qui dure 205 jours, lui fait parcourir 485 millions de kilomètres, alors que Mars se trouve à 121 millions de kilomètres de distance au moment du lancement. Le 25 juillet, la sonde S se trouve entre la Terre et Mars qui sont alors en positions T_2 et M_2, alignées avec le Soleil. À cette date, la sonde se trouve à 170 millions de kilomètres du Soleil.

La trajectoire de la sonde S est représentée sur le schéma ci-dessous.

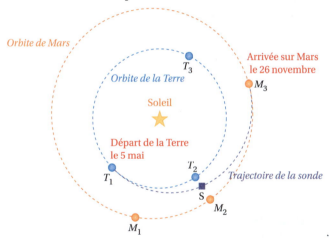

Données :
- distance Soleil-Terre : 150 Mkm ; distance Soleil-Mars : 228 Mkm ;
- masses : $M_{Soleil} = 1,99 \cdot 10^{30}$ kg ; $M_{Terre} = 5,97 \cdot 10^{24}$ kg ; $M_{Mars} = 6,39 \cdot 10^{23}$ kg.

a. Quel est le référentiel choisi pour représenter la trajectoire de la sonde ?

b. Calculer les distances de la sonde à la Terre et à Mars le 25 juillet.

c. Représenter les forces gravitationnelles exercées par le Soleil, la Terre et Mars le 25 juillet, sur le schéma ci-dessous (sans souci d'échelle).

Soleil   Terre : T_2 Satellite : S Mars : M_2

d. Déterminer les valeurs de ces trois forces gravitationnelles, puis les comparer.

4. La sonde s'est posée sur le sol martien le 26 novembre 2018.
a. Quelle est la valeur de la masse de la sonde sur Mars.
b. Comparer son poids sur Mars avec son poids sur Terre.

▶▶▶ LA FEUILLE DE ROUTE

1. Modéliser des actions mécaniques par des forces → FICHES **24** et **25**
a. La fusée est soumise à l'action de la Terre et du sol : quelles sont leurs actions ?
b. Calculez d'abord la valeur du poids en faisant attention aux unités, puis utilisez le fait que les forces se compensent pour les représenter.

2. Identifier les actions mécaniques et donner les caractéristiques des forces
a. Quels sont les deux systèmes agissant sur la fusée pendant le décollage ?
b. Les forces se compensent-elles pendant le décollage ? Laquelle est plus grande ?

3. Déterminer des forces d'interaction gravitationnelles → FICHE **24**
a. Quel est l'objet immobile sur le schéma, choisi comme référence ?
b. Utilisez les données pour déterminer ces distances.
c. Attention : les forces gravitationnelles sont toujours attractives.
d. Utilisez l'expression de la force gravitationnelle.

4. Distinguer les notions de masse et de poids → FICHE **25**
a. La masse dépend-elle du lieu ?
b. Comparez les pesanteurs martienne et terrestre pour conclure.

CORRIGÉS

▶ SE TESTER QUIZ

1 Modélisation d'une action par une force

1. Réponse b. L'affirmation **a** est fausse car il existe aussi des forces de contact. L'affirmation **c** est fausse car le vecteur est colinéaire et de même sens que la force associée.

2. Réponses a et c. L'affirmation **b** est fausse car les sens sont opposés.

3. Réponse a. L'affirmation **b** est fausse car cela dépend de la situation. L'affirmation **c** est fausse car la force peut avoir une autre direction.

2 Forces d'interaction gravitationnelle

1. Réponses a et b. L'affirmation **b** est vraie car l'expression de la force montre que les masses apparaissent au numérateur, la force est doublée si une masse est deux fois plus grande.
L'affirmation **c** est fausse car la force est inversement proportionnelle au carré de la distance qui sépare les deux corps ; ainsi, s'ils sont 2 fois plus loin, alors la force est 4 fois plus petite ($4 = 2^2$).

2. Réponse a. L'affirmation **b** est fausse car les forces sont attractives et non répulsives. L'affirmation **c** est fausse car les forces ont même valeur : les vecteurs ont donc même norme et les flèches qui les représentent doivent avoir même longueur.

3 Exemple de force : le poids

1. Réponse a. L'affirmation **b** est fausse car le poids varie sensiblement suivant la distance au centre de la Terre : il est plus faible à l'équateur qu'aux pôles car la Terre est légèrement aplatie et il diminue avec l'altitude car on s'éloigne du centre. L'affirmation **c** est fausse car la Lune attire moins les objets à sa surface que la Terre : la pesanteur y est donc moindre que sur Terre.

2. Réponse c. Le poids d'un objet de masse m est :
$P = m \times g = 77,3 \times 9,79 = 756,767$ N.
L'affirmation **a** est fausse car le poids ne s'exprime pas en kg contrairement à la masse.
L'affirmation **b** est fausse car le nombre de chiffres significatifs est trop grand et l'unité est mauvaise.
L'affirmation **c** est vraie car les données possèdent 3 chiffres significatifs, le résultat doit donc être exprimé avec 3 chiffres seulement : $756,767 = 757$ en arrondissant.

▶ S'ENTRAÎNER

4 Modéliser les actions par des forces

La judoka en blanc, immobilisée sur le sol, est en interaction avec 4 autres systèmes : la judoka en bleu, le sol, la Terre et l'air. On peut donc dire qu'elle est soumise à 4 forces de la part de ces systèmes. La judoka en bleu qui la pousse (force de contact vers le bas), le sol qui la supporte (force vers le haut), la Terre qui l'attire (force gravitationnelle à distance, verticale et vers le bas) et l'air (force de contact très faible par rapport aux autres et négligeable ici).

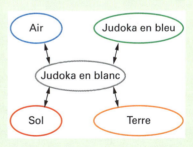

5 Représenter des forces

a. Seul le fil est en contact avec la bille, la force qu'il exerce sur la bille est donc une force de contact. Les forces exercées par la Terre (le poids de la bille) et par l'aimant (force attractive) sont des actions à distance.

b. La force exercée par le fil $\vec{F}_{f/B}$ est dirigée suivant le fil et vers le haut. L'aimant attire la bille vers la droite sur le schéma, force $\vec{F}_{A/B}$, et le poids (force exercée par la Terre) est vertical et vers le bas : $\vec{F}_{T/B}$.
En choisissant l'échelle représentée sur le schéma : 1 cm pour 10 N, les flèches sont de longueur 3,7 cm pour 37 N (poids), 1 cm pour 10 N (action de l'aimant) et 4 cm pour 40 N (action du fil).

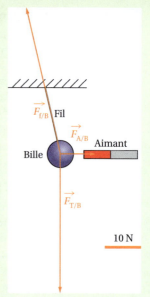

 CONSEILS
b. Choisissez une échelle simple : elle dépend de la taille du dessin.

6 Reconnaître des forces

a. Le système choisi est celui sur lequel les forces ont été représentées : le ballon noté B. Les forces ont été représentées en 3 positions notées B_1, B_2 et B_3.
b. Le ballon est toujours soumis à l'attraction gravitationnelle de la Terre : son poids noté $\vec{P}$, dont la valeur est constante et proche de 5 N en tenant compte de l'échelle donnée (moitié de 10 N).
En B_1, il est soumis à son poids et à la force du joueur J_1 qui lance le ballon : $F_1 = 10$ N. En B_2, il est soumis à son poids et à la force du joueur J_2 qui fait une tête : $F_2 = 10$ N. En B_3, seul le poids agit sur le ballon : $P = 5$ N.

7 Calculer une force d'interaction gravitationnelle

a. G est la constante de gravitation universelle et d est la distance séparant le centre du Soleil du centre de la Terre.
b. G est en $N \cdot m^2 \cdot kg^{-2}$, donc la distance d doit être exprimée en mètres et les masses M_S et M_T doivent être exprimées en kilogrammes.
c. Pour calculer la valeur de la force gravitationnelle exercée par le Soleil sur la Terre, il faut appliquer la relation donnant la valeur de la force gravitationnelle, sans oublier d'exprimer la distance d en mètres : $d = 1,50 \times 10^8$ km $= 1,5 \times 10^{11}$ m

$$F_{S/T} = G \times \frac{M_S \times M_T}{d^2} = 6,67 \times 10^{-11} \times \frac{(1,99 \times 10^{30}) \times (5,98 \times 10^{24})}{(1,50 \times 10^{11})^2} = 3,53 \times 10^{22} \text{ N}.$$

 À NOTER
c. Le résultat est exprimé avec trois chiffres significatifs comme les données qui sont fournies → FICHE 39.

d. D'après le principe des actions réciproques, la force gravitationnelle $F_{T/S}$ exercée par la Terre sur le Soleil est de même valeur que la force gravitationnelle du Soleil sur la Terre : $F_{T/S} = F_{S/T} = 3{,}53 \times 10^{22}$ N.

e. Les forces d'interaction gravitationnelles entre le Soleil et la Terre s'exercent au centre des astres. Elles sont dirigées vers l'astre attracteur et suivant le principe des actions réciproques, elles sont colinéaires, de sens opposés et de même valeur.

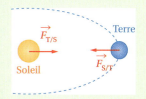

Sur le schéma ci-contre, les flèches respectent ces caractéristiques et sont de même longueur.

8 Mouvement elliptique d'un satellite

a. Le mouvement du satellite dans le référentiel géocentrique est décrit par rapport au centre de la Terre.

b. La valeur de la force gravitationnelle exercée par la Terre sur le satellite est inversement proportionnelle au carré de la distance d séparant le satellite du centre O de la Terre. Lorsque le satellite décrit son orbite elliptique autour de la Terre, la distance d évolue et par conséquent la force gravitationnelle varie aussi.

c. La valeur de la force gravitationnelle est maximale lorsque la distance d est minimale, c'est-à-dire au périgée. Au contraire, la valeur de la force est minimale lorsque la distance d est maximale donc à l'apogée.

d. La force gravitationnelle exercée par la Terre sur le satellite $\vec{F}_{T/S}$ est toujours dirigée vers le centre de la Terre. Elle est plus grande au périgée, donc représentée par une flèche plus longue sur le schéma ci-contre.

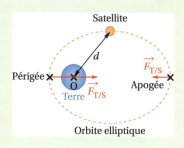

e. La valeur de force gravitationnelle terrestre exercée sur le satellite est invariable si la distance d est constante donc si l'orbite est circulaire.

9 Station spatiale internationale

a. R_T : rayon de la Terre, h : altitude du satellite lors de son passage en M, h_{min} et h_{max} : les altitudes minimale et maximale.

b. Le point M et le centre de la Terre sont séparés de : $d = R_T + h$.

c. La valeur de la force gravitationnelle exercée par la Terre sur la station ISS située en M s'exprime ainsi : $F = G \times \dfrac{m_{ISS} \times M_T}{d^2} = G \times \dfrac{m_{ISS} \times M_T}{(R_T + h)^2}$

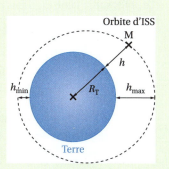

L'expression vectorielle de la force gravitationnelle $\vec{F}_{T/S}$ est donnée par : $\vec{F}_{T/S} = -G \times \dfrac{m_{ISS} \times M_T}{(R_T + h)^2} \vec{u}$.

$\vec{F}_{T/S}$ s'applique sur le satellite et est dirigée vers la Terre ; c'est le sens contraire de $\vec{u}$.

d. La valeur minimale de cette force correspond à l'altitude maximale du satellite :
$$F_{min} = G \times \frac{m_{ISS} \times M_T}{(R_T + h_{max})^2}$$
soit : $F_{min} = 6{,}67 \times 10^{-11} \times \frac{(420 \times 10^3) \times (5{,}98 \times 10^{24})}{(6370 \times 10^3 + 437 \times 10^3)^2} = 3{,}62 \times 10^6$ N.

CONSEIL
d. Pensez à exprimer les masses en kg et les distances en m :
1 km = 1 000 m = 10^3 m et 1 tonne vaut 1 000 kg, 1 t = 10^3 kg.

La valeur maximale correspond à l'altitude minimale :
$$F_{max} = G \times \frac{m_{ISS} \times M_T}{(R_T + h_{min})^2} \text{ soit :}$$

$F_{max} = 6{,}67 \times 10^{-11} \times \frac{(420 \times 10^3) \times (5{,}98 \times 10^{24})}{(6370 \times 10^3 + 361 \times 10^3)^2} = 3{,}70 \times 10^6$ N.

Au cours d'une révolution, la force gravitationnelle terrestre appliquée à ISS varie entre $3{,}62 \times 10^6$ N et $3{,}70 \times 10^6$ N.
e. La station spatiale internationale effectue une révolution en 90 min.
Une journée (soit 24 h) dure $24 \times 60 = 1\,440$ min.
Par conséquent ce satellite effectue $\frac{1\,440}{90} = 16$ tours de la Terre chaque jour.

10 Masse et poids sur Terre et sur la Lune
a. Le poids de l'objet est la force gravitationnelle (ou force d'attraction ou force de pesanteur) qu'il subit de la part de la Terre.
b. $P = m \times g$ donc : $P = 2{,}5 \times 10^3 \times 9{,}8 = 2{,}4 \times 10^4$ N.

À NOTER
Attention aux unités : 2,5 t = 2 500 kg = $2{,}5 \times 10^3$ kg, et au nombre de chiffres significatifs : 2 dans le résultat, comme dans les données → FICHE 39.

c. La masse de l'objet est une grandeur invariable donc sur la Lune ou sur Terre : $m = 2{,}5$ t = 2 500 kg.
Le poids sur la Lune est 6 fois plus petit que sur Terre :
$$P' = \frac{P}{6} = \frac{2{,}4 \times 10^4}{6} = 4{,}0 \times 10^3 \text{ N.}$$
Le poids est plus faible car l'attraction gravitationnelle est plus petite.
d. La pesanteur lunaire est 6 fois plus faible que la pesanteur terrestre, donc elle vaut : $g' = \frac{g}{6} = \frac{9{,}8}{6} = 1{,}6$ N·kg^{-1}.

11 La pesanteur à la surface de la Terre
a. Le poids du corps est le produit de sa masse m par l'intensité de la pesanteur : $P = m \times g$ donc $g = \frac{P}{m}$. L'expression du poids à la surface de la planète étant : $P = G \times \frac{M \times m}{R^2}$ alors on a : $g = G \times \frac{M}{R^2}$.

b. L'intensité de la pesanteur à la surface de la Terre est $g_T = G \times \dfrac{M_T}{R_T^2}$.

Si le globe terrestre était une sphère parfaite, l'intensité de la pesanteur serait la même en tout point de sa surface puisque R_T serait une constante.
Mais, puisque la Terre est aplatie au pôle, la distance R_T (séparant la surface de la Terre de son centre) dépend de la latitude λ. De même pour la pesanteur :
à l'équateur (latitude 0°), R_T est maximale donc g_T est minimale ;
au pôle nord (90° de latitude nord) et au pôle sud (90° de latitude sud) R_T est minimale donc g_T est maximale.

c. Le tableau de données est cohérent avec la réponse précédente puisque l'intensité de la pesanteur est croissante dans l'ordre : Nairobi-Paris-Helsinki, c'est-à-dire de la ville la plus proche de l'équateur à la plus éloignée.

d. Sur Mercure, l'intensité de la pesanteur s'exprime ainsi :
$g_M = G \times \dfrac{M_M}{R_M^2}$ donc $R_M^2 = G \times \dfrac{M_M}{g_M}$ soit $R_M = \sqrt{G \times \dfrac{M_M}{g_M}}$.

Application numérique : $R_M = \sqrt{6{,}67 \times 10^{-11} \times \dfrac{3{,}28 \times 10^{23}}{3{,}31}} = 2{,}57 \times 10^6$ m.

On compare avec le rayon de la Terre :
$\dfrac{\text{rayon de la Terre}}{\text{rayon de Mercure}} = \dfrac{R_T}{R_M} = \dfrac{6{,}37 \times 10^6}{2{,}57 \times 10^6} = 2{,}48$.
Le rayon de la planète Mercure est donc environ 2,5 fois plus petit que celui de la Terre.

▶ OBJECTIF BAC

12 La sonde InSight

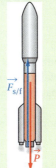
Avant le décollage

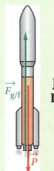
Juste après le décollage

1. a. Avant le décollage, la fusée est soumise à l'attraction de la Terre (son poids) et à l'action du sol qui la supporte.

b. Connaissant la masse de la fusée, on calcule son poids :
$P = m \times g = 370\,000 \times 9{,}81 = 3{,}63 \times 10^6$ N.
Comme les deux forces se compensent, elles ont même direction, même intensité mais elles sont de sens contraires : le poids est vers le bas et la force exercée par le sol $\vec{F}_{s/f}$ est vers le haut.

Modéliser une action par une force

2. a. Juste après le décollage, la fusée ne touche plus le sol. Elle est alors soumise à son poids et à la poussée des gaz.
b. Le poids est toujours vertical et vers le bas, mais la poussée des gaz est équivalente à une force $\vec{F}_{g/f}$ qui est verticale et vers le haut.
Cette force est supérieure au poids pour provoquer le décollage.

> **À NOTER**
> Le poids s'applique au centre de gravité de la fusée et la force du sol ainsi que la poussée des gaz s'exercent sur le bas de la fusée.

3. a. Le référentiel choisi est le référentiel héliocentrique : le mouvement est décrit dans un repère d'espace lié au Soleil.
b. Les distances sont calculées à partir des données :
$d_{\text{Terre/sonde}} = d_{\text{Soleil/sonde}} - d_{\text{Soleil/Terre}} = 170 - 150 = 20$ Mkm $= 2{,}0 \times 10^{10}$ m
$d_{\text{Mars/sonde}} = d_{\text{Soleil/Mars}} - d_{\text{Soleil/sonde}} = 228 - 170 = 58$ Mkm $= 5{,}8 \times 10^{10}$ m
c. Les forces sont représentées à partir de la sonde sur laquelle elles s'appliquent et sont dirigées vers les astres attracteurs : le Soleil, la Terre et Mars.

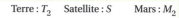
Soleil   Terre : T_2 Satellite : S Mars : M_2

d. Les valeurs des forces sont calculées à l'aide de l'expression de la force gravitationnelle :

$F_{\text{Terre/satellite}} = G \times \dfrac{M_T \times m}{d^2} = 6{,}67 \times 10^{-11} \times \dfrac{5{,}97 \times 10^{24} \times 694}{(2{,}0 \times 10^{10})^2} = 6{,}91 \times 10^{-4}$ N

$F_{\text{Soleil/satellite}} = G \times \dfrac{M_S \times m}{d^2} = 6{,}67 \times 10^{-11} \times \dfrac{1{,}99 \times 10^{30} \times 694}{(1{,}7 \times 10^{11})^2} = 3{,}19$ N

$F_{\text{Mars/satellite}} = G \times \dfrac{M_M \times m}{d^2} = 6{,}67 \times 10^{-11} \times \dfrac{6{,}39 \times 10^{23} \times 694}{(5{,}8 \times 10^{10})^2} = 8{,}79 \times 10^{-6}$ N.

On peut remarquer que la force du Soleil est très supérieure aux autres : même s'il est plus éloigné, le Soleil exerce une force plus grande du fait de sa masse.
4. a. La masse d'un objet est la mesure de sa quantité de matière, elle ne dépend pas du lieu et elle reste donc constante : $m_{\text{sonde}} = 694$ kg.
b. La pesanteur sur Mars étant plus faible que sur Terre, son poids est plus petit. Puisque $P = m \times g$, alors $\dfrac{P_{\text{Terre}}}{P_{\text{Mars}}} = \dfrac{g_{\text{Terre}}}{g_{\text{Mars}}} = \dfrac{9{,}81}{3{,}71} = 2{,}64$.
Le poids de la sonde sur Mars est donc 2,64 fois plus faible que sur Terre.

MOUVEMENT ET INTERACTIONS

Le principe d'inertie

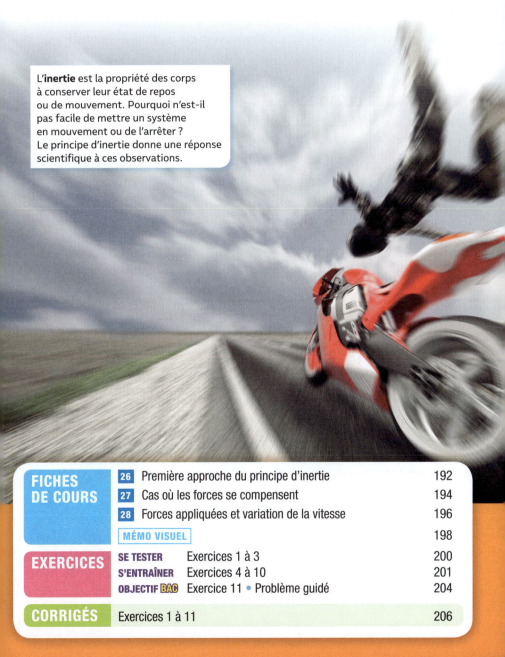

L'**inertie** est la propriété des corps à conserver leur état de repos ou de mouvement. Pourquoi n'est-il pas facile de mettre un système en mouvement ou de l'arrêter ? Le principe d'inertie donne une réponse scientifique à ces observations.

FICHES DE COURS			
	26	Première approche du principe d'inertie	192
	27	Cas où les forces se compensent	194
	28	Forces appliquées et variation de la vitesse	196
	MÉMO VISUEL		198

EXERCICES			
	SE TESTER	Exercices 1 à 3	200
	S'ENTRAÎNER	Exercices 4 à 10	201
	OBJECTIF BAC	Exercice 11 • Problème guidé	204

CORRIGÉS	Exercices 1 à 11	206

26 Première approche du principe d'inertie

En bref *Dans le langage courant, l'inertie désigne l'inaction. En physique, c'est la propriété qu'a un système à ne pas pouvoir modifier de lui-même son état de repos ou de mouvement, qu'il conserve sauf si une force intervient.*

I Énoncé du principe d'inertie

■ Dans un **référentiel galiléen**, tout corps persévère dans son état de repos ou de mouvement rectiligne et uniforme s'il n'est soumis à aucune force ou si les forces qui s'appliquent sur lui se compensent.

> **MOT CLÉ**
> Un **référentiel galiléen** est un référentiel dans lequel le principe d'inertie est vérifié.

■ **Réciproquement**, si un corps est immobile ou en mouvement en ligne droite et à vitesse constante (mouvement rectiligne uniforme), alors il n'est soumis à aucune force ou les forces qui s'appliquent sur lui se compensent.

Exemple : Une pierre de curling avance sur la glace avec un mouvement rectiligne et uniforme si, et seulement si, les forces qui s'appliquent sur elle se compensent.

Vitesse constante

II Conséquences

■ Peut-il y avoir un mouvement sans force ? Une force modifie un mouvement mais on a tendance à penser qu'une force est nécessaire pour entretenir un mouvement. C'est faux ! S'il n'y a aucune force ou si les forces se compensent, il peut y avoir un **mouvement rectiligne et uniforme**.

■ Deux forces qui **se compensent** ont des effets qui s'annulent : elles ont même direction, des sens opposés et des valeurs égales (→ FICHE 27).

Force excercée par la glace

Force excercée par la Terre (poids)

Exemple : La pierre de curling en mouvement rectiligne et uniforme est soumise à deux forces qui se compensent : son poids et la force exercée par le sol (glace).

■ Que se passe-t-il si les forces **ne se compensent pas** ? Dans le référentiel terrestre, si les forces qui s'exercent sur l'objet ne se compensent pas, alors l'objet a un **mouvement non rectiligne ou non uniforme** et il ne peut pas être au repos (→ FICHE 28).

Méthodes

1 | Appliquer le principe d'inertie

Dans le référentiel terrestre, on considère divers mouvements :
– un nageur avance en ligne droite et à vitesse constante ;
– un patineur décrit un mouvement circulaire et uniforme ;
– un coureur est immobile dans ses starting-blocks ;
– un parachutiste descend verticalement avec un mouvement uniforme ;
– un cycliste accélère dans une montée en ligne droite.

Dans chaque cas, le sportif est-il soumis à des forces qui se compensent ?

SOLUTION

D'après le principe d'inertie, seuls les systèmes au repos ou ayant un mouvement rectiligne (en ligne droite) et uniforme (vitesse constante) sont soumis à des forces qui se compensent : le nageur, le coureur et le parachutiste.

2 | Utiliser le principe d'inertie

Une boule de bowling roule sur la piste horizontale avec un mouvement rectiligne et uniforme.

a. Réaliser un diagramme objet-interactions (DOI) et faire l'inventaire des forces qui s'appliquent sur la boule. On négligera l'action de l'air.
b. Ces forces se compensent-elle ?
c. Représenter ces forces sur un schéma.

CONSEILS
b. Quel est le mouvement ? Utilisez le principe d'inertie.
c. Comment sont dirigées des forces qui se compensent ?

SOLUTION

a. Voir le DOI ci-dessous à gauche. La boule est soumise à deux forces : son poids (attraction de la Terre) et l'action de la piste.

b. La boule est animée d'un mouvement rectiligne uniforme donc, d'après le principe d'inertie, les forces qui s'appliquent sur elle se compensent.

c. Le poids (force d'attraction de la Terre) est dirigé vers le bas (la Terre attire la boule) tandis que l'action de la piste est dirigée vers le haut (la piste compense l'attraction terrestre). On obtient le schéma ci-dessous à droite.

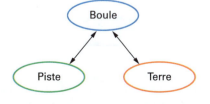
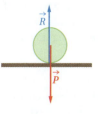

Le principe d'inertie

27 Cas où les forces se compensent

En bref Le mouvement d'un système dépend des forces qui s'appliquent sur lui. D'après le principe d'inertie, si elles se compensent alors soit il est immobile, soit il a un mouvement rectiligne et uniforme.

I Forces qui se compensent

Les forces qui s'appliquent sur un système se compensent lorsqu'elles s'annulent. Les forces étant de nature vectorielle, elles s'annulent lorsque la somme vectorielle des vecteurs qui les représentent est nulle.

Exemples : • Système soumis à 2 forces   • Système soumis à 3 forces

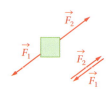 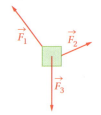

 À NOTER
La somme vectorielle est réalisée en plaçant les flèches des vecteurs force bout à bout. Cette somme est nulle lorsque les flèches se rejoignent.

II Conséquences sur le mouvement

Les forces qui se compensent maintiennent le système dans son état.
• Si le système est immobile, alors il reste immobile.
Exemple : Le gymnaste immobile ci-contre est soumis à 3 forces qui se compensent : son poids dirigé vers le bas et les forces des anneaux dirigées vers le haut.

• Si le système se déplace, alors il conserve son mouvement rectiligne et uniforme.
Exemple : La voiture qui se déplace en ligne droite à vitesse constante est soumise à 3 forces qui se compensent : son poids (vers le bas), les forces de la route (vers le haut et vers l'avant) et de l'air (qui la freine).

 À NOTER
Selon le principe des actions réciproques → FICHE 23, si les roues motrices de la voiture « poussent » la route vers l'arrière alors la route « pousse » la voiture vers l'avant.

Méthode

Exploiter le principe d'inertie pour déterminer une force

Un skieur nautique se déplace en mouvement rectiligne et uniforme. Il est soumis à 3 forces : son poids $\vec{P}$, la traction du bateau $\vec{T}$ et l'action de l'eau $\vec{F}$. Sa masse est de 51 kg. La force exercée par le bateau est horizontale et vaut 280 N.

a. Déterminer les caractéristiques du poids du skieur ($g = 9{,}8$ N·kg^{-1}).
b. Que peut-on dire des forces qui s'exercent sur le skieur ?
c. Représenter ces forces en choisissant une échelle adaptée.
d. En déduire la valeur de la force exercée par l'eau.

  CONSEILS
a. Indiquez la direction, le sens et la valeur du poids.
b. Appliquez le principe d'inertie.
c. La force exercée par l'eau doit compenser les deux autres forces.
d. Dessinez les flèches des forces bout à bout et utilisez le théorème de Pythagore.

SOLUTION

a. Le poids est vertical et vers le bas. Sa valeur est calculée avec la relation :
$$P = m \times g = 51 \times 9{,}8 = 499{,}8 = 500 \text{ N}.$$

b. D'après le principe d'inertie, si son mouvement est rectiligne et uniforme alors le skieur est soumis à des forces qui se compensent.

c. L'ordre de grandeur des intensités des forces étant de 280 à 500 N, on choisit comme échelle 1 cm pour 200 N. Le poids $\vec{P}$ est alors représenté par une flèche verticale de 2,5 cm ; la traction du bateau $\vec{T}$ par une flèche horizontale de 1,4 cm.
La force exercée par l'eau $\vec{F}$, inclinée vers l'arrière, compensent les deux autres.

d. Si les forces se compensent, elles s'annulent et les flèches qui les représentent mises bout à bout, forme un vecteur nul. Dans le triangle rectangle ainsi dessiné, on peut écrire le théorème de Pythagore : $T^2 + P^2 = F^2$.
Donc : $F^2 = 280^2 + 500^2 = 3{,}28 \times 10^5$ soit $F = \sqrt{3{,}28 \times 10^5} = 573 = 5{,}7 \times 10^2$ N.
La force exercée par l'eau sur le skieur est donc inclinée, vers le haut avec une intensité voisine de 570 N.

28 Forces appliquées et variation de la vitesse

En bref *D'après le principe d'inertie, si les forces qui s'appliquent sur un système ne se compensent pas alors il n'est pas immobile et son mouvement n'est pas rectiligne uniforme, donc son vecteur vitesse varie.*

I Forces qui ne se compensent pas

■ Lorsque les forces ne se compensent pas, elles produisent une **variation du vecteur vitesse** du système : la vitesse varie en direction, en valeur ou les deux.

■ Le vecteur vitesse varie dans la même direction et dans le même sens que la **résultante** des forces qui s'exercent sur le système.

Exemple : Le scooter et son conducteur sont soumis à trois forces : le poids $\vec{P}$, la force exercée sur la roue arrière $\vec{F_1}$ et celle exercée sur la roue avant $\vec{F_2}$. Ces forces ne se compensent pas et leur somme vectorielle notée $\vec{F}$ est horizontale et dirigée vers l'avant. La vitesse augmente donc vers l'avant : le mouvement est accéléré.

À NOTER
La résultante des forces est déterminée par la somme vectorielle obtenue en plaçant bout à bout les différents vecteurs forces.

II Exemple de la chute libre

■ On dit qu'un système est en mouvement de chute libre s'il est soumis **uniquement à l'action de son poids**. Le mouvement de chute libre correspond à une situation idéale car les autres forces doivent être négligeables.

■ Dans le cas d'une chute libre verticale (ci-contre), le poids est la seule force appliquée au système en mouvement, donc la **vitesse varie** pendant la chute.

■ Le poids étant **vertical et vers le bas**, il entraîne une variation de la vitesse suivant la **verticale et vers le bas**. Ainsi, comme le montre la figure ci-contre, la balle en chute libre voit sa vitesse augmenter progressivement vers le bas sous l'action de son poids qui reste constant.

À NOTER
Un mouvement de chute libre peut aussi être parabolique si la vitesse initiale n'est pas verticale.

Méthode

Relier la variation du vecteur vitesse aux forces appliquées

Une bille est posée sans vitesse initiale sur une glissière inclinée puis horizontale. La force exercée par la glissière sur la bille est perpendiculaire au déplacement. L'enregistrement vidéo met en évidence deux phases dans le mouvement de la bille : une phase accélérée suivie d'un mouvement uniforme. Les valeurs des vitesses sont : $v_7 = 1{,}2$ m·s^{-1}, $v_{11} = 1{,}7$ m·s^{-1} et $v_{13} = v_{17} = 1{,}8$ m·s^{-1} aux points B_7, B_{11}, B_{13} et B_{17}, respectivement.

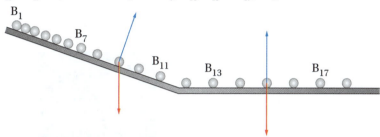

a. Représenter les vecteurs vitesse aux points B_7, B_{11}, B_{13} et B_{17}.

b. Nommer les deux principales forces qui s'exercent sur la bille et qui sont représentées sur la figure ci-dessus.

c. Interpréter les mouvements observés en comparant les variations de vitesse à la somme des forces mises en jeu.

CONSEILS

a. Choisissez une échelle simple et veillez à la direction et au sens des vecteurs.
b. On néglige l'action de l'air.
c. Analysez les variations de vitesse entre les points B_7 et B_{11} puis entre B_{13} et B_{17}.

SOLUTION

a. Échelle choisie : 1 cm pour 1 m·s^{-1}.

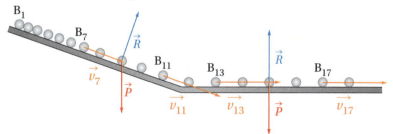

b. Les deux forces sont le poids $\vec{P}$ de la bille et la force $\vec{R}$ exercée par la glissière.

c. Entre B_7 et B_{11}, la vitesse augmente car les forces ne se compensent pas. Entre B_{13} et B_{17}, elle est constante car les forces se compensent.

Le principe d'inertie

MÉMO VISUEL

Énoncé du principe d'inertie

« Dans un référentiel galiléen, tout corps persévère dans son état de repos ou de mouvement rectiligne et uniforme s'il n'est soumis à aucune force ou si les forces qui s'appliquent sur lui se compensent. »

Exemple : **Mouvement rectiligne et uniforme**
La sonde Voyager 1 est à plus de 20 milliards de km de la Terre. Éloignée de tout astre attracteur, elle n'est soumise à aucune force et poursuit son voyage en ligne droite à vitesse constante de 16 km · s⁻¹.

LE PRINCIPE

Reconnaître des forces qui se compensent

Les forces qui s'appliquent sur un système se compensent lorsque la **somme vectorielle** des vecteurs qui les représentent est **nulle**.

Exemples : • Boîte immobile soumise à 3 forces qui se compensent

• Avion en vol soumis à 4 forces qui se compensent

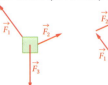
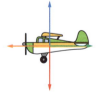

Cas où les forces se compensent

Système mobile
Si le système se déplace, alors il conserve son **mouvement rectiligne et uniforme**.

Système immobile
Si le système étudié est immobile, alors il **reste immobile**.

D'INERTIE

Cas où les forces ne se compensent pas

Si les forces ne se compensent pas, alors **le vecteur vitesse varie**.

Exemples : • Dans le cas d'un scooter qui **accélère**, la somme vectorielle des forces auxquelles il est soumis n'est pas nulle : la résultante $\vec{F}$ produit une variation du vecteur vitesse qui augmente.

• Dans le cas d'une **chute libre**, le système n'est soumis qu'à la force de son poids. Cette force qui est verticale et vers le bas, produit une variation du vecteur vitesse qui augmente suivant la verticale et vers le bas.

Le principe d'inertie **199**

▶ SE TESTER QUIZ

Vérifiez que vous avez bien compris les points clés des **fiches 26 à 28**.

1 Première approche du principe d'inertie → FICHE 26

1. Depuis 2012, la sonde Voyager 1 a quitté le système solaire. Elle n'est plus soumise à l'attraction des astres et s'éloigne de nous à environ 16 km·s^{-1}.

☐ **a.** Sa vitesse diminue progressivement.
☐ **b.** Sa trajectoire est une droite.
☐ **c.** Elle est toujours attirée par la Terre.

2. On lance un palet sur la glace d'une patinoire horizontale. Il traverse la piste en ligne droite et s'immobilise 27 m plus loin.

☐ **a.** Le palet a un mouvement rectiligne et uniforme.
☐ **b.** Le palet est soumis à des forces qui se compensent.
☐ **c.** Le poids du palet est sans effet sur son mouvement.

2 Cas où les forces se compensent → FICHE 27

1. Dans laquelle des situations schématisées ci-dessous le système est-il soumis à des forces qui se compensent ?

☐ **a.** ☐ **b.** ☐ **c.**

2. Dans les situations schématisées ci-dessus :

☐ **a.** Le système A est en mouvement rectiligne et uniforme.
☐ **b.** Le système B peut être immobile.
☐ **c.** Le système C a un mouvement accéléré vers la gauche.

3 Forces appliquées et variation de la vitesse → FICHE 28

Lorsque les forces appliquées à un système ne se compensent pas :

☐ **a.** Le système peut être immobile.
☐ **b.** Le système a un mouvement rectiligne et uniforme.
☐ **c.** Le système a un vecteur vitesse qui varie.

▶ S'ENTRAÎNER

Donnée : dans tous les exercices, l'intensité de la pesanteur g vaut 9,81 N·kg⁻¹.

4 Statue de la liberté → FICHE 26

La célèbre statue de la liberté est installée sur un socle sur l'île Liberty Island à New York.

Offerte par la France et inaugurée en 1886, elle mesure 46 m de haut et pèse environ 220 t.

a. Quelles sont les deux principales forces qui s'exercent sur cette statue ?

b. Quelles sont les caractéristiques de ces forces ?

c. Les représenter sur un schéma.

5 Cadre suspendu → FICHE 26

Un cadre immobile est suspendu au plafond par deux fils verticaux.

Sa masse est de 3,75 kg.

a. Quelles sont les forces qui s'exercent sur lui ?

b. En admettant que les deux fils exercent des forces similaires, dirigées suivant les fils, déterminer l'intensité de celles-ci.

c. Représenter les forces sur un schéma en utilisant comme échelle 1 cm pour 10 N.

 CONSEILS
c. Les forces des fils sont représentées à partir des points d'accrochage et le poids à partir du centre de gravité (milieu du cadre).

6 Interpréter un mouvement à l'aide du principe d'inertie → FICHE 27

Les positions successives de trois ballons de football A, B et C, roulant sur le gazon, sont repérées à intervalles de temps réguliers dans le référentiel terrestre.

Quelle information sur les forces appliquées à chaque ballon peut-on tirer de l'observation des enregistrements ?

Le principe d'inertie

7 Remontée mécanique

→ FICHE 27

Une skieuse se déplace en ligne droite et à vitesse constante en étant tirée par la perche d'une remontée mécanique.

a. Faire le bilan des forces qui s'exercent sur elle.

b. Que peut-on dire des forces en appliquant le principe d'inertie ?

c. Indiquer les caractéristiques des différentes forces.

d. Les représenter qualitativement sur un schéma, sans souci d'échelle mais en respectant le principe d'inertie.

 À NOTER
c. On suppose que la force exercée par la perche est dirigée suivant la perche.

8 Équilibre d'un avion en vol en palier

→ FICHE 27

Un avion effectue un vol en palier lorsqu'il vole suivant l'horizontale à vitesse constante. Quatre forces principales s'exercent alors sur lui : le poids, la poussée, la portance et la traînée. Ces quatre forces peuvent être représentées par des vecteurs comme le montre la figure ci-contre.

a. Identifier chacune des forces en précisant le système en interaction avec l'avion et responsable de la force considérée.

b. Quelle propriété doivent satisfaire les forces exercées sur l'avion pour qu'il vole en palier ?

c. Expliquer comment cette propriété est visualisée sur la représentation des forces donnée sur le schéma.

d. Comment peut-on obtenir une accélération de l'avion suivant l'horizontale ?

 CONSEILS
d. Pensez au principe des actions réciproques au niveau de l'hélice.

9 Attention au freinage !

→ FICHE 27

Un motard qui roule en ligne droite freine subitement devant un obstacle. Il se trouve alors entraîné vers l'avant et risque de passer devant la moto.

a. Comment peut-on expliquer cette observation ?

b. Quelle précaution doit-on prendre dans une voiture pour éviter ce mouvement ?

> **CONSEILS**
> **a.** Utilisez le principe d'inertie : que se passe-t-il en l'absence de force nouvelle pour s'arrêter ?
> **b.** Comment le motard peut-il obtenir le ralentissement et l'arrêt sans passer devant sa moto ?

10 Plongée en apnée *no limit*

→ FICHE 27

En plongée sous-marine, le terme apnée désigne la plongée sans bouteille. En apnée *no limit*, le plongeur (ou apnéiste) cherche à atteindre la profondeur maximale en se laissant entraîner, sans faire de mouvement, le long d'un câble vertical par une gueuse (appareil lesté pesant entre 15 et 30 kg). La gueuse est équipée d'un système de freinage permettant au sportif d'atteindre une vitesse constante contrôlée. La remontée vers la surface se fait grâce à un ballon gonflé d'air.

a. Parmi les trois courbes suivantes, quelle est celle qui représente l'évolution de la vitesse de l'apnéiste au cours de sa descente ? Justifier en explicitant les deux phases du mouvement.

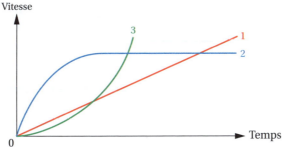

b. En construisant un diagramme objet-interactions, faire l'inventaire des forces s'appliquant au système « plongeur + gueuse ». Indiquer pour chaque force si elle agit vers le haut ou vers le bas.

c. Parmi les affirmations suivantes, lesquelles sont vraies ? Justifier.

• *Affirmation 1* : Les forces appliquées au système « plongeur + gueuse » se compensent pendant toute la durée de la chute.

• *Affirmation 2* : Au début de la descente, les forces appliquées au système « plongeur + gueuse » ne se compensent pas.

• *Affirmation 3* : Lorsque la vitesse est constante, les forces appliquées au système « plongeur + gueuse » se compensent.

▶ OBJECTIF BAC

11 Le grand saut de Félix Baumgartner
50 min

> Ce problème s'intéresse à un mouvement de chute réalisé à partir de la haute atmosphère. C'est l'occasion d'analyser les différentes phases d'un mouvement, de faire l'inventaire des forces mises en jeu, et de valider une information en appliquant le cours et en exploitant les documents fournis.

📄 LE PROBLÈME

Le 14 octobre 2012, le parachutiste autrichien Félix Baumgartner a franchi le mur du son après avoir sauté en chute libre d'une altitude de plus de 39 km.

Document 1 Quelques chiffres pour définir l'exploit de Baumgartner

Félix Baumgartner est monté dans l'atmosphère grâce à un ballon haut d'une centaine de mètres, gonflé à l'hélium. Depuis la capsule suspendue au ballon, il s'est jeté dans le vide à l'altitude de 39 045 m, 2 h 37 min après le lancement du ballon. Sa position et sa vitesse ont pu être suivies tout au long de sa chute. Sa vitesse maximale a été estimée à $1\,342{,}8$ km·h^{-1}.

Il n'a fallu que $45{,}5$ s pour atteindre la vitesse maximale, mais la chute libre d'une hauteur totale de 36 529 m a duré 4 min 19 s. Puis le parachutiste a actionné l'ouverture de son parachute afin de réduire sa vitesse pour se poser sans encombre après un « vol » d'une durée totale de 9 min 3 s.

Document 2 Évolution schématique de la vitesse de Baumgartner

Dans le référentiel terrestre, l'évolution de la vitesse v du parachutiste a été schématisée approximativement (les échelles ne sont pas respectées).

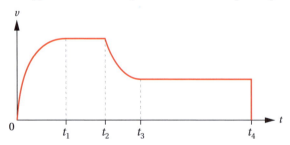

Document 3 Le mur du son

Franchir le mur du son, c'est atteindre une vitesse égale à la vitesse du son dans l'air. La célérité du son dépend des conditions de température et de pression. Ainsi, à 15 °C et à la pression atmosphérique, la vitesse du son vaut 340 m·s^{-1}. Mais dans les conditions de température et de pression où le parachutiste Baumgartner se trouvait, cette célérité sonore n'était que de 300 m·s^{-1}.

1. Au début de la chute et avant l'ouverture du parachute, le mouvement est d'abord accéléré puis uniforme. Dans le document 1, il est question de chute libre.
a. Que signifie le qualificatif « libre » dans le cas de la chute de Baumgartner ?
b. Quelle est la définition d'une chute libre en physique ?
c. Le mouvement est-il réellement une chute libre au sens de la physique ?

2. À la date t_2, Baumgartner ouvre son parachute.
a. En recoupant les informations fournies par les documents 1 et 2, indiquer les valeurs des dates t_2 et t_4.
b. Faire l'inventaire des forces s'appliquant au système {parachutiste + parachute ouvert} pendant la descente. Indiquer la direction et le sens de chaque force.
c. Préciser pourquoi la vitesse diminue entre les dates t_2 et t_3.
d. Expliquer pourquoi la vitesse est constante entre les dates t_3 et t_4.
e. Représenter qualitativement les forces qui s'exercent sur le système dans chaque cas suivant.

• Entre les dates t_2 et t_3 • Entre les dates t_3 et t_4

3. a. Déterminer la vitesse moyenne du ballon durant l'ascension en $km \cdot h^{-1}$.
b. Comparer la vitesse moyenne de Baumgartner durant la phase de chute avant et après ouverture du parachute.
c. Vérifier que Baumgartner a bien franchi le mur du son (documents 1 et 3).

▶▶▶ LA FEUILLE DE ROUTE

1. Connaître la définition d'une chute libre et utiliser le principe d'inertie   → FICHE 27

La chute libre en parachutisme est une chute sans parachute.
Pensez à ce que dit le principe d'inertie en cas de mouvement rectiligne uniforme.

2. Faire un bilan de forces et appliquer le principe d'inertie   → FICHES 27 et 28
a. Pensez à ce qui se passe aux dates t_2 et t_4.
b. Le système n'est en contact qu'avec l'air. Qu'est-ce qui le fait descendre ?
c. Demandez-vous comment varie l'action de l'air en ouvrant le parachute.
d. Que dit le principe d'inertie dans ce cas ?

3. Exploiter les documents et calculer une vitesse   → FICHE 20
Appliquez la définition de la vitesse en prenant garde aux unités.
Rappel : $1\ m \cdot s^{-1} = 3\ 600\ m \cdot h^{-1} = 3,6\ km \cdot h^{-1}$.

CORRIGÉS

▶ SE TESTER QUIZ

1 Première approche du principe d'inertie

1. Réponse b. L'affirmation **a** est fausse car la sonde n'est plus soumise à l'attraction des astres, elle n'est donc soumise à aucune force, donc d'après le principe d'inertie, sa vitesse est constante.
L'affirmation **c** est fausse car l'éloignement du système solaire entraîne la disparition de la force exercée par la Terre.

2. Réponse c. L'affirmation **a** est fausse : le palet a un mouvement non uniforme car sa vitesse diminue. Il s'arrête progressivement.
L'affirmation **b** est fausse car si le palet était soumis à des forces qui se compensent alors sa vitesse resterait constante.
L'affirmation **c** est vraie car le poids est une force verticale et son mouvement est horizontal : le poids ne modifie ni la trajectoire, ni la vitesse.

2 Cas où les forces se compensent

1. Réponse b. Les forces se compensent si leur somme vectorielle est nulle. Les sommes vectorielles sont représentées à côté des figures correspondantes :

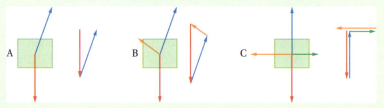

2. Réponses b et c. L'affirmation **a** est fausse car le mouvement rectiligne et uniforme n'est possible que si les forces se compensent.
L'affirmation **b** est vraie : si les forces s'annulent, le système B peut être immobile.
L'affirmation **c** est vraie car la somme des forces est dirigée horizontalement et vers la gauche, c'est donc dans cette direction que la vitesse augmente et que le mouvement est accéléré.

3 Forces appliquées et variation de la vitesse

Réponse c. Les affirmations **a** et **b** sont fausses d'après le principe d'inertie.
L'affirmation **c** est vraie : le vecteur vitesse varie suivant la direction et le sens de la résultante des forces qui s'exercent sur le système.

COURS & MÉTHODES   EXERCICES   CORRIGÉS

▶ S'ENTRAÎNER

4 Statue de la liberté

a. Voir le diagramme objet-interactions ci-dessous à gauche. Le système considéré est la statue qui est attirée par la Terre, supportée par le sol et en contact avec l'air. On peut supposer que l'action de l'air est le plus souvent négligeable par rapport aux autres actions. La statue est donc soumise à l'action de la Terre, c'est son poids noté $\vec{P}$, et à l'action du sol notée $\vec{R}$.

b. D'après le principe d'inertie, si la statue est immobile alors les forces qui s'exercent sur elle se compensent.
Le poids $\vec{P}$ est vertical et vers le bas, sa valeur est donnée par la relation :
$P = m \times g$ soit : $P = 220 \times 10^3 \times 9{,}81 = 2{,}16 \times 10^6$ N.
L'action du sol $\vec{R}$ est opposée au poids. Elle est donc verticale mais vers le haut et sa valeur est égale à celle du poids : $R = 2{,}16 \times 10^6$ N.

c. Les forces peuvent être représentées en choisissant l'échelle 1 cm pour 10^6 N. La longueur des flèches est alors de 2,16 cm. Le poids qui s'applique sur l'ensemble du volume de la statue, est représenté à partir du centre de gravité de la statue et la réaction du support, qui s'applique sur toute la surface de contact entre la statue et le sol, est représentée à partir du socle. Voir le schéma ci-dessous à droite.

CONSEILS
c. Attention au point d'application des forces. L'attraction gravitationnelle exercée sur l'ensemble d'un objet est modélisée par le poids représenté à partir d'un point (souvent proche du centre de l'objet) appelé centre de gravité.

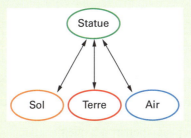

5 Cadre suspendu

a. Le cadre est attiré par la Terre et est en contact avec les fils et l'air. Si on néglige l'action de l'air, il est donc soumis à trois forces : son poids $\vec{P}$ (vertical et vers le bas) et les forces exercées par les deux fils $\vec{F_1}$ et $\vec{F_2}$ (verticales et vers le haut).

b. D'après le principe d'inertie, si le cadre est immobile alors les forces se compensent. Les forces exercées par les fils compensent le poids.
$P = m \times g = 3{,}75 \times 9{,}81 = 36{,}8$ N
Donc $F_1 + F_2 = 36{,}8$ N.
En supposant qu'elles ont la même intensité : $F_1 = F_2 = \dfrac{36{,}8}{2} = 18{,}4$ N.

Le principe d'inertie

c. Échelle choisie : 1 cm pour 10 N. Le vecteur $\vec{P}$ est représenté par une flèche de 3,68 cm et les vecteurs $\vec{F_1}$ et $\vec{F_2}$ par des flèches de 1,84 cm.

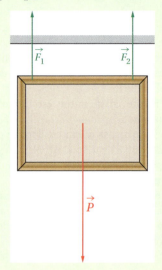

 À NOTER
b. et **c.** Les résultats sont donnés avec 3 chiffres significatifs en accord avec les données →FICHE 39.

6 Interpréter un mouvement à l'aide du principe d'inertie

Le principe d'inertie précise que dans le référentiel terrestre un corps soumis à des forces qui se compensent est soit immobile, soit animé d'un mouvement rectiligne uniforme. Donc pour répondre à la question, il faut d'abord décrire le mouvement du ballon.

• **Ballon A.** Sa trajectoire est rectiligne et ses positions successives à intervalles de temps réguliers sont équidistantes. Le mouvement de A est donc rectiligne et uniforme. D'après le principe d'inertie, le ballon A est soumis à des forces qui se compensent.

• **Ballon B.** Sa trajectoire est rectiligne et ses positions successives de plus en plus rapprochées. Par conséquent, B est animé d'un mouvement rectiligne ralenti. Le ballon B est donc soumis à des forces qui ne se compensent pas puisqu'elles sont responsables du ralentissement du ballon.

• **Ballon C.** Ses positions successives sont équidistantes mais elles ne sont pas alignées. Donc C est animé d'un mouvement uniforme mais non rectiligne. D'après le principe d'inertie, il est soumis à des forces qui ne se compensent pas. Il a été soumis à une action qui a engendré un changement de direction de sa trajectoire. Cela peut-être le résultat de la déviation par le pied d'un footballeur, par exemple.

7 Remontée mécanique

a. Le diagramme objet-interactions est représenté ci-contre. La skieuse est attirée par la Terre (pesanteur) et est en contact avec la piste (sol), la perche et l'air. En négligeant l'action de l'air, on peut dire qu'elle est soumise principalement à trois forces : son poids, la force de la piste et la traction de la perche.

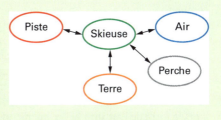

b. En appliquant le principe d'inertie, si la skieuse a un mouvement rectiligne et uniforme alors on peut affirmer que les forces qui s'exercent sur elle se compensent.

c. Son poids, noté $\vec{P}$, est vertical et vers le bas ; la traction exercée par la perche, notée $\vec{T}$, qui la tire suivant la direction de la perche, est donc inclinée vers l'avant et vers le haut. Pour que les forces se compensent, il faut donc que la force exercée par la piste, notée $\vec{F}$, qui supporte la skieuse, soit inclinée vers l'arrière et vers le haut.

d. Pour simplifier le schéma (ci-contre), on peut représenter les forces à partir d'un même point : le centre de gravité de la skieuse.

8 Équilibre d'un avion en vol en palier

a. Le poids est l'attraction à distance de la Terre. Toutes les autres forces sont exercées par l'air. La portance est la force exercée sur les ailes et qui permet à l'avion de voler. La traînée est la force de frottement de l'air qui s'oppose au déplacement. La poussée est obtenue grâce à l'hélice. En tournant rapidement elle exerce une force sur l'air vers l'arrière et d'après le principe des actions réciproques →FICHE 23 l'air exerce donc une force sur l'hélice vers l'avant : c'est elle qui permet à l'avion d'avancer.

b. D'après le principe d'inertie, si le vol en palier est un déplacement rectiligne et uniforme, alors l'avion doit être soumis à des forces qui se compensent.

c. La représentation des forces sur le schéma de l'avion montre que les forces se compensent deux à deux. La portance compense le poids et la poussée compense la traînée, ainsi les forces s'annulent.

d. Pour que l'avion accélère suivant l'horizontale, son vecteur vitesse doit varier horizontalement vers l'avant : la vitesse augmente. Il faut donc que les forces ne se compensent plus et que leur somme vectorielle donne une résultante horizontale et vers l'avant. La poussée doit donc augmenter, ce qui est obtenu en augmentant la vitesse de rotation de l'hélice. En effet, si la force de l'hélice sur l'air augmente, alors la force de l'air sur l'hélice augmentera aussi (actions réciproques) et la poussée sera plus grande.

9 Attention au freinage !

a. D'après le principe d'inertie, si les forces se compensent alors le mouvement est rectiligne et uniforme. Avant le freinage, les forces exercées sur le système « motard » en mouvement sont le poids et la force de la moto qui le supporte.
En l'absence de force nouvelle supplémentaire, le motard poursuit son mouvement rectiligne et uniforme. Si la moto freine, il continue son mouvement et peut donc passer devant la moto qui ralentit.
Pour qu'il reste sur la moto, le motard doit donc ralentir aussi grâce à une force qui diminuera sa vitesse. Cette nouvelle force doit donc être dirigée vers l'arrière. C'est la moto qui l'exerce sur le motard (principe des actions réciproques) à condition de bien se tenir sur la moto !

b. La même observation peut être réalisée en voiture lors d'un freinage. C'est la ceinture de sécurité qui exerce alors une force vers l'arrière et qui empêche le passager de poursuivre son mouvement comme le prévoit le principe d'inertie.

10 Plongée en apnée *no limit*

a. La vitesse initiale du plongeur est nulle puis elle atteint une valeur constante. Cela signifie que le mouvement est d'abord accéléré (vitesse croissante) puis uniforme (vitesse constante). C'est donc la courbe 2 qui représente l'évolution de la vitesse du plongeur au cours de sa descente.

b. Le diagramme objet-interactions est représenté ci-contre. Le système « plongeur + gueuse » est soumis à l'attraction terrestre (poids), à l'action de l'eau et à l'action du système de freinage. Le poids est une force verticale descendante. En revanche, l'action de l'eau et le freinage sont verticaux ascendants.

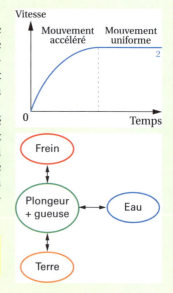

À NOTER
b. L'action de l'eau peut se décomposer en deux forces : poussée d'Archimède et frottements.

c. L'affirmation 1 est fausse car d'après le principe d'inertie si les forces se compensaient pendant toute la durée de la descente, la vitesse serait constante dès le début.
L'affirmation 2 est vraie : la première phase du mouvement est accélérée donc les forces ne se compensent pas (l'action de l'eau et le freinage ne compensent pas complètement le poids qui est supérieur et responsable de l'accélération).
L'affirmation 3 est vraie, la deuxième phase du mouvement est uniforme donc les forces se compensent.

▶ OBJECTIF BAC

11 Le grand saut de Félix Baumgartner

1. a. La chute libre de Baumgartner est la chute avant ouverture du parachute.
b. En physique, un système est en chute libre lorsqu'il n'est soumis qu'à la seule force de son poids.
c. D'après le principe d'inertie, si le mouvement est uniforme avant l'ouverture du parachute, alors le système est soumis à des forces qui se compensent. Donc le poids ne peut pas être la seule force appliquée au parachutiste et ce n'est pas une chute libre au sens de la physique.
2. a. À la date t_2, la vitesse commence à décroître. Cette date correspond donc à l'ouverture du parachute, c'est-à-dire à la fin de la « chute libre » :
$t_2 = 4$ min 19 s $= 4 \times 60$ s $+ 19$ s $= 259$ s.
La date t_4 correspond au moment où la vitesse s'annule, c'est-à-dire à l'atterrissage : $t_4 = 9$ min 3 s $= 9 \times 60$ s $+ 3$ s $= 543$ s.
b. Le diagramme objet-interactions est représenté ci-contre. Pendant sa chute, le système {parachutiste + parachute ouvert} est soumis à l'attraction terrestre (ou poids) et à l'action de l'air. Le poids est vertical et orienté vers le bas (attraction de la Terre) tandis que l'action de l'air qui le freine est verticale et de sens opposé, donc orientée vers le haut.

c. Avant l'ouverture du parachute, le mouvement est rectiligne uniforme. Selon le principe d'inertie, cela signifie que le poids et l'action de l'air se compensent.
Lors de l'ouverture du parachute, entre les dates t_2 et t_3, l'action de l'air devient plus importante (en raison de la grande surface de la toile) et par conséquent les forces ne se compensent plus, donc le parachutiste ralentit.
d. Entre les dates t_3 et t_4, la vitesse ayant diminué, la force de frottement de l'air a aussi diminué et elle compense exactement le poids. Le système est alors soumis à des forces qui se compensent et son mouvement est uniforme.

e. Juste après l'ouverture du parachute, la force de frottement de l'air est supérieure au poids. Quelques secondes plus tard, poids et frottement de l'air se compensent.

• Entre les dates t_2 et t_3 • Entre les dates t_3 et t_4

3. a. L'ascension de 39 045 m a duré 2 h 37 min, soit :
2×60 min + 37 min = 157 min = 157×60 s = 9 420 s.
La vitesse moyenne de l'ascension du ballon est donc :
$v = \dfrac{39\,045}{9\,420} = 4{,}145$ m·s^{-1} ou bien encore $v = 4{,}145 \times 3{,}6 = 14{,}92$ km·h^{-1}.

b. La chute libre de 36 529 m a duré $t_2 = 259$ s.
La vitesse moyenne de cette chute libre est donc :
$v = \dfrac{36\,529}{259} = 141$ m·s^{-1} ou bien encore $v = 141 \times 3{,}6 = 508$ km·h^{-1}.
La phase de chute avec le parachute ouvert s'effectue sur une distance de :
39 045 m – 36 529 m = 2 516 m et dure $t_4 - t_2 = 543$ s – 259 s = 284 s,
soit avec une vitesse moyenne :
$v' = \dfrac{2\,516}{284} = 8{,}86$ m·s^{-1} ou bien encore $v' = 8{,}86 \times 3{,}6 = 31{,}9$ km·h^{-1}.
Le calcul du quotient permet la comparaison des deux vitesses :
$\dfrac{v}{v'} = \dfrac{141}{8{,}86} = 15{,}9$.
La vitesse v' est donc environ 16 fois plus faible que la vitesse v.
On constate là l'efficacité du parachute !

c. La vitesse maximale de Baumgartner est 1 342,8 km·h^{-1} soit :
$v_{\max} = \dfrac{1\,342{,}8}{3{,}6} = 373$ m·s^{-1}.
Cette vitesse étant supérieure à la vitesse du son dans les conditions de pression et de température, soit 300 m·s^{-1}, Baumgartner a bien franchi le mur du son.

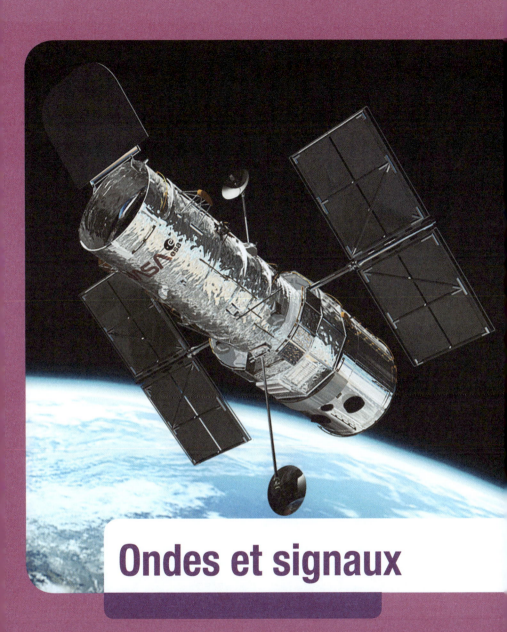

Ondes et signaux

ONDES ET SIGNAUX

Émission et perception d'un son

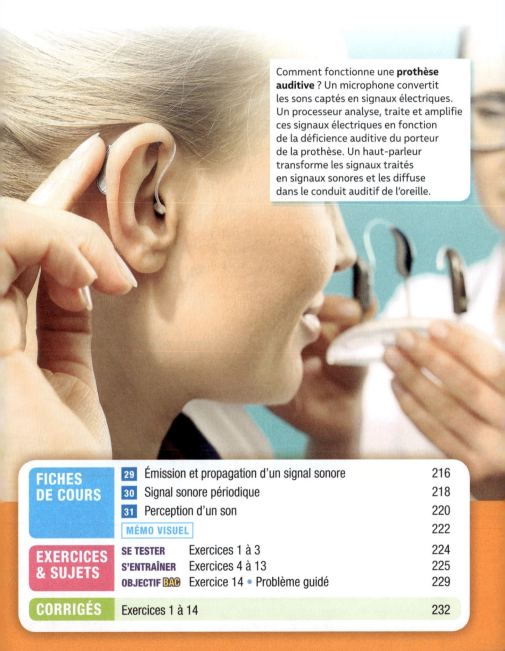

Comment fonctionne une **prothèse auditive** ? Un microphone convertit les sons captés en signaux électriques. Un processeur analyse, traite et amplifie ces signaux électriques en fonction de la déficience auditive du porteur de la prothèse. Un haut-parleur transforme les signaux traités en signaux sonores et les diffuse dans le conduit auditif de l'oreille.

FICHES DE COURS			
	29	Émission et propagation d'un signal sonore	216
	30	Signal sonore périodique	218
	31	Perception d'un son	220
	MÉMO VISUEL		222

EXERCICES & SUJETS		
SE TESTER	Exercices 1 à 3	224
S'ENTRAÎNER	Exercices 4 à 13	225
OBJECTIF BAC	Exercice 14 • Problème guidé	229

CORRIGÉS		
	Exercices 1 à 14	232

29 Émission et propagation d'un signal sonore

En bref Tout son (signal sonore) qui est capté par un récepteur, l'oreille humaine par exemple, a d'abord été émis par un objet vibrant puis s'est propagé dans un milieu matériel.

I Principe de l'émission d'un signal sonore

■ Un son naît dès qu'un objet vibre et qu'il transmet ses **vibrations** au milieu matériel (air, eau, métal...) qui l'entoure. Des exemples d'objets vibrants émettant un son sont : les cordes vocales, les cordes d'une guitare, la hanche d'une clarinette, la membrane d'un haut-parleur, etc.

■ Les émetteurs sonores (instrument de musique, haut-parleur...) comportent en général une **caisse de résonance** ayant pour rôle de transmettre les oscillations de l'objet vibrant à l'air contenu dans la caisse et d'amplifier spécifiquement certaines vibrations de fréquences particulières →FICHE 30. Dans le cas de la voix humaine, la caisse de résonance du son émis par les cordes vocales est constituée du pharynx et des cavités buccale et nasale.

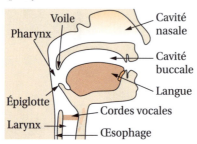
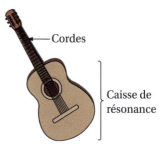

II Propagation d'un signal sonore

■ La propagation d'un signal sonore depuis un émetteur jusqu'à un récepteur est le résultat de la **transmission de proche en proche** de la vibration initiale de l'objet vibrant.

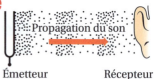

■ Contrairement à la lumière, le son ne se propage pas dans le vide. Cette propagation ne peut avoir lieu que **dans un milieu matériel** (gaz, liquide, solide).

■ La **vitesse v du son** (en m·s⁻¹) s'exprime par la relation $v = \dfrac{d}{\Delta t}$; d étant la distance (en m) parcourue par le son pendant la durée Δt (en s).

■ La vitesse de propagation d'un signal sonore dépend de la **nature du milieu** matériel : dans l'air à 20 °C, $v_{air} = 340$ m·s⁻¹ ; dans l'eau, $v_{eau} = 1\,500$ m·s⁻¹.

À NOTER Plus le milieu est dense, et plus le son se propage vite.

COURS & MÉTHODES

Méthode

Mesurer la vitesse de propagation d'un son

Afin de mesurer la vitesse de propagation d'un son dans l'air, on enregistre la réception d'un clap sonore par deux microphones, distants de $d = 1,00$ m, placés dans l'alignement de la source sonore.

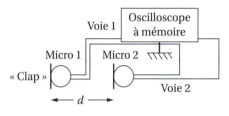 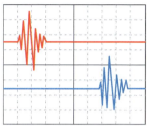

Montage expérimental **Oscillogramme**

L'axe horizontal de l'oscillogramme est l'axe des temps et son échelle est la base de temps. L'axe vertical est l'axe des tensions et son échelle (éventuellement différente sur les deux voies) est la sensibilité verticale.

Les réglages de l'oscilloscope sont les suivants :
- base de temps : 500 µs·div^{-1} ;
- sensibilités verticales : voie 1 : 100 mV·div^{-1} ; voie 2 : 50 mV·div^{-1}.

a. Indiquer la voie correspondant à chaque courbe de l'oscillogramme.

b. Déterminer en m·s^{-1} la vitesse de propagation du son dans l'air, obtenue à l'aide de cette expérience.

CONSEILS

a. Le signal le plus « à gauche » sur l'oscillogramme est le premier reçu.
b. Mesurez sur l'oscillogramme la durée Δt qui s'est écoulée entre la réception du clap par les deux microphones en utilisant la base de temps (échelle horizontale). Attention aux unités : 1 µs = 10^{-6} s.

SOLUTION

a. Le microphone 1 (connecté à la voie 1) reçoit le signal sonore en premier car il est le plus proche de la source sonore.

b. La durée Δt entre la réception du son par les deux microphones correspond à 5,8 divisions sur l'écran donc :
Δt = 5,8 × 500 µs = 2 900 µs = 2,9 × 10^{-3} s.

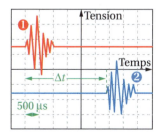

La vitesse du son est donc : $v = \dfrac{d}{\Delta t} = \dfrac{1,00}{2,9 \times 10^{-3}} = 3,4 \times 10^2$ m·s^{-1}.

30 Signal sonore périodique

En bref *Un signal sonore périodique se répète identique à lui-même au cours du temps. Il est caractérisé par sa période ou sa fréquence. Sa forme* → FICHE 31 *et son amplitude sont d'autres caractéristiques.*

I Période et fréquence

■ Un signal sonore périodique se reproduit identique à lui-même à intervalle de temps régulier appelé période et noté T.

■ La fréquence notée f d'un signal périodique est le nombre de fois qu'il se répète par unité de temps :

$$f = \frac{1}{T} \quad \begin{array}{l} T \text{ en secondes (s)} \\ f \text{ en hertz (Hz)} \end{array}$$

Exemple : Si un signal se reproduit de façon identique toutes les deux millisecondes, cela signifie que sa période vaut $T = 2{,}00$ ms $= 2{,}00 \times 10^{-3}$ s et que sa fréquence est $f = \dfrac{1}{2{,}00 \times 10^{-3}} = 5{,}00 \times 10^2$ Hz. Ce signal se répète identique à lui-même 500 fois par seconde.

II Conversion d'un signal sonore en signal électrique

■ Lorsqu'un signal sonore périodique est capté par un microphone, il est converti en un signal électrique périodique (ou tension électrique périodique) ayant la **même période** et donc la **même fréquence** que le signal sonore.

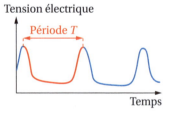

■ On peut **visualiser ce signal** périodique sur l'écran d'un oscilloscope ou sur l'écran d'un ordinateur à l'aide d'un système d'acquisition.

■ L'**amplitude « crête à crête »** du signal électrique est l'écart entre la valeur maximale de la tension et sa valeur minimale. Elle s'exprime en volts (V), millivolts (mV) ou microvolts (µV) : 1 mV $= 10^{-3}$ V ; 1 µV $= 10^{-6}$ V.

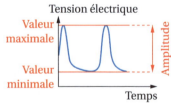

Exemple : Si un signal électrique oscille entre -2 V et $+5$ V, son amplitude « crête à crête » vaut 7 V.

■ Si le microphone est utilisé normalement, l'amplitude du signal électrique qu'il fournit est **proportionnelle** à l'amplitude du signal sonore qu'il reçoit.

À NOTER
Si un signal électrique prend alternativement des valeurs positives et négatives, on parle d'une tension alternative.

Méthode

Mesurer une fréquence sonore à l'aide d'un oscilloscope

Un signal sonore périodique capté par un microphone est converti en signal électrique périodique et visualisé sur l'écran d'un oscilloscope dont les réglages sont les suivants :
- échelle horizontale (ou base de temps) : $1{,}0\ ms \cdot div^{-1}$;
- échelle verticale (ou sensibilité verticale) : $50{,}0\ mV \cdot div^{-1}$;
- l'origine des tensions électriques (tension nulle) est à mi-hauteur de l'écran.

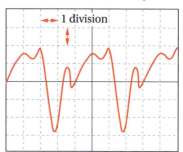

Oscillogramme du signal électrique

a. La tension électrique est-elle alternative ? Justifier.

b. Déterminer la période et l'amplitude « crête à crête » du signal électrique.

c. En déduire la fréquence du signal sonore.

CONSEILS

b. Pour déterminer la période, repérez dans le signal le motif qui se répète et mesurez sa durée en utilisant la base de temps.
Pour l'amplitude, utilisez la sensibilité verticale.
c. Calculez la fréquence en utilisant sa définition, sans oublier d'exprimer la période T en secondes.

SOLUTION

a. La tension est nulle au milieu de l'écran donc elle prend alternativement des valeurs positives puis négatives. Il s'agit donc d'une tension alternative.

b. La période est la durée du motif qui se répète. Cette période correspond à 4 divisions sur l'oscillogramme. Or l'échelle horizontale est de $1{,}0\ ms \cdot div^{-1}$ donc la période vaut : $T = 4{,}0\ ms = 4{,}0 \times 10^{-3}\ s$.

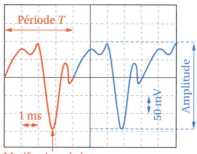

L'amplitude « crête à crête » mesure 4,8 divisions et l'échelle verticale est de $50{,}0\ mV \cdot div^{-1}$ donc cette amplitude vaut : $4{,}8 \times 50{,}0 = 240\ mV$.

c. La fréquence du signal électrique (et donc celle du signal sonore) est :
$$f = \frac{1}{T} = \frac{1}{4{,}0 \times 10^{-3}} = 2{,}5 \times 10^2\ Hz = 250\ Hz.$$

31 Perception d'un son

En bref *La manière dont un son est perçu par l'oreille humaine (sa hauteur, son timbre et son niveau sonore) est directement liée aux caractéristiques (la fréquence, la forme et l'amplitude) du signal sonore.*

I Hauteur

■ L'oreille est sensible aux sons de fréquences comprises entre environ 20 Hz et 20 kHz : les sons audibles. En deçà de 20 Hz, on parle d'infrasons et au-delà de 20 kHz d'ultrasons.

■ La hauteur d'un son est caractérisée par sa fréquence. Plus la fréquence d'un son est élevée, plus le son est aigu. Plus sa fréquence est faible, plus le son est grave.

II Timbre

Des signaux sonores de même fréquence qui n'ont pas la même forme ne sont pas perçus de la même manière. On dit que les sons n'ont pas le même timbre.

Exemple : La même note la_3 (440 Hz) émise par des instruments de musique différents est perçue différemment.

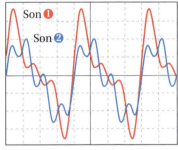

Deux sons de même fréquence mais de timbres différents

III Niveau d'intensité sonore

■ L'intensité sonore notée I (en $W \cdot m^{-2}$) est l'énergie transmise par unité de temps et par unité de surface au tympan de l'oreille recevant le signal sonore.

■ Plus l'amplitude du signal sonore est grande, plus l'intensité sonore est élevée et plus le microphone qui capte ce signal produit un signal électrique de forte amplitude.

■ Le niveau d'intensité sonore noté L s'exprime en décibels (dB).

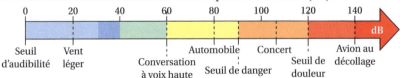

 À NOTER
Si l'intensité sonore double, le niveau d'intensité sonore croît de 3 dB, passant par exemple de 50 à 53 dB. Si l'intensité est multipliée par 10, le niveau croît de 10 dB.

COURS & MÉTHODES

Méthode

Comparer des sons

Grâce à un microphone relié à un système d'acquisition informatisée, on enregistre le son émis par un diapason, une guitare et une trompette.

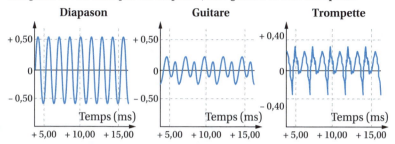

a. Quelle est la durée de chaque enregistrement ?

b. Quelle est la grandeur représentée en ordonnée des enregistrements ?

c. Les trois sons ont-ils le même timbre ? la même hauteur ?

d. Quel est le son le plus aigu ? le son le plus grave ?

 CONSEILS

c. Comparez la forme des signaux puis les fréquences des signaux.
d. Sans calcul, recherchez le son de plus haute fréquence, puis celui de plus basse fréquence.

SOLUTION

a. On lit sur l'axe des abscisses que chaque enregistrement dure 20 ms.

b. Les sons sont captés par un microphone qui transforme le signal sonore en signal électrique. L'axe des ordonnées des enregistrements représente donc la tension électrique exprimée en volts (V).

 À NOTER
Les trois tensions électriques enregistrées sont des tensions alternatives.

c. Les trois signaux sont périodiques mais ils n'ont pas le même timbre puisqu'ils n'ont pas la même forme.

Pour le diapason, on compte un peu moins de 9 périodes en 20 ms. Pour la guitare et la trompette, on compte un peu moins de 5 périodes en 20 ms. Cela signifie que les sons émis par la guitare et par la trompette ont environ la même fréquence et donc la même hauteur, contrairement au diapason.

d. Le son le plus aigu correspond à la fréquence la plus haute et le son le plus grave à la fréquence la plus basse. Compte tenu de la réponse précédente, on peut dire que le son émis par le diapason est le plus aigu des trois tandis que les sons émis par la guitare et par la trompette sont les plus graves.

Émission et perception d'un son

MÉMO VISUEL

Émission d'un signal sonore

Objet vibrant
Le son naît de la **vibration** d'un objet (corde, membrane…).

Caisse de résonance
- La vibration est **transmise à l'air** contenu dans la caisse de résonance.
- Certaines vibrations sont **amplifiées**.

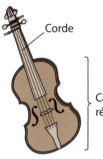

Corde

Caisse de résonance

SIGNAL

Propagation d'un signal sonore

Transmission de proche en proche
- La propagation d'un signal sonore est le résultat de la transmission progressive de la vibration de la source sonore à un **milieu matériel** (le plus souvent l'air).
- Le son ne se propage **pas dans le vide**.

Propagation du signal sonore

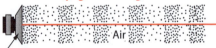

Air

Membrane du haut-parleur

Vitesse de propagation
La vitesse du son **dépend du milieu** matériel.

$$v_{air} = 340 \text{ m} \cdot \text{s}^{-1}$$

SONORE

Caractéristiques d'un signal sonore périodique

Période T en secondes (s)
Un signal sonore périodique se reproduit identique à lui-même à **intervalle de temps régulier** appelé période.

Fréquence f en hertz (Hz)
$$f = \frac{1}{T}$$

Conversion en un signal électrique
- Lorsqu'un signal sonore périodique est capté par un microphone, il est converti en un signal électrique périodique ayant la **même période** que le signal sonore.
- Les **amplitudes** des deux signaux sont proportionnelles.

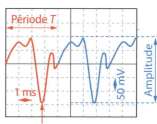

Motif qui se répète

Perception d'un son

Hauteur
La hauteur d'un son est liée à la **fréquence** du signal sonore périodique.

Sons audibles

Infrasons | Grave | Medium | Aigu | Ultrasons
20 Hz — 20 kHz

Timbre
Le timbre d'un son est lié à la **forme** du signal périodique.

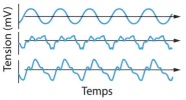

Trois signaux correspondant à trois sons de même hauteur mais de timbres différents.

Niveau d'intensité sonore en décibels (dB)
Les niveaux d'intensité sonores **ne s'ajoutent pas**. Deux sons de 50 dB équivalent à un son de 53 dB.

Émission et perception d'un son

▶ SE TESTER QUIZ

*Vérifiez que vous avez bien compris les points clés des **fiches 29 à 31**.*

1 Émission et propagation d'un signal sonore
→ FICHE 29

1. Parmi les affirmations suivantes, lesquelles sont vraies ?
☐ **a.** Un émetteur sonore est toujours un objet vibrant.
☐ **b.** Une caisse de résonance permet d'amplifier toutes les vibrations.
☐ **c.** Une caisse de résonance contient toujours de l'air.
☐ **d.** Un signal sonore peut se propager dans l'air, l'eau et l'acier.
☐ **e.** La propagation d'un signal sonore est le résultat de la transmission de proche en proche de la vibration du récepteur sonore.

2. Dans l'air, la vitesse de propagation d'un signal sonore vaut :
☐ **a.** 240 m·s^{-1} ☐ **b.** 340 m·s^{-1}
☐ **c.** 240 km·s^{-1} ☐ **d.** 340 km·s^{-1}

2 Signal sonore périodique
→ FICHE 30

1. Parmi les affirmations suivantes, lesquelles sont vraies ?
☐ **a.** La période est la plus petite durée au bout de laquelle un phénomène périodique se répète.
☐ **b.** La fréquence est le nombre de fois qu'un phénomène périodique se répète par heure.
☐ **c.** La période et la fréquence sont des durées.

2. Un microphone capte un signal sonore périodique.
Il le convertit en signal électrique périodique alternatif dont :
☐ **a.** la fréquence est identique à celle du signal sonore
☐ **b.** l'amplitude est exprimée en secondes

3 Perception d'un son
→ FICHE 31

1. Un signal sonore de fréquence 40 000 Hz est :
☐ **a.** un son audible ☐ **b.** un infrason ☐ **c.** un ultrason

2. Le niveau d'intensité sonore s'exprime en :
☐ **a.** hertz ☐ **b.** watts par mètre carré ☐ **c.** décibels

3. La hauteur d'un son est directement liée à :
☐ **a.** la fréquence du signal sonore
☐ **b.** l'amplitude du signal sonore

S'ENTRAÎNER

4 Silencieuses météorites → FICHE 29

Pourquoi ne perçoit-on pas sur Terre le bruit des collisions des météorites à la surface de la Lune ?

5 Retard → FICHE 29

Un spectateur, placé en haut des tribunes d'un stade d'athlétisme à une centaine de mètres de la ligne de départ, voit les coureurs s'élancer avant d'entendre le coup de pistolet du starter. Expliquer pourquoi.

6 Écho → FICHE 29

En montagne, on observe fréquemment le phénomène d'écho.
Combien de temps après avoir émis un cri, un promeneur entendra-t-il son écho s'il est situé à $d = 400$ m d'une paroi rocheuse ?

CONSEILS
Utilisez la définition de la vitesse mais attention à la distance parcourue !

7 Mesure ultrasonore d'une épaisseur → FICHE 29

Dans l'aéronautique, pour mesurer l'épaisseur de panneaux rectangulaires de plusieurs mètres de côté, en alliage d'aluminium, servant à la construction du fuselage d'un avion, le pied à coulisse n'est pas utilisable.

Pied à coulisse

On emploie alors une méthode ultrasonore. Une brève impulsion ultrasonore est émise par un émetteur plaqué à la surface du panneau. Elle se propage dans le matériau puis revient.

L'émetteur joue alors le rôle de récepteur. La durée Δt entre émission et réception de l'ultrason peut être facilement mesurée grâce à un dispositif électronique non représenté sur le schéma de principe de la technique ci-contre.

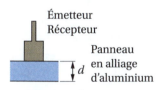

Mesure ultrasonore d'une épaisseur

a. Justifier la phrase : « pour mesurer l'épaisseur de grands panneaux [...] en alliage d'aluminium [...] le pied à coulisse n'est pas utilisable ».

b. Nommer le phénomène physique à l'origine du retour de l'ultrason vers l'émetteur.

c. En justifiant à l'aide d'un schéma, exprimer l'épaisseur d du panneau en alliage d'aluminium en fonction de la vitesse de propagation du signal ultrasonore v et de la durée Δt.

d. Sachant que la vitesse de propagation d'un signal ultrasonore dans l'alliage d'aluminium est 6,4 km·s⁻¹, en déduire l'épaisseur du panneau si $\Delta t = 6{,}3$ μs.

Émission et perception d'un son **225**

8 Mesure de la vitesse de propagation d'un signal sonore dans l'eau

→ FICHE 29

Lors d'une séance de travaux pratiques, un élève dispose du matériel suivant : une cuve à eau, un générateur G de salves ultrasonores (signaux ultrasonores de brève durée), un émetteur E et un récepteur R ultrasonores, un oscilloscope à mémoire. Le dispositif schématisé ci-dessous lui permet de mesurer le retard Δt entre l'émission et la réception de l'onde ultrasonore pour différentes valeurs de la distance d.

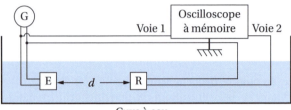

Cuve à eau

Les résultats des mesures de l'élève sont les suivants (il manque une valeur dans le tableau).

d (m)	0,20	0,40	0,60	0,80	1,0
Δt (µs)	130	270		530	680

a. Pour $d = 0,60$ m, l'oscillogramme obtenu est donné ci-contre. En déduire la valeur du retard Δt sachant que la base de temps est 100 µs·div^{-1}.

b. Tracer la représentation graphique de d en fonction de Δt. Quelle est la nature de la relation entre d et Δt ?

c. En déduire la valeur de la vitesse de propagation v_{eau} des ultrasons dans l'eau.

La comparer à la vitesse de propagation des signaux sonores dans l'air et proposer une interprétation expliquant cette différence.

9 Périodique ou non ?

 → FICHE 30

Le signal électrique ci-contre, visualisé sur l'écran d'un oscilloscope, est-il périodique ? Justifier.

CONSEILS
Utilisez la définition précise d'un signal périodique.

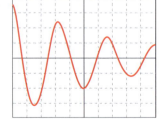

10 Ultrasons pour échographie médicale

→ FICHES 30 et 31

La fréquence des ultrasons utilisés en échographie médicale varie de 1 à 10 MHz.

À NOTER
MHz signifie mégahertz :
1 MHz = 10^6 Hz = 10^3 kHz.

a. Pourquoi parle-t-on d'ultrasons ?

b. Calculer la période d'un signal de fréquence 5 MHz.

11 Plusieurs diapasons

→ FICHE 31

Le son émis par un diapason est perçu à une distance d'un mètre avec un niveau d'intensité sonore $L = 30$ dB.

a. Quel sera le niveau sonore perçu à un mètre si deux diapasons émettent simultanément des sons de 30 dB ?

b. Reprendre la question pour quatre diapasons, puis pour huit.

12 Violoncelle

→ FICHES 30 et 31

Dans cet exercice, on étudie les sons produits par l'une des cordes d'un violoncelle, la corde appelée « corde de sol », selon qu'elle est frottée en utilisant un archet, ou bien pincée.

a. Corde frottée

Le violoncelliste frotte la corde avec son archet pour la mettre en vibration. Le son produit par la corde est étudié à l'aide d'un microphone branché à un oscilloscope numérique. L'oscillogramme correspondant est donné ci-dessous.

Exploiter cet oscillogramme pour déterminer la fréquence du signal sonore.

b. Corde pincée

Par une autre technique, le violoncelliste pince maintenant la corde de sol pour la mettre en vibration. L'oscillogramme correspondant au son émis par la corde pincée est donné ci-dessous.

Le son émis par la corde pincée a-t-il la même hauteur et le même timbre que le son émis par la même corde frottée ? Justifier.

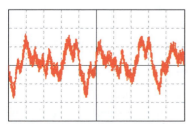

Base de temps : 2,5 ms · div^{-1}

**Oscillogramme
pour la corde frottée**

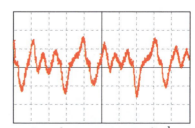

Base de temps : 2,5 ms · div^{-1}

**Oscillogramme
pour la corde pincée**

13 Guitares électriques

→ FICHES 29, 30 et 31

La guitare électrique est pourvue d'un corps le plus souvent plein. Elle produit des sons grâce à des microphones captant et transformant les vibrations des cordes en signal électrique. Ce signal peut ensuite être modifié électroniquement, puis amplifié et converti en signal sonore émis par des enceintes. Les fréquences des notes produites par les cordes pincées de la guitare sont les suivantes.

Note	mi_1	la_1	$ré_2$	sol_2	si_2	mi_3
Fréquence (Hz)	82,4	110,0	146,8	196,0	246,9	329,6

Un système d'acquisition informatisé permet l'enregistrement et la visualisation des signaux électriques associés aux différentes notes produites par une guitare électrique. Voici les signaux enregistrés pour deux guitares électriques différentes.

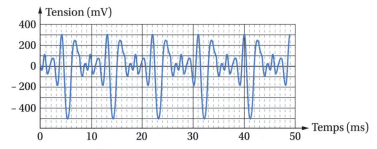

Fig. 1. Oscillogramme du son émis par la guitare 1

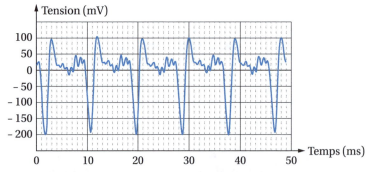

Fig. 2. Oscillogramme du son émis par la guitare 2

a. Existe-t-il une caisse de résonance sur une guitare électrique ?

b. Les deux sons émis ont-ils la même hauteur et le même niveau d'intensité sonore ? Justifier.

c. En précisant la méthode utilisée et en tenant compte de l'imprécision de la mesure, déterminer la note de musique jouée par les deux instruments.

d. Les deux sons sont-ils perçus de la même manière par l'oreille humaine ? Expliquer.

OBJECTIF BAC

 14 **L'échographie médicale**
60 min

> Ce problème permet de découvrir les principes physiques sur lesquels repose la technique d'échographie, utilisée en imagerie médicale, notamment les propriétés des signaux ultrasonores.

LE PROBLÈME

L'échographie est un examen indolore et non dangereux permettant l'observation directe d'organes internes. Cette technique utilise des signaux ultrasonores produits par une sonde jouant le rôle d'émetteur et de récepteur.

Lorsqu'un signal ultrasonore rencontre un nouveau milieu de propagation, une partie du signal incident est transmise dans ce nouveau milieu avec une vitesse différente et l'autre partie est réfléchie (écho). Ce sont ces propriétés qui permettent d'obtenir des images échographiques.

Document 1 **Dispositif pour montrer le principe de l'échographie**

Pour montrer le principe de l'échographie avec du matériel de lycée, on conçoit le dispositif suivant où G est un générateur de salves relié à un émetteur ultrasonore E, et R est un récepteur d'ultrasons.

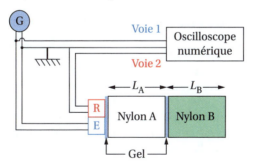

L'émetteur E et le récepteur R sont mis en contact avec un bloc solide A en nylon, lui-même accolé à un autre bloc de nylon B.

La longueur du bloc de nylon A est $L_A = 36{,}4$ cm et celle du bloc de nylon B est $L_B = 34{,}2$ cm.

Le rôle du gel est de permettre une bonne transmission des signaux ultrasonores d'abord entre l'émetteur et le nylon A, puis entre les nylons A et B et tertio entre le nylon A et le récepteur.

Les deux nylons (A et B) n'ont pas la même masse volumique. La vitesse de propagation des ultrasons dans ces deux solides n'est donc pas identique.

Émission et perception d'un son **229**

L'oscilloscope permet de visualiser la salve ultrasonore émise par E et de constater que deux salves, notées 1 et 2, sont reçues successivement par R.

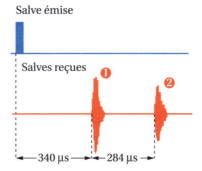

Oscillogramme. La sensibilité verticale pour les salves reçues et la sensibilité pour la salve émise sont différentes.

La salve 1 est le résultat de la réflexion partielle de l'onde ultrasonore sur la surface de séparation entre le nylon A et le nylon B.

La salve 2 est le résultat de la réflexion totale du signal ultrasonore sur l'extrémité du bloc de nylon B, en contact avec l'air.

La durée séparant l'émission par E de la réception par R de la salve 1 est $\Delta t_1 = 340$ μs. Une durée $\Delta t_2 = 284$ μs s'écoule entre la réception de la salve 1 et celle de la salve 2.

Document 2 **Principe de l'obtention d'une image échographique**

La sonde échographique est associée à un appareillage électronique qui convertit les échos ultrasonores en image. La conversion se fait en niveaux de gris selon l'intensité de l'écho capté par la sonde. Lorsqu'il n'y a pas d'écho, l'image est noire. Plus l'écho est intense et plus l'image est blanche.

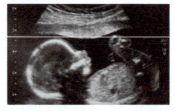

Image échographique d'un fœtus

1. Les fréquences des signaux ultrasonores utilisés en échographie dépendent des organes à sonder. Elles sont habituellement comprises entre 2 MHz et 15 MHz.

a. Indiquer la signification du symbole MHz.

b. Que vaut la fréquence 15 MHz en unité internationale ?

2. a. Observer l'oscillogramme du document 1 et donner un argument permettant d'affirmer que la salve ultrasonore 2 s'est propagée sur une plus longue distance que la salve 1 avant d'être captée par R.

b. Compléter la figure suivante avec les légendes : *salve incidente* • *salve 1* • *salve 2*.

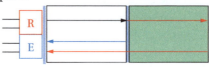

c. Quelle est la distance totale parcourue dans le nylon A par le signal ultrasonore entre son émission par E et la réception de la salve 1 ? En déduire la valeur (en unité internationale) de la vitesse de propagation v_A des ultrasons dans le nylon A.

d. Combien de temps s'est écoulé entre l'émission de la salve incidente par E et son arrivée à la surface de séparation entre les nylons A et B ?

e. La salve 2 se réfléchit à l'extrémité du bloc B avant de revenir vers le récepteur. Quelle est la durée du trajet de la salve 2 dans le nylon B ?

f. Quelle est la distance totale parcourue par la salve 2 dans le nylon B ?
En déduire la valeur (en unité internationale) de la vitesse de propagation v_B des ultrasons dans le nylon B.

g. Comparer la vitesse de propagation des ultrasons dans les nylons A et B avec la vitesse de propagation des signaux sonores dans l'air.

h. Comment serait modifié l'oscillogramme si on inversait les blocs A et B ?

3. a. Les liquides simples, ne contenant pas de particules en suspension, se laissent traverser par les ultrasons. Seront-ils noirs, gris ou blanc sur une image échographique ?

b. Les solides réfléchissent très bien les ultrasons. Seront-ils noirs, gris ou blanc sur une image échographique ?

c. Expliquer pourquoi l'image échographique du fœtus (document 2) apparaît sur fond noir et pourquoi une ligne blanche borde le crâne et le dos.

▶▶▶ LA FEUILLE DE ROUTE

1. Connaître les multiples usuels des unités   → RABAT V
Reportez-vous au tableau des rabats « multiples et sous-multiples ».

2. a. Extraire des informations d'un oscillogramme   → FICHES 29 et 30
Comparez les durées entre les deux salves ainsi que leurs amplitudes.

b. S'approprier les informations
Vous devez extraire des informations de l'énoncé, et particulièrement du document 1, puis les croiser avec votre réponse à la question **2a**.

c. à f. Réaliser des applications numériques   → FICHE 29
Prenez appui sur le schéma de la question **2b** afin d'extraire les valeurs numériques nécessaires à vos calculs. Soyez vigilant avec les unités utilisées dans les calculs.

g. Mobiliser ses connaissances   → FICHE 29
Vous devez connaître la vitesse de propagation d'un signal sonore dans l'air.

h. Analyser/raisonner
L'objectif est de vérifier si vous analysez correctement la situation expérimentale.

3. S'approprier les informations
Toutes les informations nécessaires sont contenues dans le document 2.

CORRIGÉS

▶ SE TESTER QUIZ

1 Émission et propagation d'un signal sonore

1. Réponses a ; c et d. L'affirmation **b** est fausse puisqu'une caisse de résonance amplifie seulement certaines vibrations de fréquences particulières.
L'affirmation **d** est vraie car un signal sonore se propage dans tous les milieux matériels : solides, liquides et gazeux.
L'affirmation **e** est fausse. La propagation du signal sonore est le résultat de la transmission de proche en proche de la vibration de l'*émetteur* sonore.
2. Réponse b. Dans l'air, le son se propage à 340 m·s^{-1}.

2 Signal sonore périodique

1. Réponse a. L'affirmation **b** est fausse. La fréquence est le nombre de fois qu'un phénomène périodique se répète *par seconde*.
L'affirmation **c** est fausse. La période est bien une durée mais pas la fréquence, qui correspond à l'inverse d'une durée.
2. Réponse a. La proposition **b** est incorrecte car l'amplitude d'un signal électrique est exprimée en volts (V).

3 Perception d'un son

1. Réponse c. Un signal sonore de fréquence supérieur à 20 000 Hz (20 kHz) n'est pas audible : c'est un ultrason.
2. Réponse c. Ne pas confondre l'intensité sonore, exprimée en watts par mètre carré, avec le niveau d'intensité sonore, exprimé en décibels.
3. Réponse a. Malgré le terme utilisé, la hauteur du son n'a aucun lien avec l'amplitude du signal sonore mais seulement avec sa fréquence.

▶ S'ENTRAÎNER

4 Silencieuses météorites

Le vide interplanétaire ne permet pas la propagation des signaux sonores qui ont besoin d'un milieu matériel, contrairement aux signaux lumineux.

5 Retard

Le signal sonore se propage du pistolet jusqu'au spectateur à la vitesse de $3{,}4 \times 10^2$ m·s^{-1} tandis que la vitesse de la lumière est de $3{,}0 \times 10^8$ m·s^{-1}. La différence de 6 ordres de grandeur entre ces deux vitesses explique le décalage entre le son et l'image pour le spectateur situé à une centaine de mètres.

À NOTER
La durée du trajet de la lumière sur une centaine de mètres est d'environ 0,3 µs et celle du signal sonore de 0,3 s.

6 Écho

Avant le retour de l'écho, la distance parcourue par l'onde sonore qui se réfléchit sur la paroi rocheuse est : $2d = 800$ m. La vitesse du son est de 340 m·s^{-1}.
Donc la durée du trajet est ; $\Delta t = \dfrac{2d}{v} = \dfrac{800}{340} = 2{,}4$ s.

7 Mesure ultrasonore d'une épaisseur

a. Un pied à coulisse permettrait de mesurer l'épaisseur de la plaque à proximité d'un bord, à quelques centimètres au maximum, mais pas au-delà. Pour vérifier l'épaisseur du panneau loin du bord, il est donc nécessaire de disposer d'une autre technique.
b. L'ultrason se réfléchit sur la seconde face du panneau puis revient. On parle de réflexion du signal.
c. L'ultrason met le temps Δt pour parcourir un aller-retour dans le matériau, c'est-à-dire une distance $2d$.
Sa vitesse de propagation est $v = \dfrac{2d}{\Delta t}$ donc $d = \dfrac{v\Delta t}{2}$.

d. $v = 6{,}4$ km·s$^{-1} = 6{,}4 \times 10^3$ m·s^{-1} et $\Delta t = 6{,}3$ µs $= 6{,}3 \times 10^{-6}$ s donc :
$d = \dfrac{v\Delta t}{2} = \dfrac{6{,}4 \times 10^3 \times 6{,}3 \times 10^{-6}}{2} = 2{,}0 \times 10^{-2}$ m $= 2{,}0$ cm.

> **CONSEILS**
> **d.** Attention aux unités ! Convertissez v en m·s^{-1} et Δt en s pour obtenir d en m.

8 Mesure de la vitesse de propagation d'un signal sonore dans l'eau

a. Pour $d = 0{,}60$ m, le retard entre émission et réception vaut : $\Delta t = 4 \times 100 = 400$ µs.
b. La représentation graphique de d en fonction de Δt est une droite passant par l'origine donc ces deux grandeurs sont proportionnelles.

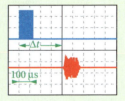

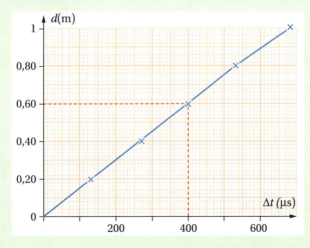

c. Le coefficient directeur de la droite est aussi le coefficient de proportionnalité entre d et Δt. Il est égal à la vitesse du signal sonore dans l'eau :
$$v_{eau} = \frac{d}{\Delta t} = \frac{0{,}60}{400 \times 10^{-6}} = 1{,}5 \times 10^3 \text{ m} \cdot \text{s}^{-1} = 1{,}5 \text{ km} \cdot \text{s}^{-1}.$$
La vitesse de propagation du son dans l'air est 340 m·s^{-1}.
On constate que $v_{eau} = 4{,}4 v_{air}$.
Le son se propage de proche en proche dans le milieu matériel. Sa propagation est donc plus rapide dans l'eau que dans l'air car un liquide est nettement plus dense qu'un gaz.

9 Périodique ou non ?

La forme du signal se répète à intervalle de temps régulier, mais son amplitude diminue. Le phénomène ne se répète donc pas parfaitement identique à lui-même à intervalle de temps régulier. Le signal n'est donc pas périodique : il est seulement pseudo-périodique.

10 Ultrasons pour échographie médicale

a. Les ultrasons utilisés en échographie médicale sont des ondes de même nature que le son mais avec des fréquences supérieures à la limite audible :
1 MHz = 1 000 kHz > 20 kHz.
b. La période est $T = \dfrac{1}{f}$ avec $f = 5 \times 10^6$ Hz donc $T = 2 \times 10^{-7}$ s = 0,2 µs.

11 Plusieurs diapasons

a. Lorsque deux sons de même niveau d'intensité sonore sont perçus simultanément, le niveau résultant croît de 3 dB. Donc lorsque les deux diapasons émettent simultanément à 30 dB, le niveau résultant est :
30 dB + 3 dB = 33 dB.
b. Le niveau résultant de deux diapasons est 33 dB donc dans le cas de quatre diapasons, soit deux fois deux diapasons, le niveau d'intensité sonore sera :
33 dB + 3 dB = 36 dB.
Le niveau résultant de quatre diapasons est 36 dB donc dans le cas de huit diapasons, soit deux fois quatre diapasons, le niveau d'intensité sonore sera :
36 dB + 3 dB = 39 dB.

12 Violoncelle

a. La période mesurée sur l'oscillogramme est : $T_1 = 4{,}0 \times 2{,}5 \times 10^{-3} = 1{,}0 \times 10^{-2}$ s.

La fréquence est donc : $f_1 = \dfrac{1}{T_1} = 1{,}0 \times 10^2$ Hz.

> **À NOTER**
> **a.** Selon la manière de mesurer la période, la valeur obtenue peut être légèrement différente.

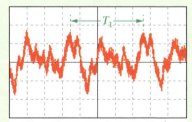

Base de temps : 2,5 ms · div^{-1}

b. Sur le second oscillogramme, on remarque que la période n'a pas évolué, donc la fréquence non plus. Par conséquent, la hauteur du son reste inchangée que la corde soit pincée ou frottée. Autrement dit, la note de musique émise est la même. En revanche le signal sonore émis par la corde pincée n'a pas la même forme que celui émis par la corde frottée. Cela signifie donc que les deux sons sont perçus différemment. On dit que leurs timbres diffèrent.

13 Guitares électriques

a. Une guitare électrique ne comporte pas de caisse de résonance car le corps plein de cette guitare ne contient pas d'air.

b. En comparant les deux enregistrements, on constate que les périodes, donc les fréquences, des deux signaux électriques sont identiques. Les deux sons émis ont donc la même hauteur.

L'amplitude « crête à crête » du premier signal est d'environ 800 mV tandis que celle du second signal est d'environ 300 mV. Par conséquent, la première guitare émet un son de niveau d'intensité sonore plus élevé que la seconde.

c. Sur l'un des oscillogrammes, on mesure la valeur du plus grand nombre possible de périodes (cinq dans le cas présent) afin d'accroître la précision du résultat sur la valeur d'une période.

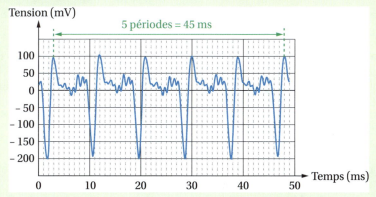

La période du son est donc $T = \dfrac{45 \times 10^{-3}}{5} = 9{,}0 \times 10^{-3}$ s et sa fréquence :

$f = \dfrac{1}{T} = \dfrac{1}{9{,}0 \times 10^{-3}} = 1{,}1 \times 10^2$ Hz.

Cette fréquence de 110 Hz correspond à la note la_1.

d. Les deux oscillogrammes montrent des signaux de forme différente donc les deux sons n'ont pas le même timbre. Par conséquent, ils ne sont pas perçus de manière identique par l'oreille humaine.

▶ OBJECTIF BAC

14 L'échographie médicale

1. a. MHz symbolise les mégahertz.
b. 15 MHz = 15×10^6 Hz.
2. a. La salve 2 s'est propagée sur une distance plus longue que la salve 1 puisqu'elle est captée avec un retard de 284 µs par rapport à la salve 1.

b.

R	Salve incidente	Salve 2 →
E	← Salve 1	← Salve 2

c. Dans le nylon A, la salve ultrasonore (nommée salve incidente, puis salve 1) parcourt en une durée $\Delta t_1 = 340$ µs un aller-retour, soit la distance :
$d_A = 2L_A = 2 \times 36,4 = 72,8$ cm.

La vitesse des ultrasons dans le nylon A est $v_A = \dfrac{d_A}{\Delta t_1}$ avec $d_A = 0,728$ m et $\Delta t_1 = 340 \times 10^{-6}$ s = $3,40 \times 10^{-4}$ s donc : $v_A = \dfrac{0,728}{3,40 \times 10^{-4}} = 2,14 \times 10^3$ m.s^{-1}.

d. La salve incidente parcourt la longueur L_A dans le nylon A pour atteindre B. La durée nécessaire pour ce parcours est donc : $\dfrac{\Delta t_1}{2} = 170$ µs.

e. La salve 2 (voir schéma de la question **2b**) parcourt son trajet dans le nylon B en une durée : $\Delta t_2 = 284$ µs = 284×10^{-6} s = $2,84 \times 10^{-4}$ s.

f. La distance parcourue par l'ultrason dans B est un aller-retour, soit la distance :
$d_B = 2L_B = 2 \times 34,2 = 68,4$ cm = $0,684$ m.

La vitesse des ultrasons dans le nylon B est $v_B = \dfrac{d_B}{\Delta t_2}$ soit :
$v_B = \dfrac{0,684}{2,84 \times 10^{-4}} = 2,41 \times 10^3$ m·s^{-1}.

g. La vitesse de propagation des signaux sonore (ou ultrasonores) dans l'air est 340 m.s^{-1}. Les vitesses de propagation mesurées dans les deux nylons A et B sont respectivement 2 140 m·s^{-1} et 2 410 m·s^{-1}. Le son se propage donc environ 6 à 7 fois plus vite dans ces matériaux solides que dans l'air.

h. En inversant les deux blocs de nylon, on constaterait que la salve 1 serait captée au bout de 284 µs et la salve 2, serait reçue 340 µs plus tard.

3. a. Un liquide ne réfléchit pas les ultrasons donc son image échographique est noire.
b. Un solide réfléchit très bien les ultrasons donc son image échographique est blanche.
c. Le fœtus apparaît sur fond noir car il est immergé dans le liquide amniotique qui ne réfléchit pas les ultrasons.
La ligne blanche qui borde le crâne et le dos du fœtus est caractéristique d'une substance solide. Il s'agit des os du crâne et de la colonne vertébrale.

ONDES ET SIGNAUX

Vision et images

Le **télescope Hubble**, en orbite terrestre à 547 km d'altitude, a contribué à de nombreuses découvertes spatiales depuis 1990. Placé hors de l'atmosphère, il permet d'obtenir des images du cosmos impossibles à réaliser avec un télescope terrestre.

FICHES DE COURS		
32	Caractéristiques de la lumière	238
33	Réflexion et réfraction de la lumière	240
34	Dispersion de la lumière par un prisme	242
35	Lentilles minces convergentes	244
MÉMO VISUEL		246

EXERCICES			
	SE TESTER	Exercices 1 à 3	248
	S'ENTRAÎNER	Exercices 4 à 18	249
	OBJECTIF BAC	Exercices 19 et 20 • Problèmes guidés	253

CORRIGÉS	Exercices 1 à 20	255

32 Caractéristiques de la lumière

En bref La lumière blanche et les lumières colorées ont des propriétés communes et des caractéristiques spécifiques, porteuses de renseignements sur leur source.

I La lumière blanche

■ Un prisme permet de **décomposer la lumière** émise par une source et d'obtenir son **spectre** → FICHE 34.

■ Le spectre de la lumière blanche est **continu**. Cette lumière est composée d'une infinité de couleurs ; on dit qu'elle est **polychromatique**. La lumière du Soleil est une lumière blanche.

À NOTER
Dans tout milieu homogène et transparent, la lumière se propage en ligne droite. Dans le vide ou dans l'air, sa vitesse de propagation est $c = 3{,}00 \times 10^8$ m·s^{-1}.

■ Chaque couleur du spectre est associée à une radiation caractérisée dans le vide par sa **longueur d'onde** notée λ et exprimée en nanomètres $(1 \text{ nm} = 1 \times 10^{-9}$ m$)$.

■ Le **spectre de la lumière visible** s'étend du violet au rouge. Au-delà du rouge (λ > 800 nm) se trouvent les **infrarouges** et en deçà du violet (λ < 400 nm) se trouvent les **ultraviolets**.

II Différents spectres d'émission

■ Tout corps chaud (solide, liquide ou gaz) sous haute pression émet une lumière dont le spectre est **continu**. Lorsque la température T du corps augmente, sa couleur passe du rouge au blanc et le spectre de sa lumière s'enrichit vers le violet.

Température T_1

Température $T_2 > T_1$

■ Un gaz (à basse pression) chauffé ou soumis à une décharge électrique émet une lumière dont le spectre est **discontinu**. Les raies observées sont caractéristiques des entités chimiques présentes dans le gaz.

Exemple : Le **spectre de raies** de l'hydrogène comporte les raies suivantes : 410 nm ; 434 nm ; 486 nm et 656 nm.

Élément hydrogène (H)

Méthodes

1 | Calculer une durée de propagation de la lumière dans le vide

Le Soleil et la Terre sont éloignés d'environ 150 millions de kilomètres. Calculer la durée mise par la lumière pour nous parvenir du Soleil.

 CONSEILS

Soyez attentif aux unités. La vitesse c s'exprime en m·s^{-1}, donc la distance doit être exprimée en mètres pour que la durée soit exprimée en secondes.
On a : 1 000 000 km = 1×10^6 km = 1×10^9 m.
La vitesse de propagation est le quotient de la distance d parcourue par la durée de parcours Δt → FICHE 29. La durée peut donc être déterminée en connaissant la vitesse et la distance.

SOLUTION

Par définition de la vitesse de la lumière : $c = \dfrac{d}{\Delta t}$ donc $\Delta t = \dfrac{d}{c}$.

$c = 3{,}00 \times 10^8$ m·s^{-1} et $d = 150 \times 10^9$ m

donc $\Delta t = \dfrac{150 \times 10^9}{3{,}00 \times 10^8} = 5{,}00 \times 10^2 = 500$ s.

La lumière du Soleil met environ 500 s soit $\dfrac{500}{60} = 8{,}3$ min pour nous parvenir.

2 | Analyser la lumière d'un laser

Voici le spectre de la lumière d'un laser.

a. Quelle est la nature de ce spectre ?

b. Pourquoi parle-t-on de lumière monochromatique ?

 CONSEILS

Chaque couleur du spectre est associée à une radiation caractérisée par une longueur d'onde λ.

SOLUTION

a. C'est un spectre de raies montrant une seule raie rouge.

b. Le laser produit une lumière monochromatique, caractérisée par une seule longueur d'onde λ car elle ne possède qu'une seule couleur sur son spectre.

MOTS CLÉS

- Le spectre d'une **lumière monochromatique** est constitué d'une seule raie.
- Toute lumière qui n'est pas monochromatique est une **lumière polychromatique**, son spectre est soit un spectre continu, soit un spectre constitué de plusieurs raies.

Vision et images

33 Réflexion et réfraction de la lumière

En bref *Le trajet d'un rayon lumineux est modifié s'il rencontre une surface réfléchissante ou s'il passe d'un milieu transparent à un autre. Ces phénomènes sont appelés respectivement réflexion et réfraction.*

I La réflexion

■ Un **rayon lumineux** modélise un trajet de la lumière. Dans un milieu transparent homogène, il est représenté par une ligne droite avec une flèche indiquant le sens de propagation.

■ Une **surface réfléchissante** (un miroir par exemple) renvoie (réfléchit) un rayon lumineux dans une direction particulière.

■ Les lois de Snell-Descartes pour la réflexion

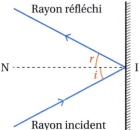

1re loi. Les rayons réfléchi et incident sont dans le même plan, appelé plan d'incidence et défini par le rayon incident et la normale IN au point d'incidence I.

2e loi. L'angle de réflexion r entre le rayon réfléchi et la normale IN est égal à l'angle d'incidence i entre le rayon incident et la normale IN : $r = i$

II La réfraction

■ La **réfraction** est le changement de direction subie par la lumière lorsqu'elle passe d'un milieu transparent à un autre milieu transparent.

■ L'**indice optique** n d'un milieu transparent est le rapport de la vitesse c de la lumière dans le vide par la vitesse v de la lumière dans le milieu considéré :

$n = \dfrac{c}{v}$ | c et v en m·s⁻¹. n sans unité. *Exemple* : L'indice optique de l'air est 1.

■ La vitesse v de la lumière dans un milieu transparent est toujours inférieure à la célérité c de la lumière dans le vide, donc l'indice optique d'un milieu (autre que le vide) est toujours **supérieur à 1**.

■ Les lois de Snell-Descartes pour la réfraction

1re loi. Le rayon réfracté est dans le plan d'incidence défini par le rayon incident et la normale au point d'incidence à la surface de séparation entre les deux milieux.

2e loi. Lorsque le rayon passe d'un milieu d'indice n_1 à un milieu d'indice n_2, l'angle d'incidence i_1 et l'angle de réfraction i_2 sont liés par la relation :

$$n_1 \sin i_1 = n_2 \sin i_2$$

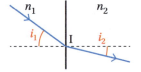

Méthodes

1 | Comprendre la signification d'un indice optique

L'indice optique d'un verre ordinaire est 1,50.

a. Sans calcul, indiquer quelle information fournit cette valeur.

b. Quelle grandeur peut-on calculer à partir de cet indice optique ? La calculer.

c. Quelle information qualitative peut-on tirer de la comparaison de l'indice optique du verre ordinaire avec celui de l'alcool qui vaut 1,36 ?

> **CONSEILS**
> Utilisez la définition de l'indice optique d'un milieu transparent.

> **SOLUTION**

a. $n_{\text{verre}} = 1{,}50$ donc la lumière se propage 1,50 fois moins vite dans ce milieu transparent que dans le vide ou dans l'air.

b. On peut calculer la vitesse de propagation de la lumière dans le verre.

$n = \dfrac{c}{v}$ donc $v = \dfrac{c}{n}$ soit $v = \dfrac{3{,}00 \times 10^8}{1{,}50} = 2{,}00 \times 10^8$ m·s^{-1}.

c. L'indice optique du verre est supérieur à l'indice optique de l'alcool donc la lumière se propage moins vite dans le verre que dans l'alcool.

2 | Déterminer un angle de réfraction

Un faisceau laser est réfracté de l'air dans l'eau.

a. Compléter la figure ci-contre : indiquer le point d'incidence I ; tracer la normale en I à la surface de séparation entre l'air et l'eau ; repérer le rayon incident, le rayon réfracté, l'angle d'incidence i_1 et l'angle de réfraction i_2.

b. L'indice optique de l'eau est 1,33 et l'angle d'incidence mesure 60°. Déterminer la valeur de l'angle de réfraction.

> **CONSEILS**
> Appliquez les deux lois de Snell-Descartes pour la réfraction. Utilisez la fonction arcsin de la calculatrice (Asn ou sin^{-1}) en définissant l'unité d'angle en degrés.

> **SOLUTION**

a.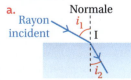

b. $n_1 \sin i_1 = n_2 \sin i_2$ avec $n_1 = 1{,}00$ (air), $n_2 = 1{,}33$ (eau) et $i_1 = 60$ °. On obtient :

$\sin i_2 = \dfrac{n_1 \sin i_1}{n_2} = \dfrac{1{,}00 \times \sin 60°}{1{,}33} = \dfrac{0{,}866}{1{,}33} = 0{,}651$

donc $i_2 = 40{,}6°$.

34 Dispersion de la lumière par un prisme

En bref Le phénomène de dispersion par un prisme s'explique par les deux réfractions subies par la lumière lorsqu'elle traverse le prisme et par la variation de l'indice optique du milieu en fonction de la longueur d'onde.

I Décomposition de la lumière blanche par un prisme

Lorsqu'un fin faisceau de lumière blanche traverse un prisme de verre, on observe un spectre continu →FICHE 32 formé d'une multitude de lumières colorées juxtaposées, appelées radiations monochromatiques.

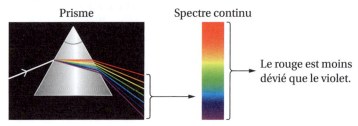

Prisme   Spectre continu

Le rouge est moins dévié que le violet.

II Interprétation de la dispersion de la lumière blanche

■ Dans un milieu dispersif (verre, eau…), l'indice optique n dépend de la couleur et donc de la longueur d'onde de la lumière monochromatique qui le traverse.

Exemple : Un arc-en-ciel est le résultat de la décomposition de la lumière solaire par les gouttes de pluie. C'est la preuve que l'eau est un milieu dispersif.

■ Pour un même angle d'incidence i_1 dans l'air (d'indice $n_1 = 1{,}00$), l'angle de réfraction i_2 dans le verre est tel que $\sin i_2 = \dfrac{n_1 \sin i_1}{n_2} = \dfrac{1{,}00 \times \sin i_1}{n_2} = \dfrac{\sin i_1}{n_2}$ (d'après la 2e loi de Snell-Descartes pour la réfraction). L'indice n_2 du verre dépend de la couleur de la lumière monochromatique qui le traverse, donc l'angle i_2 en dépend également. Ce phénomène de dispersion permet de décomposer la lumière blanche en séparant les radiations monochromatiques qui la constituent.

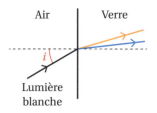

Air   Verre

i

Lumière blanche

À NOTER
Le rouge est moins dévié que le violet car l'indice optique du rouge est plus faible que celui du violet.

Méthode

Interpréter la dispersion de la lumière par un prisme

La courbe suivante représente les variations de l'indice optique n du verre d'un prisme en fonction de la longueur d'onde de la lumière dans le vide.

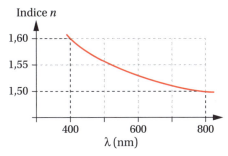

a. Montrer que la 2e loi de Snell-Descartes pour la première réfraction subie par la lumière à l'entrée dans le prisme peut s'écrire : $\sin i_1 = n \sin i_2$.

b. Pour un rayon de lumière blanche arrivant sur le prisme avec un angle d'incidence de 45°, calculer la valeur de l'angle de réfraction pour chacune des limites du visible.

c. Expliquer pourquoi on dit que le rouge est moins dévié que le violet.

CONSEILS

a. Exprimez la 2e loi de Snell-Descartes pour la réfraction →FICHE 33 en réfléchissant aux valeurs des indices optiques de chacun des deux milieux.
b. Utilisez la touche sin^{-1} (ou Asn) de la calculatrice.
c. Définissez la déviation du rayon lumineux par un angle.

SOLUTION

a. La 2e loi de Snell-Descartes sous sa forme générale est $n_1 \sin i_1 = n_2 \sin i_2$. Dans le cas étudié, le milieu 1 est l'air donc $n_1 = 1{,}00$ et le milieu 2 est le verre du prisme dont l'indice est noté n. Donc, la loi devient : $\sin i_1 = n \sin i_2$.

b. $n_{(\text{violet})} = 1{,}60$ donc : $\sin i_2(\text{violet}) = \dfrac{\sin i_1}{n(\text{violet})} = \dfrac{\sin 45°}{1{,}60} = \dfrac{0{,}707}{1{,}60} = 0{,}442$

et finalement $i_2(\text{violet}) = 26{,}2°$.

$n_{(\text{rouge})} = 1{,}50$ donc : $\sin i_2(\text{rouge}) = \dfrac{\sin i_1}{n(\text{rouge})} = \dfrac{\sin 45°}{1{,}50} = \dfrac{0{,}707}{1{,}50} = 0{,}471$ et finalement $i_2(\text{rouge}) = 28{,}1°$.

c. Les calculs montrent qu'à l'entrée dans le prisme : la radiation rouge passe d'un angle de 45° à 28,1°, soit une déviation de 16,9° tandis que la radiation violette passe d'un angle de 45° à 26,2°, soit une déviation de 18,8°. La radiation rouge est donc moins déviée que la radiation violette.

35 Lentilles minces convergentes

En bref Lorsque la lumière provenant d'un objet traverse une lentille, il se forme une image de cet objet. Les caractéristiques de l'image dépendent de la position de l'objet, et de la distance focale de la lentille.

I Caractéristiques des lentilles convergentes

■ Une **lentille mince convergente** transforme un faisceau de lumière parallèle en un faisceau convergent. L'axe de symétrie Δ de la lentille est appelé **axe optique** ou axe principal.

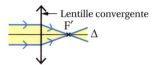

■ Une lentille mince convergente est caractérisée par trois points particuliers (O, F et F') et sa **distance focale** f' : f' = OF' = OF. La lentille est d'autant plus convergente que f' est petite.

■ Tout rayon incident passant par le **centre optique** O n'est pas dévié. Tout rayon incident parallèle à l'axe optique émerge en passant par le **foyer image** F'. Tout rayon incident passant par le **foyer objet** F émerge parallèle à l'axe optique.

■ Une lentille forme une image A'B' d'un objet AB. La position de l'image dépend de la position de l'objet par rapport au foyer.

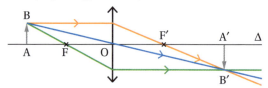

■ **Le grandissement** $\gamma = \dfrac{A'B'}{AB}$ est une grandeur sans unité, positive si l'image est dans le même sens que l'objet et négative si l'image est renversée.

II Modèle de l'œil réduit

■ Un œil est modélisé par une lentille mince convergente (le cristallin), associée à un écran sensible (la rétine), séparés par une **distance fixe** d = 15,0 mm.

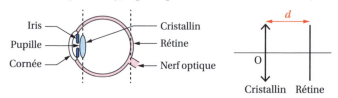

■ La distance focale f' du cristallin est réglable, c'est l'**accommodation**.

Méthode

Modéliser le fonctionnement optique de l'œil

L'œil voit nettement un objet lorsque son image, formée par le cristallin de distance focale f', se situe exactement sur la rétine.

Donnée : distance fixe cristallin-rétine : $d = 15{,}0$ mm.

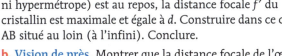

a. Vision de loin. Lorsqu'un œil normal (ni myope, ni hypermétrope) est au repos, la distance focale f' du cristallin est maximale et égale à d. Construire dans ce cas l'image d'un objet AB situé au loin (à l'infini). Conclure.

b. Vision de près. Montrer que la distance focale de l'œil doit être inférieure à d pour voir nettement un objet proche AB.

 CONSEILS

a. Positionnez les foyers F' et F. Tracez deux rayons issus de B : celui qui passe par O et celui qui passe par F. Ces rayons sont parallèles car B est à l'infini.
b. Positionnez un objet proche de la lentille et construisez son image de manière à ce qu'elle soit sur la rétine en traçant deux rayons particuliers : celui qui passe par O et celui qui est parallèle à l'axe optique. Positionnez ensuite le foyer F' et comparez la distance focale f' à d.

SOLUTION

a. F' est situé sur la rétine et F est son symétrique par rapport à O. L'image d'un objet à l'infini se forme sur la rétine : l'œil normal au repos voit au loin.

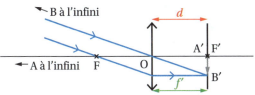

b. Pour voir net un objet proche AB, son image A'B' doit être sur la rétine. En faisant la construction, on constate que $f' < d$. C'est grâce aux muscles ciliaires que la distance focale f' peut être réduite de manière à voir nettement l'objet proche AB. Ce processus est appelé accommodation.

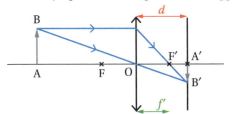

MOT CLÉ

Dans les deux constructions, les rayons formant B' se coupent réellement. L'image est dite **réelle**.

Vision et images **245**

MÉMO VISUEL

La lumière

Caractéristiques de la lumière
- Propagation **rectiligne**
- Vitesse dans le **vide** et dans **l'air** : $c = 3{,}00 \times 10^8$ m·s^{-1}
- Vitesse dans un **autre milieu** transparent : $v < c$

Lumière blanche
Polychromatique : constituée d'une infinité de radiations **monochromatiques** caractérisées chacune par sa longueur d'onde λ dans le vide.

Spectres d'émission
- **Spectre continu** de la lumière blanche

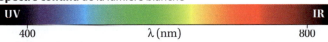

- **Spectre de raies** émis par un gaz : le cadmium

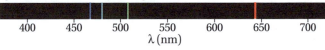

Réflexion et réfraction de la lumière

VISION ET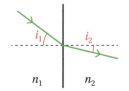

Indice optique n d'un milieu transparent

- $n = \dfrac{c}{v}$

(n sans unité et $n \geq 1$)

- $n_{\text{vide}} = 1$
- $n_{\text{air}} = 1{,}00$
- $n_{\text{eau}} = 1{,}33$

Lois de Snell-Descartes

- Rayon **réfléchi** dans le plan d'incidence
$i = r$

- Rayon **réfracté** dans le plan d'incidence
$n_1 \sin i_1 = n_2 \sin i_2$

246

Dispersion de la lumière par un prisme

Origine de la dispersion : v dépend de λ donc n dépend de λ donc l'angle de réfraction dépend de λ.

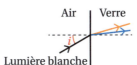

Lentilles minces convergentes

Modélisation géométrique

- **Trois points caractéristiques** : centre optique O, foyer objet F et foyer image F'
- **Distance focale** : $f' = OF' = OF$

Formation de l'image A'B' d'un objet AB

- **Grandissement** : $\gamma = \dfrac{A'B'}{AB}$
- Image **renversée** : $\gamma < 0$

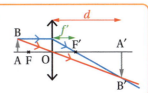

IMAGES

Modèle réduit de l'œil

- **Objet lointain** vu nettement : image formée sur la rétine ; $f' = d$

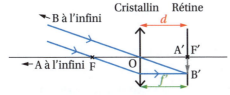

- **Objet proche** vu nettement : $f' < d$ (processus d'accommodation)

Vision et images **247**

▶ SE TESTER QUIZ

*Vérifiez que vous avez bien compris les points clés des **fiches 32 à 35**.*

1 Caractéristiques de la lumière → FICHE 32

1. La lumière blanche est :
☐ **a.** multicolore   ☐ **b.** polychromatique   ☐ **c.** monochromatique

2. Le spectre de la lumière blanche est :
☐ **a.** discontinu et s'étend du bleu au rouge, entre 400 nm et 800 nm
☐ **b.** continu et s'étend du rouge au violet, entre 400 µm et 800 µm
☐ **c.** continu et s'étend du violet au rouge, entre 400 nm et 800 nm

3. La vitesse de la lumière dans le vide vaut :
☐ **a.** $3{,}00 \times 10^8$ km·h^{-1} ☐ **b.** 300 000 km·s^{-1} ☐ **c.** $3{,}00 \times 10^8$ m·s^{-1}

2 Réflexion, réfraction et dispersion de la lumière → FICHES 33 et 34

1. L'indice optique d'un milieu est :
☐ **a.** le rapport de la vitesse de propagation de la lumière dans le vide sur la vitesse de propagation de la lumière dans le milieu
☐ **b.** toujours supérieur ou égal à 1

2. Lorsqu'un rayon lumineux est réfracté d'un milieu d'indice n_1 vers un milieu d'indice n_2, l'angle d'incidence i_1 et l'angle de réfraction i_2 sont liés par la relation :
☐ **a.** $n_1 \cos i_1 = n_2 \cos i_2$ ☐ **b.** $n_1 \cos i_1 = n_2 \sin i_2$ ☐ **c.** $n_1 \sin i_1 = n_2 \sin i_2$

3. Pourquoi une lumière polychromatique est-elle dispersée par un prisme ?
☐ **a.** Car l'indice optique du prisme a une valeur différente pour chaque radiation monochromatique constituant la lumière.
☐ **b.** Car la vitesse de propagation de chaque radiation monochromatique constituant la lumière y est différente.

4. Une radiation monochromatique traversant un prisme est :
☐ **a.** déviée   ☐ **b.** dispersée

3 Lentilles minces convergentes → FICHE 35

1. Un rayon incident passant par le foyer objet F d'une lentille mince émerge :
☐ **a.** parallèlement à l'axe optique   ☐ **b.** sans être dévié

2. Un rayon incident parallèle à l'axe optique d'une lentille mince émerge :
☐ **a.** en passant par le foyer objet F   ☐ **b.** en passant par le foyer image F'

3. Plus une lentille est convergente et plus sa distance focale est :
☐ **a.** grande   ☐ **b.** petite

S'ENTRAÎNER

4 Du plus chaud au plus froid
→ FICHE 32

Un métal est porté à incandescence jusqu'à apparaître blanc, puis on le laisse refroidir. Les quatre spectres suivants ont été obtenus en décomposant la lumière émise par ce métal au cours de son refroidissement, mais ils ne sont pas classés.

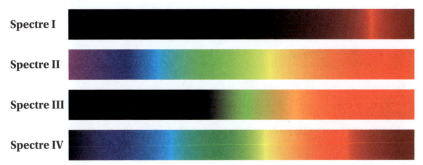

Remettre ces quatre spectres dans l'ordre chronologique de leur obtention.

5 La couleur des étoiles
→ FICHE 32

Bételgeuse et Rigel sont les deux étoiles supergéantes les plus brillantes de la constellation d'Orion. Rigel est bleue tandis que Bételgeuse est rouge. En expliquant, indiquer quelle information fournit la comparaison des couleurs de Bételgeuse et Rigel.

6 Quel élément chimique ?
→ FICHE 32

a. En utilisant l'échelle graduée en nm, déterminer les valeurs des longueurs d'onde des radiations présentes dans le spectre de raie suivant :

b. Le tableau indique des valeurs de longueurs d'onde des raies présentes dans les spectres de l'hydrogène et de l'hélium.

Hydrogène	365 nm	410 nm	434 nm	486 nm	656 nm	820 nm
Hélium	447 nm	471 nm	492 nm	501 nm	587 nm	668 nm

Quel est l'élément chimique présent dans le gaz produisant la lumière du spectre de raies ?

7 Année-lumière

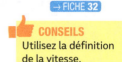

L'année-lumière est la distance parcourue par la lumière dans le vide pendant une année. Déterminer la valeur d'une année-lumière en mètres.

CONSEILS
Utilisez la définition de la vitesse.

8 Longueur d'onde

→ FICHE 32

a. Classer les radiations suivantes par longueur d'onde croissante dans le vide.

Radiation	1	2	3	4
λ	450 nm	0,25 µm	$0,56 \times 10^{-3}$ mm	$9,5 \times 10^{-7}$ m

b. Indiquer, pour chaque radiation, si elle est visible, infrarouge ou ultraviolette.

CONSEILS
a. Convertissez toutes les longueurs d'onde dans la même unité afin de pouvoir les comparer.

9 Miroirs perpendiculaires

→ FICHE 33

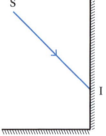

Deux miroirs sont placés perpendiculairement.

a. Compléter le trajet du rayon SI en expliquant la méthode.

b. Quelle est la particularité du rayon réfléchi par le second miroir ?

CONSEILS
Utilisez la 2e loi de Snell-Descartes pour la réflexion.

10 Fibre optique

→ FICHE 33

Dans une fibre optique, la lumière se propage par une succession de réflexions. Sur le schéma ci-dessous, trois rayons lumineux ont été tracés pour illustrer cette propagation de la lumière dans le cœur d'une fibre optique.

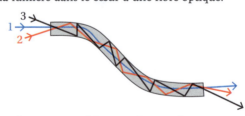

Un seul de ces tracés est convenable. Lequel ? Justifier.

11 Indice optique

→ FICHE 33

Quel est l'indice optique d'un milieu transparent dans lequel la lumière se propage à $2,46 \times 10^8$ m·s^{-1} ?

12 Réfraction air-diamant

→ FICHE 33

La réfraction air-diamant d'un rayon lumineux est schématisée ci-dessous.

a. Quel est l'angle d'incidence du rayon lumineux ? l'angle de réfraction ?

b. En déduire la valeur de l'indice optique du diamant. Expliquer la démarche.

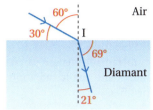

> **CONSEILS**
> **b.** Pour conduire les calculs, vérifiez préalablement que l'unité d'angle prédéfinie dans la calculatrice est bien le degré.

13 Réfraction air-glycérine

→ FICHE 33

Un rayon lumineux se propageant dans l'air entre en I dans de la glycérine (liquide transparent aussi appelé glycérol) avec un angle d'incidence de 45°. Ce rayon lumineux est réfracté en se rapprochant de la normale d'un angle de 16,2° par rapport au rayon incident.

a. Compléter le schéma ci-contre avec le trajet du rayon lumineux (rayon incident, rayon réfracté), en y indiquant l'angle d'incidence et l'angle de réfraction. Expliquer la démarche pour obtenir la valeur de l'angle de réfraction.

b. En déduire la valeur de l'indice optique de la glycérine.

> **CONSEILS**
> **b.** Réfléchissez à ce que représente l'angle de 16,2° à l'aide du schéma de la question **a**.

14 Déviation d'un faisceau laser par un prisme

→ FICHES 32 à 34

La figure ci-dessous montre le trajet d'un faisceau laser à travers un prisme.

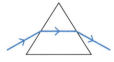

a. Pourquoi la lumière subit-elle deux déviations ?

b. La lumière laser traverse le prisme sans subir de décomposition. Quelle conclusion peut-on tirer quant à la nature de la lumière laser ?

15 Dispersion de la lumière par un prisme → FICHES 32 à 34

La figure ci-dessous montre le trajet d'un faisceau de lumière initialement blanche à travers un prisme.

a. Que prouve cette expérience quant à la nature de la lumière blanche ?

b. Pourquoi les radiations monochromatiques sont-elles séparées à la sortie du prisme ?

c. La radiation jaune se propage-t-elle plus vite ou moins vite que la radiation rouge dans le prisme ? Justifier.

> **CONSEILS**
> **c.** Utilisez la 2ᵉ loi de Snell-Descartes et la définition de l'indice optique.

16 La plus convergente → FICHE 35

Une lentille L_1 de distance focale 0,25 m est-elle plus ou moins convergente qu'une lentille L_2 de 4 cm de distance focale ? Justifier.

17 L'œil → FICHE 35

a. Compléter le schéma simplifié de l'œil, ci-dessous, avec les légendes suivantes : *rétine* • *iris* • *cristallin* • *pupille* • *nerf optique*.

b. L'œil contient une lentille convergente. Quel est son nom ?

c. La distance focale de cette lentille est variable grâce à des muscles qui permettent d'en modifier la courbure. Comment se nomme ce processus permettant d'obtenir une image nette sur la rétine ?

18 Image réelle formée par une lentille → FICHE 35

Un objet AB de dimension 2 cm est positionné à 6 cm devant une lentille de 4 cm de distance focale. L'objet est perpendiculaire à l'axe optique, le point A appartenant à cet axe.

a. Sur un schéma à l'échelle 1/2, construire l'image A'B' de l'objet AB.

b. Cette image est réelle. Pourquoi ?

c. Où et comment faut-il positionner un écran pour voir nettement l'image ?

d. Déterminer la valeur du grandissement.

e. En utilisant le théorème de Thalès, exprimer le grandissement en fonction des longueurs OA et OA'. Calculer la valeur du grandissement et la comparer à la valeur obtenue à la question **d**.

▶ OBJECTIF BAC

19 Détermination expérimentale d'un indice optique
45 min

Ce problème est une étude quantitative de la réfraction de la lumière. L'étude expérimentale permet de modéliser le phénomène en vérifiant la 2ᵉ loi de Snell-Descartes et de l'utiliser pour déterminer un indice optique.

📄 LE PROBLÈME

Le dispositif schématisé ci-dessous est utilisé pour étudier la réfraction d'un faisceau laser lorsqu'il pénètre dans un demi-cylindre en verre.

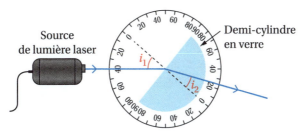

Le support gradué permet de relever les valeurs des angles i_1 et i_2 pour différentes positions de la source.

i_1 (°)	0	10	20	30	40	50	60	70
i_2 (°)	0	7,0	13	20	25	31	35	39
$\sin i_1$								
$\sin i_2$								

a. Les valeurs des angles i_1 et i_2 sont-elles proportionnelles ?

b. Compléter le tableau en calculant les valeurs des sinus de i_1 et de i_2.

c. Tracer la courbe représentant $\sin i_1$ en fonction de $\sin i_2$.

d. Comment voit-on que $\sin i_1$ et $\sin i_2$ sont proportionnels ?

e. En déduire la valeur de l'indice de réfraction du verre constituant le demi-cylindre.

▶▶▶ LA FEUILLE DE ROUTE

a. Reconnaître une relation de proportionnalité

Choisissez judicieusement quelques valeurs de i_1 et i_2 afin de les comparer.

b. Utiliser la calculatrice

Utilisez la calculatrice pour faire les calculs en vérifiant que les angles sont bien exprimés en degrés.

Vision et images

c. Tracer un graphique

Interrogez-vous sur la grandeur à placer en abscisse et celle à placer en ordonnée.

d. Analyser un graphique → FICHE 33

Observez la forme de la courbe tracée à la question précédente.

e. Effectuer un calcul

Appliquez la 2e loi de la réfraction de Snell-Descartes.

20 Détermination d'une distance focale
20 min

> Ce problème a pour but de déterminer graphiquement la distance focale d'une lentille convergente à partir de la position d'un objet et de son image.

LE PROBLÈME

Un objet AB de dimension 2,0 cm est placé à 8,0 cm devant une lentille convergente de distance focale f′ inconnue (voir la figure suivante à l'échelle 1/2). Le point image A′ de A se forme alors à 14,0 cm derrière la lentille.

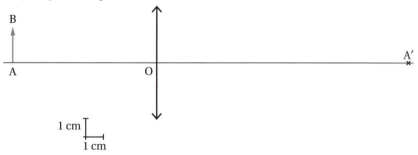

a. En expliquant clairement la méthode employée, compléter la figure avec la construction de l'image A′B′.

b. En déduire une valeur approchée de la distance focale de la lentille. Expliquer la méthode.

▶▶▶ LA FEUILLE DE ROUTE

a. Réaliser une construction graphique → FICHE 35

N'oubliez pas que la position des points F et F′ est inconnue. En revanche, la position de A′ est connue et par ailleurs la forme de A′B′ est identique à celle de AB (pas sa dimension) donc pour obtenir la position de B′, tracez un rayon particulier issu de B.

b. Réaliser une construction graphique et l'exploiter → FICHE 35

Poursuivez la construction précédente en traçant le rayon particulier issu de B qui converge vers B′ en passant par le point recherché : le foyer image F′.

Mesurez la distance focale sur la construction graphique (attention à l'échelle).

CORRIGÉS

▶ SE TESTER QUIZ

1 Caractéristiques de la lumière

1. Réponse b. Multicolore n'est pas synonyme de polychromatique.

2. Réponse c. Le spectre de la lumière blanche est continu. L'une des extrémités du spectre est le violet de longueur d'onde 400 nm et l'autre extrémité est le rouge de longueur d'onde 800 nm.

3. Réponses b et c. Les valeurs $3,00 \times 10^8$ m·s^{-1} et 300 000 km·s^{-1} sont les mêmes. En effet : 1 km·s^{-1} = 1 000 m·s^{-1} = 1×10^3 m·s^{-1}.

2 Réflexion, réfraction et dispersion de la lumière

1. Réponse b. L'affirmation a est fausse. En effet, l'indice optique d'un milieu est exprimé par le rapport $n = \dfrac{c}{v}$ et pas $\dfrac{v}{c}$. La lumière se propage plus vite dans le vide que dans tout milieu transparent. Par conséquent, l'indice optique est toujours supérieur ou égal à 1.

2. Réponse c. C'est la 2e loi de Snell-Descartes pour la réfraction.

3. Réponses a et b. Les deux réponses sont exactes. En effet, n est lié à v par la relation qui le définit : $n = \dfrac{c}{v}$ donc comme v dépend de λ alors n dépend aussi de λ.

4. Réponse a. Une lumière monochromatique est déviée par le prisme en raison des deux réfractions qu'elle subit. En revanche, elle ne peut pas être dispersée puisqu'elle n'est constituée que d'une seule radiation.

3 Lentilles minces convergentes

1. Réponse a. Le rayon qui n'est pas dévié est celui passant par le centre optique.

2. Réponse b. Le foyer objet est noté F et il est situé avant la lentille.

3. Réponse b. Les rayons qui émergent de la lentille sont d'autant plus convergents qu'ils se croisent à proximité du centre optique donc plus la distance focale est petite.

▶ S'ENTRAÎNER

4 Du plus chaud au plus froid

Plus un corps est chaud, plus le spectre de la lumière qu'il émet s'enrichit vers le bleu et le violet. Donc le spectre II, le plus riche en violet, correspond à la plus haute température. Le spectre I ne comporte que du rouge, il correspond donc à la plus faible température. Finalement, du plus chaud au plus froid (refroidissement), l'ordre des spectres est le suivant : II – IV – III – I.

5 La couleur des étoiles

La couleur de la lumière émise par une étoile renseigne sur sa température de surface. Plus la lumière s'enrichit en bleu, plus la température est élevée. Ainsi, la supergéante rouge Bételgeuse est moins chaude que la supergéante bleue Rigel.

6 Quel élément chimique ?

a. Le spectre contient six radiations dont les valeurs des longueurs d'onde en nm sont voisines de 445 ; 470 ; 490 ; 500 ; 585 ; 670.
b. Les valeurs des longueurs d'onde des raies du spectre sont proches de celles de l'hélium : c'est donc l'élément présent dans la source.

7 Année-lumière

La distance L parcourue par la lumière se propageant à la vitesse c pendant une durée Δt est $L = c \times \Delta t$.
Le nombre de secondes dans une année est :
$\Delta t = 365 \times 24 \times 3\,600 = 3{,}154 \times 10^7$ s.
Une année-lumière vaut donc :
$L = 3{,}00 \times 10^8 \times 3{,}154 \times 10^7 = 9{,}46 \times 10^{15}$ m.

> **À NOTER.**
> Contrairement à ce que pourrait laisser penser son nom, l'année-lumière est une unité de distance et pas une unité de temps.

8 Longueur d'onde

a. Pour classer les radiations, il faut tout d'abord exprimer les longueurs d'onde dans la même unité : le nanomètre est l'unité la plus adaptée.

Radiation	1	2	3	4
λ	450 nm	0,25 µm = 250 nm	$0{,}56 \times 10^{-3}$ mm = 560 nm	$9{,}5 \times 10^{-7}$ m = 950 nm

> **À NOTER.**
> 1 m = 10^9 nm ;
> 1 mm = 10^6 nm ;
> 1 µm = 10^3 nm

Par ordre croissant de longueur d'onde, le classement est donc : radiation 2 – radiation 1 – radiation 3 – radiation 4.
b. Une lumière monochromatique visible a une longueur d'onde comprise entre 400 nm et 800 nm ; c'est le cas des radiations 1 et 3. La radiation 2 a une longueur d'onde inférieure à 400 nm ; il s'agit donc d'un ultraviolet. La radiation 4 est un infrarouge car sa longueur d'onde est supérieure à 800 nm.

9 Miroirs perpendiculaires

a. On trace le rayon réfléchi par le premier miroir en respectant l'égalité de l'angle incident i et de l'angle réfléchi r. Ce rayon réfléchi devient rayon incident pour le second miroir. On trace alors le rayon réfléchi en respectant, au point d'incidence I', l'égalité de l'angle incident i' et de l'angle réfléchi r'.
b. On remarque que le rayon réfléchi par le second miroir est parallèle au rayon incident SI.

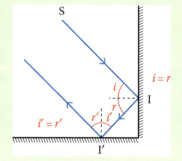

10 Fibre optique

La lumière se propage en ligne droite. Or, le tracé 1 est courbe, il ne peut donc pas convenir. La lumière se propage dans la fibre par une suite de réflexions. Chaque réflexion s'effectue de telle manière que l'angle incident et l'angle réfléchi sont égaux. Le tracé exact est donc le tracé 2.

11 Indice optique

L'indice optique du milieu transparent est : $n = \dfrac{c}{v} = \dfrac{3,00 \times 10^8}{2,46 \times 10^8} = 1,22$.

12 Réfraction air-diamant

a. L'angle d'incidence se mesure entre le rayon incident et la normale à la surface du diamant donc : $i_1 = 60°$. De même, l'angle de réfraction se mesure entre le rayon réfracté et la normale soit : $i_2 = 21°$.
b. La 2e loi de Snell-Descartes : $n_{air} \sin i_1 = n_{diamant} \sin i_2$ permet d'exprimer l'indice optique du diamant :
$n_{diamant} = \dfrac{n_{air} \sin i_1}{\sin i_2} = \dfrac{1,00 \times \sin 60°}{\sin 21°} = \dfrac{0,866}{0,258}$ soit $n_{diamant} = 2,42$.

13 Réfraction air-glycérine

a. Le rayon arrive avec un angle incident $i_1 = 45°$ et dévie de 16,2° donc l'angle de réfraction vaut $i_1 = 45° - 16,2° = 28,8°$.
b. La 2e loi de Snell-Descartes :
$n_{air} \sin i_1 = n_{glycérine} \sin i_2$ permet d'exprimer l'indice optique de la glycérine :
$n_{glycérine} = \dfrac{n_{air} \sin i_1}{\sin i_2} = \dfrac{1,00 \times \sin 45°}{\sin 28,8°} = \dfrac{0,707}{0,482}$ soit
$n_{glycérine} = 1,47$.

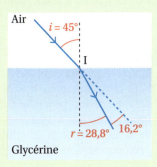

14 Déviation d'un faisceau laser par un prisme

a. La lumière subit deux déviations (ou réfractions) car elle passe de l'air dans le verre puis du verre dans l'air.
b. La lumière laser n'est pas décomposée lors de sa traversée du prisme donc il s'agit d'une radiation monochromatique. S'il s'agissait d'une lumière polychromatique, les différentes radiations monochromatiques la composant auraient été séparées (dispersées) lors de la traversée du prisme.

15 Dispersion de la lumière par un prisme

a. L'expérience de décomposition de la lumière blanche démontre le caractère polychromatique de cette lumière.
b. L'indice optique du prisme a une valeur différente pour chaque radiation monochromatique (on dit que n est fonction de la longueur d'onde) et par conséquent pour un même angle incident, les radiations ne sont pas réfractées de la même manière et elles se séparent (se dispersent).

c. Lors de la première réfraction, la radiation jaune est plus déviée que la rouge : pour un même angle d'incidence i_1 dans l'air, i_2(jaune) $> i_2$(rouge). La 2e loi de Snell-Descartes $n_1 \sin i_1 = n_2 \sin i_2$, permet d'exprimer l'angle de réfraction i_2 dans le verre :
$n_2 = \dfrac{n_1 \sin i_1}{\sin i_2} = \dfrac{1,00 \times \sin i_1}{\sin i_2} = \dfrac{\sin i_1}{\sin i_2}$.

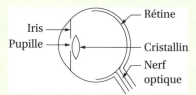

L'angle i_1 est le même pour toutes les radiations monochromatiques donc :
n_2(jaune) $= \dfrac{\sin i_1}{\sin i_2(\text{jaune})}$ et n_2(rouge) $= \dfrac{\sin i_1}{\sin i_2(\text{rouge})}$.

i_2(jaune) $> i_2$(rouge) donc $\sin i_2$(jaune) $> \sin i_2$(rouge) d'où : n_2(jaune) $< n_2$(rouge). L'indice optique du prisme est défini par la relation : $n_2 = \dfrac{c}{v_2}$
donc v_2(rouge) $= \dfrac{c}{n_2(\text{rouge})}$ et v_2(jaune) $= \dfrac{c}{n_2(\text{jaune})}$.

L'inégalité n_2(jaune) $< n_2$(rouge) conduit finalement à v_2(jaune) $> v_2$(rouge). La radiation jaune se propage plus vite dans le prisme que la radiation rouge.

16 La plus convergente

Une lentille est d'autant plus convergente que sa distance focale est petite donc la lentille L_1 de distance focale $f'_1 = 0,25$ m $= 25$ cm est moins convergente que la lentille L_2 de distance focale $f'_2 = 4$ cm.

17 L'œil

a. Voir le schéma complété ci-contre.
b. Le cristallin est une lentille convergente.
c. Le processus permettant d'obtenir une image nette sur la rétine grâce au réglage de la distance focale du cristallin s'appelle l'accommodation.

À NOTER

L'iris (partie colorée de l'œil) est un diaphragme qui s'ouvre d'autant plus que l'intensité lumineuse est faible. La pupille (disque noir au centre de l'œil) est l'ouverture de l'iris, laissant passer les rayons lumineux.

18 Image réelle formée par une lentille

a. La construction à l'échelle ½ est la suivante.

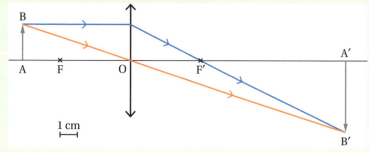

b. L'image est réelle puisque les rayons formant le point B' se coupent réellement.

c. On constate sur la construction graphique que l'image se forme à 12 cm de la lentille. Pour l'observer nettement, il faut donc placer à 12 cm derrière la lentille, un écran perpendiculaire à l'axe optique.

d. L'image est renversée et mesure 4 cm, elle est donc 2 fois plus grande que l'objet de 2 cm. Le grandissement vaut donc $\gamma = -2$.

À NOTER
d. Un manque de précision dans le tracé des rayons peut engendrer une différence importante sur la position de l'image et sur son grandissement.

e. Les triangles OAB et OA'B' sont homothétiques donc le théorème de Thalès s'applique : $\dfrac{A'B'}{AB} = \dfrac{OA'}{OA}$ avec OA' = 12 cm et OA = 6 cm. Par conséquent $\dfrac{A'B'}{AB} = \dfrac{12}{6} = 2$. L'image étant renversée, le grandissement est négatif et vaut donc $\gamma = -2$. On retrouve le résultat de la question **d**.

▶ OBJECTIF BAC

19 Détermination expérimentale d'un indice optique

a. Lorsque deux grandeurs sont proportionnelles, le rapport de leurs valeurs reste constant. Pour $i_1 = 20°$, $i_2 = 13°$ donc $\dfrac{i_1}{i_2} = \dfrac{20}{13} = 1,54$; pour $i_1 = 60°$, $i_2 = 35°$ donc $\dfrac{i_1}{i_2} = \dfrac{60}{35} = 1,71$. Les angles i_1 et i_2 ne sont donc pas proportionnels.

b. Les valeurs des sinus sont données dans le tableau suivant :

$\sin i_1$	0	0,17	0,34	0,50	0,64	0,77	0,87	0,94
$\sin i_2$	0	0,12	0,22	0,34	0,42	0,52	0,57	0,63

c. Pour tracer $\sin i_1$ en fonction de $\sin i_2$, on reporte les valeurs de $\sin i_2$ en abscisse et celles de $\sin i_1$ en ordonnée. L'alignement des points permet de tracer une droite moyenne qui passe au milieu de l'ensemble des points.

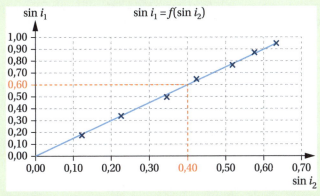

d. Le graphe montre que les points expérimentaux sont pratiquement alignés, ce qui confirme que $\sin i_1$ et $\sin i_2$ sont deux grandeurs proportionnelles.

> **À NOTER**
> Deux grandeurs proportionnelles sont liées par une fonction linéaire dont le graphe est une droite passant par l'origine.

e. On applique la 2e loi de Snell-Descartes : $n_1 \sin i_1 = n_2 \sin i_2$.
Le milieu 1 étant l'air d'indice $n_1 = 1{,}0$, la relation de Snell-Descartes s'écrit :
$1{,}0 \times \sin i_1 = n_2 \sin i_2$ où n_2 est l'indice du verre.
Le coefficient de proportionnalité est déterminé en utilisant la droite passant au plus près des points expérimentaux : n_2 est calculé partir des valeurs (en orange) lues sur la droite moyenne :
$n_2 = \dfrac{\sin i_1}{\sin i_2} = \dfrac{0{,}60}{0{,}40} = 1{,}5$. L'indice optique du verre est $n_2 = 1{,}5$.

20 Détermination d'une distance focale

a. On trace le rayon 1 émis par le point objet B et passant par le centre optique O de la lentille mince ; ce rayon n'est pas dévié. L'intersection du rayon 1 avec la droite (D) perpendiculaire à l'axe optique au point A' est le point image B' recherché.

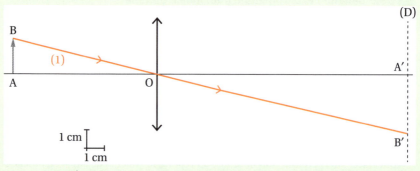

b. Le rayon 2 issu de B, parallèle à l'axe optique émerge de la lentille en passant par le point image B' (dont on connaît la position). Son intersection avec l'axe optique est tout simplement le foyer image F'. La distance focale OF' mesurée sur la construction vaut environ 5 cm (en tenant compte de l'échelle 1/2).

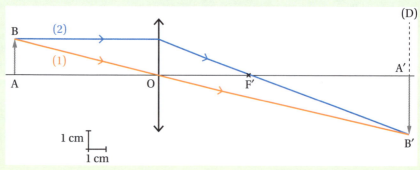

ONDES ET SIGNAUX

Signaux et capteurs électriques

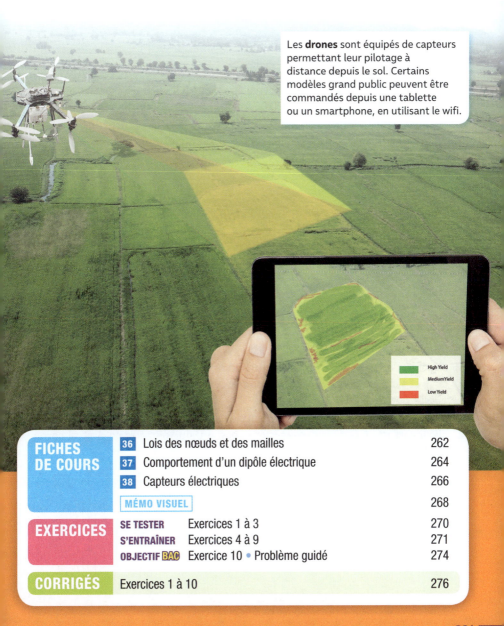

Les **drones** sont équipés de capteurs permettant leur pilotage à distance depuis le sol. Certains modèles grand public peuvent être commandés depuis une tablette ou un smartphone, en utilisant le wifi.

FICHES DE COURS		
36	Lois des nœuds et des mailles	262
37	Comportement d'un dipôle électrique	264
38	Capteurs électriques	266
	MÉMO VISUEL	268

EXERCICES		
SE TESTER	Exercices 1 à 3	270
S'ENTRAÎNER	Exercices 4 à 9	271
OBJECTIF BAC	Exercice 10 • Problème guidé	274

CORRIGÉS		
	Exercices 1 à 10	276

36 Lois des nœuds et des mailles

En bref *Dans tout circuit électrique, qu'il soit en série ou bien en dérivation, l'intensité et la tension électriques sont régies par la loi des nœuds et la loi des mailles.*

I Loi des nœuds

■ L'**intensité** I d'un courant électrique traversant un dipôle se mesure à l'aide d'un ampèremètre monté en série. Elle s'exprime en ampères (A).

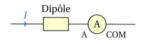

■ **Sens conventionnel du courant** : le courant électrique circule de la borne positive vers la borne négative du générateur, à l'extérieur de celui-ci.

■ Les dipôles d'une **même branche** sont traversés par un courant électrique de **même intensité**. Un nœud est un point d'intersection de plusieurs branches.

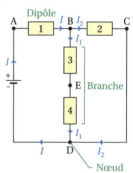

■ **Loi des nœuds** : la somme des intensités des courants entrants dans un nœud est égale à la somme des intensités des courants sortants du nœud.

Exemple : Un courant d'intensité I_1 circule dans les dipôles 3 et 4 de la branche BED. Au nœud B ou au nœud D : $I = I_1 + I_2$.

II Loi des mailles

■ La **tension** électrique entre deux points A et B se mesure à l'aide d'un voltmètre branché en dérivation. Elle se note U_{AB} et s'exprime en volts (V). Elle se représente par une flèche dont la pointe est en A.

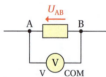

■ La tension est une **grandeur algébrique** : $U_{AB} = -U_{BA}$.
Pour mesurer U_{AB}, il faut connecter la borne V du voltmètre en A et sa borne COM en B.

■ Une **maille** est une boucle fermée.

■ **Loi des mailles** : la somme algébrique des tensions électriques dans une maille est nulle.

Exemple : Dans la maille ABED, la loi s'exprime :
$U_{AD} - U_{AB} - U_{BE} - U_{ED} = 0$ et par conséquent :
$U_{AD} = U_{AB} + U_{BE} + U_{ED}$

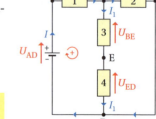

> **À NOTER**
> La valeur de la tension aux bornes d'un fil de connexion peut être considérée comme nulle.

Méthode

Appliquer les lois des mailles et des nœuds

Dans le montage ci-contre, on dispose des valeurs des tensions suivantes :

$U_{AB} = 2{,}7$ V, $U_{BE} = 1{,}4$ V et $U_{EF} = 1{,}9$ V.

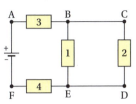

Par ailleurs, l'intensité du courant électrique traversant le dipôle 1 est $I_1 = 0{,}25$ A et celle du courant traversant le dipôle 2 est $I_2 = 0{,}38$ A.

Déterminer la valeur de :
a. la tension délivrée par la pile ; **b.** la tension aux bornes du dipôle 2 ;
c. l'intensité I du courant débité par la pile ; **d.** l'intensité du courant traversant les dipôles 3 et 4.

CONSEILS

a. Appliquez la loi des mailles en mettant en œuvre la procédure suivante :
Étape 1. Repérez la maille du circuit dans laquelle se trouve la tension que vous souhaitez déterminer et choisissez un sens positif pour cette maille (de préférence celui correspondant au sens du courant électrique).
Étape 2. Représentez les tensions aux bornes de chaque dipôle de la maille par une flèche orientée vers la borne positive du générateur.
Étape 3. Les tensions représentées par une flèche allant dans le sens positif de la maille sont affectées d'un signe + et les autres d'un signe –.
b. Un dipôle est un élément d'un circuit électrique possédant deux bornes de connexion (lampe, pile…). Remarquez que les dipôles 1 et 2 sont en dérivation.
c. Appliquez la loi des nœuds.
d. Utilisez l'unicité de l'intensité électrique dans une branche.

SOLUTION

a. Loi des mailles appliquée à ABEF :

$U_{AF} - U_{AB} - U_{BE} - U_{EF} = 0$.

Soit : $U_{AF} = U_{AB} + U_{BE} + U_{EF}$
donc $U_{AF} = 2{,}7 + 1{,}4 + 1{,}9 = 6{,}0$ V.

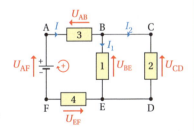

b. Les branches BE et CD sont en dérivation donc : $U_{CD} = U_{BE} = 1{,}4$ V.
Le dipôle 2 est soumis à une tension de 1,4 V.

c. Au nœud B, la loi des nœuds s'exprime : $I = I_1 + I_2$ et par conséquent le générateur débite un courant d'intensité : $I = 0{,}25 + 0{,}38 = 0{,}63$ A.

d. Le dipôle 3 et le dipôle 4 appartiennent à la même branche EFAB que le générateur. L'intensité du courant les traversant est donc : $I = 0{,}63$ A.

Signaux et capteurs électriques

37 Comportement d'un dipôle électrique

En bref La tension U_{AB} aux bornes d'un dipôle électrique et l'intensité I du courant qui le traverse ne sont pas indépendantes. La relation existant entre U_{AB} et I caractérise le fonctionnement du dipôle.

I Caractéristique tension-courant d'un dipôle

■ La **caractéristique tension-courant** d'un dipôle AB est la courbe représentant l'évolution de la tension U_{AB} entre ses bornes en fonction de l'intensité I du courant qui le traverse.

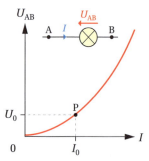

Lampe à incandescence **Diode**

■ Inséré dans un circuit, un dipôle est traversé par un courant d'intensité I_0 et la tension entre ses bornes prend la valeur U_0. Le point P de coordonnées $(I_0 ; U_0)$ sur la caractéristique est appelé **point de fonctionnement** du dipôle.

II Dipôle ohmique

■ Les dipôles ohmiques sont caractérisés par une relation de proportionnalité entre l'intensité du courant qui les traverse et la tension entre leurs bornes. Le coefficient de proportionnalité est appelé **résistance** R du dipôle ohmique. C'est la **loi d'Ohm** :

$$U_{AB} = R \times I \quad \begin{array}{l} U_{AB} \text{ en V} \\ I \text{ en A} \\ R \text{ en ohms } (\Omega) \end{array}$$

■ La **caractéristique** d'un dipôle ohmique est une droite passant par l'origine, de coefficient directeur (ou pente) égal à R.

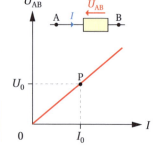

À NOTER
Plus un dipôle ohmique a une résistance élevée et plus il s'oppose au passage du courant.

COURS & MÉTHODES

Méthode

Déterminer un point de fonctionnement

a. Déterminer la résistance R_1 du dipôle ohmique dont la caractéristique est présentée ci-contre.

b. Compléter cette caractéristique en traçant celle d'un dipôle ohmique de résistance : $R_2 = 150\ \Omega$.

c. On monte les deux résistances R_1 et R_2 en dérivation avec un générateur délivrant une tension : $U_{AB} = 6{,}0$ V. Déterminer le point de fonctionnement de chacun des deux dipôles ohmiques.

d. Quelle est l'intensité débitée par le générateur ?

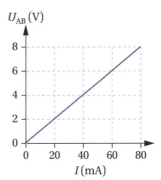

 CONSEILS

a. Déterminez le coefficient directeur de la caractéristique.
b. L'équation de la droite caractéristique est la loi d'Ohm.
c. Utilisez la valeur de la tension appliquée aux dipôles pour déterminer graphiquement les points de fonctionnement et leurs coordonnées.
d. Appliquez la loi des nœuds.

SOLUTION

a. L'équation de la caractéristique est : $U_{AB} = R_1 \times I$. On peut choisir le point d'abscisse : $I = 20$ mA $= 0{,}020$ A dont l'ordonnée est : $U_{AB} = 2{,}0$ V. D'où :
$R_1 = \dfrac{U_{AB}}{I} = \dfrac{2{,}0}{0{,}020} = 100\ \Omega$.

b. La caractéristique est une droite d'équation : $U_{AB} = R_2 \times I$. Elle passe par le point origine et par le point d'abscisse $I = 20$ mA $= 0{,}020$ A dont l'ordonnée est : $U_{AB} = R_2 \times I = 150 \times 0{,}020 = 3{,}0$ V.

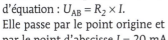

c. Les deux dipôles sont soumis à la tension : $U_{AB} = 6{,}0$ V. Graphiquement, les points de fonctionnement sont : $P_1(60$ mA ; $6{,}0$ V$)$ et $P_2(40$ mA ; $6{,}0$ V$)$.

d. La loi des nœuds s'exprime : $I = I_1 + I_2$ avec $I_1 = 60$ mA et $I_2 = 40$ mA (abscisses des points de fonctionnement). Le générateur débite donc un courant d'intensité : $I = 60 + 40 = 100$ mA.

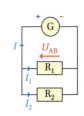

Signaux et capteurs électriques

38 Capteurs électriques

En bref Les objets de la vie quotidienne renferment des capteurs de toutes sortes qui permettent de recueillir de l'information pour la traiter, notamment des capteurs électriques résistifs.

I Exemples de capteurs électriques

■ Un **capteur** électrique est un dispositif qui transforme une grandeur physique observée (température, intensité lumineuse, pression…) en un signal électrique. Il est associé à un système d'acquisition et de traitement du signal permettant de mesurer la grandeur et de commander un autre dispositif en conséquence.

Exemple : Capteur de température déclenchant un système de chauffage

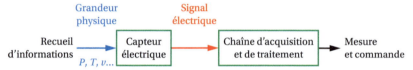

■ Les **objets de la vie quotidienne** contiennent de multiples capteurs permettant d'effectuer des mesures et de communiquer avec l'environnement.

Exemple : Capteurs d'un smartphone

II Capteurs électriques résistifs

■ Un **capteur** résistif est un composant électrique dont **la résistance varie** avec une grandeur physique : température, intensité lumineuse, pression…

■ Pour mesurer indirectement la grandeur physique recherchée à l'aide du capteur résistif, il faut au préalable tracer une **courbe d'étalonnage**.

Exemple : Courbe d'étalonnage d'une thermistance (ci-contre).

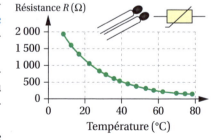

COURS & MÉTHODES

Méthode

Tracer et exploiter la courbe d'étalonnage d'un capteur résistif

Un capteur de luminosité comprend un composant appelé photorésistance, de symbole , se comportant comme un dipôle ohmique dont la résistance R est fonction de l'éclairement E (grandeur exprimée en lux).
Pour étalonner la photorésistance, une série de mesures est effectuée :

E (lux)	10	20	30	50	100
R (kΩ)	100	46	30	21	15

a. Tracer la courbe d'étalonnage de la photorésistance. La résistance est-elle proportionnelle à l'éclairement ?

b. Le capteur a pour fonction d'allumer un système d'éclairage public lorsque l'éclairement ambiant passe en dessous d'un seuil de 30 lux. Estimer l'incertitude sur la détection du seuil sachant que la valeur de la résistance de la photorésistance est mesurée à ± 2 kΩ près.

c. Sans faire de mesure, indiquer si cette incertitude serait inchangée, augmentée ou diminuée si le seuil était choisi à 50 lux au lieu de 30 lux.

> **CONSEILS**
> **a.** Utilisez un tableur-grapheur.
> **b.** Exploitez la courbe tracée en **a.** pour déterminer la valeur de la résistance R correspondant au seuil de luminosité et l'incertitude sur la détection du seuil.
> **c.** Observez, sans faire de calcul, l'évolution de la pente de la courbe.

SOLUTION

a. La courbe d'étalonnage n'est pas une droite passant par l'origine.
R n'est donc pas proportionnelle à E.

b. Pour $E = 30$ lux, $R = 30$ kΩ. Avec l'incertitude de 2 kΩ, cela signifie que : 28 kΩ < R < 32 kΩ.
Pour $R = 28$ kΩ, $E = 32$ lux et pour $R = 32$ kΩ, $E = 28$ lux donc E est déterminé à ± 2 lux près : $E = 30 ± 2$ lux.

c. On remarque que pour 50 lux, la courbe d'étalonnage est moins pentue, donc une incertitude de 2 kΩ entraînerait une incertitude très supérieure à ± 2 lux sur le seuil.

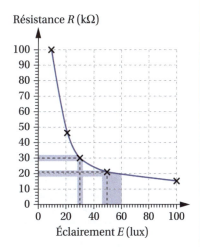

Signaux et capteurs électriques

MÉMO VISUEL

Lois des circuits électriques

- **Lois des nœuds**
  La somme des intensités qui entrent en un nœud est égale à la somme des intensités sortantes.
  Exemple : $I_1 = I_2 + I_3 + I_4$

- **Unicité de l'intensité**
  L'intensité est la même en tout point d'une branche.

- **Loi des mailles**
  Dans une maille, la somme algébrique des tensions est nulle.
  Exemple : $U_{AE} - U_{AB} - U_{BC} - U_{CE} = 0$

SIGNAUX ET

Comportement d'un dipôle électrique

- **Caractéristique tension-courant** : représentation graphique de la relation entre I (en abscisse) et U_{AB} (en ordonnée)
  Exemple : Caractéristique d'une varistance

- **Dipôle ohmique**
  Il respecte la **loi d'Ohm** :
  $$U_{AB} = R \times I$$
  avec U_{AB} en V ; I en A ; R en Ω.
  Sa caractéristique est une droite passant par l'origine dont le coefficient directeur (pente) est R.

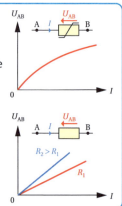

CAPTEURS ÉLECTRIQUES

Capteurs électriques dans la vie quotidienne

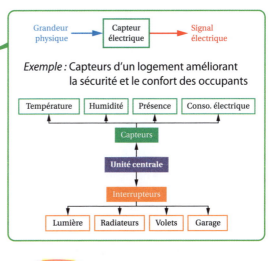

Capteurs résistifs

- Sa **résistance varie** avec une grandeur physique.
- La **courbe d'étalonnage** donne la relation entre la résistance du capteur et la grandeur à mesurer.

Exemple : Courbe d'étalonnage d'un capteur de pression

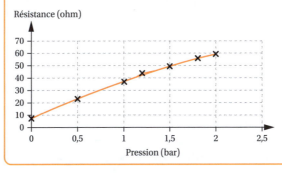

Signaux et capteurs électriques

▶ SE TESTER QUIZ

Vérifiez que vous avez bien compris les points clés des **fiches 36 à 38**.

1 Lois des nœuds et des mailles → FICHE 36

1. Le volt est l'unité internationale :
☐ **a.** d'énergie ☐ **b.** de tension électrique ☐ **c.** d'intensité électrique

2. L'ampère est l'unité internationale :
☐ **a.** d'énergie ☐ **b.** de tension électrique ☐ **c.** d'intensité électrique

3. Un ampèremètre se connecte :
☐ **a.** en série ☐ **b.** en dérivation

4. Un voltmètre se connecte :
☐ **a.** en série ☐ **b.** en dérivation

5. Parmi les affirmations suivantes, lesquelles sont vraies ?
☐ **a.** Un circuit en série ne comporte qu'une seule maille.
☐ **b.** La somme algébrique des intensités électriques dans une maille est nulle.
☐ **c.** La somme des intensités des courants arrivant à un nœud est égale à la somme des intensités des courants qui en repartent.

2 Comportement d'un dipôle électrique → FICHE 37

1. L'allure de la caractéristique tension-courant d'un dipôle ohmique est :
☐ **a.** ☐ **b.** ☐ **c.**

2. L'unité de résistance électrique est :
☐ **a.** le volt ☐ **b.** l'ampère ☐ **c.** l'ohm

3 Capteurs électriques → FICHE 38

1. Un capteur électrique convertit une grandeur physique en signal :
☐ **a.** électrique ☐ **b.** sonore ☐ **c.** lumineux

2. La résistance d'un capteur résistif est :
☐ **a.** invariable ☐ **b.** dépendante d'une grandeur physique

3. La courbe d'étalonnage d'un capteur résistif :
☐ **a.** donne ses dimensions ☐ **b.** est toujours une droite
☐ **c.** représente l'évolution de sa résistance en fonction d'une grandeur physique

S'ENTRAÎNER

4 Lampes en série ou en dérivation
→ FICHE 36

On dispose de trois lampes L_1, L_2 et L_3 ayant exactement les mêmes caractéristiques. Leur tension nominale est 6,0 V. On réalise ces deux montages avec une alimentation stabilisée fournissant une tension constante de 6,0 V.

MOT CLÉ
La **tension nominale** d'une lampe est la tension à appliquer à ses bornes pour qu'elle s'allume normalement.

Montage I

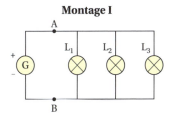

Montage II

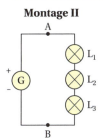

a. Comparer la luminosité des lampes de chaque montage.

b. Quelle information fournit la loi des nœuds pour le montage I ? Quelle donnée faudrait-il en plus pour connaître l'intensité électrique traversant une lampe ?

c. Comment évolue la luminosité des lampes du montage I si l'une des lampes grille ? Reprendre la question pour le montage II.

d. Comment évolue la luminosité des lampes du montage I si la lampe L_3 est court-circuitée ? Reprendre la question pour le montage II.

5 Dipôle ohmique
→ FICHE 37

a. La tension aux bornes d'un dipôle ohmique traversé par un courant de 250 mA est 12 V. Déterminer la résistance de ce conducteur ohmique.

b. Déterminer l'intensité du courant traversant ce dipôle si on lui applique une tension de 24 V.

c. Déterminer la tension aux bornes de ce dipôle si l'intensité du courant le traversant est 150 mA.

6 Circuit en série
→ FICHES 36 et 37

Un circuit en série est constitué d'une pile PN, d'un moteur AB et d'un dipôle ohmique BC. Ce circuit comporte également les appareils permettant de mesurer l'intensité I du courant délivré par la pile, ainsi que les tensions U_{PN} et U_{AB}. Les indications données par les appareils sont positives :

$I = 0,20$ A ; $U_{PN} = 4,1$ V ; $U_{AB} = 2,6$ V.

a. Schématiser le circuit avec les appareils de mesure et leurs bornes (A ou V et COM) et les tensions aux bornes de chaque dipôle. Indiquer le sens du courant.

Signaux et capteurs électriques

b. Quelle est la valeur de la tension aux bornes du dipôle ohmique ?
c. Quelle est la valeur de l'intensité traversant le moteur et le dipôle ohmique ?
d. Déterminer la valeur de la résistance R du dipôle ohmique.

7 Lampe à incandescence

→ FICHES **36** et **37**

On réalise un montage permettant de faire varier l'intensité I du courant traversant une lampe à incandescence L. Pour quelques valeurs de l'intensité, on mesure la tension U_{AB} aux bornes de la lampe.

I (mA)	0	16	35	51	58	66	80	89	95	102
U (V)	0	0,25	0,88	1,72	2,16	2,72	3,76	4,72	5,28	6,00

À partir de ces valeurs, on trace la caractéristique tension-courant suivante :

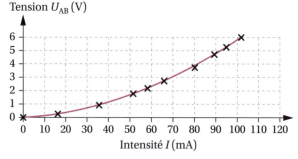

a. La lampe à incandescence se comporte-t-elle comme un conducteur ohmique ?
b. Le filament de la lampe est un fil de tungstène dont la température augmente rapidement avec l'intensité du courant qui le traverse.
En exploitant le tableau de mesure fourni, montrer que la résistance de la lampe augmente avec la température du filament.
c. On réalise les montages suivants avec des lampes ayant toutes la même caractéristique. Le générateur fournit une tension stabilisée de 4,5 V. Pour chaque montage, déterminer la valeur de l'intensité du courant débité par le générateur.

Montage I

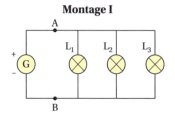

Montage II

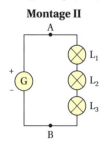

8 Point de fonctionnement

→ FICHES 36 et 37

On considère une pile qui fournit une tension U_{AB} et un courant d'intensité I. La tension U_{AB} n'est pas constante, elle dépend de l'intensité selon la relation :

$$U_{AB} = -r \times I + E \text{ avec } r = 5{,}0\ \Omega \text{ et } E = 9{,}0\ V.$$

a. Quelle est la tension aux bornes de la pile lorsqu'elle ne débite pas de courant ?

b. Quelle serait l'intensité maximale I_{max} que pourrait fournir cette pile si on la court-circuitait ?

c. Tracer l'allure de la caractéristique tension-intensité de la pile en expliquant.

d. On branche la pile sur un dipôle ohmique de résistance $R = 10\ \Omega$. Tracer sur le même graphique les caractéristiques de la pile et du dipôle ohmique, en respectant les échelles suivantes : 1 cm pour 0,1 A et 1 cm pour 1 V.

e. Déterminer le point de fonctionnement graphiquement en expliquant la méthode.

f. Retrouver les coordonnées du point de fonctionnement par le calcul en utilisant l'équation de la caractéristique de la pile et celle du dipôle ohmique.

> 👍 **CONSEILS**
> **f.** Il s'agit de résoudre un système de deux équations à deux inconnues (la tension et l'intensité).

9 Capteur de force

→ FICHE 38

L'évolution de la résistance R d'un capteur résistif de force est modélisée par l'équation : $R = \dfrac{b}{F}$ où F est l'intensité de la force (exprimée en newtons) appliquée au capteur et b une constante positive. Ce capteur ainsi modélisé est utilisable pour des forces d'intensité comprise entre 0,2 et 20 N.

a. Si ce capteur est intégré dans une balance « électronique », quelle en sera la portée maximale ?

b. Déterminer la valeur de b sachant que pour une force de 2,0 N, la résistance du capteur est 5,0 kΩ.

c. On dit que la résistance du capteur est inversement proportionnelle à la force appliquée. Expliquer ce que cela signifie.

> 👍 **CONSEILS**
> **b.** Attention à l'unité de b.

Signaux et capteurs électriques

▶ OBJECTIF BAC

10 Thermistance
40 min

Ce problème permet d'exploiter la courbe d'étalonnage d'un capteur résistif et d'utiliser les lois de l'électricité, notamment la loi d'Ohm, pour expliquer le principe de la mesure d'une température.

🗎 LE PROBLÈME

Un capteur de température inséré dans un circuit de refroidissement du moteur d'un véhicule automobile contient une thermistance CTN dont la courbe d'étalonnage est fournie par le constructeur (document ci-dessous). CTN signifie *coefficient de température négatif*.

Document **Courbe d'étalonnage de la thermistance CTN**

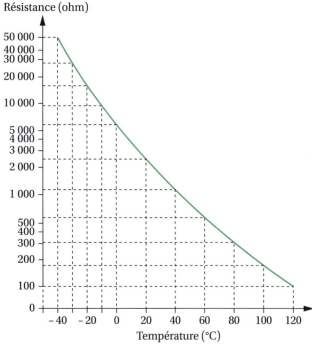

Dans le capteur, la thermistance est montée en série avec un dipôle ohmique de résistance $R_0 = 1{,}0$ kΩ et l'ensemble est soumis à une tension de 5,0 V.

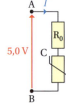

a. L'échelle des résistances choisie sur la caractéristique est-elle linéaire ?

b. Expliquer pourquoi la caractéristique fournie est bien en cohérence avec le sigle.

c. On note R la résistance de la thermistance. En appliquant la loi d'Ohm, montrer que $\dfrac{U_{AB}}{U_{AC}} = 1 + \dfrac{R}{R_0}$.

d. Expliquer comment la mesure de la tension U_{AC} permet une mesure indirecte de la température captée par la thermistance.

e. Déterminer les valeurs T_1 et T_2 de la température lorsque la tension U_{AC} prend respectivement les valeurs 2,5 V et 1,0 V.

f. Que peut-on dire de la précision des mesures de T_1 et T_2 ?

▶▶▶ **LA FEUILLE DE ROUTE**

a. Observer et analyser
Regardez la manière dont l'axe des ordonnées est gradué.

b. Extraire des informations d'un graphique
Observez l'évolution de la résistance de la thermistance et faites le lien avec signification du sigle CTN.

c. Utiliser les lois de l'électricité et réaliser des calculs littéraux   → FICHES 36 et 37
Utilisez la loi d'Ohm, l'unicité de l'intensité dans une branche et l'additivité des tensions. Dans les expressions, ne remplacez aucune grandeur par sa valeur numérique.

d. Raisonner   → FICHE 38
Identifiez les grandeurs constantes et les grandeurs variables dans l'expression littérale précédente. Faites le lien avec la courbe d'étalonnage.
Rédigez clairement votre raisonnement.

e. Réaliser des calculs et extraire des informations d'un graphique
Utilisez l'expression littérale pour extraire la grandeur électrique recherchée.
Utilisez la courbe d'étalonnage pour aboutir au résultat.

f. Faire preuve d'esprit critique   → FICHE 39
Identifiez la source principale de l'imprécision de la méthode mise en œuvre.

CORRIGÉS

▶ SE TESTER QUIZ

1 Lois des nœuds et des mailles

1. Réponse b. Le volt (V) est l'unité internationale de tension électrique.

2. Réponse c. L'ampère (A) est l'unité internationale d'intensité électrique.

> **À NOTER**
> **1.** et **2.** L'unité internationale d'énergie est le joule (J).

3. Réponse a. Un ampèremètre se connecte en série.

4. Réponse b. Un voltmètre se connecte en dérivation.

5. Réponses a et c. L'affirmation **b** est fausse car c'est la somme algébrique des tensions électriques dans une maille qui est nulle.

2 Comportement d'un dipôle électrique

1. Réponse b. La caractéristique tension-courant d'un dipôle ohmique est une droite passant par l'origine.

2. Réponse c. L'unité de résistance électrique est l'ohm tandis que le volt et l'ampère sont respectivement les unités de tension et d'intensité.

3 Capteurs électriques

1. Réponse a. Un capteur électrique convertit une grandeur physique en signal électrique. Le système d'acquisition et de traitement associé au capteur peut ensuite commander une alarme sonore ou lumineuse, par exemple.

2. Réponse b. L'intérêt d'un capteur résistif est que sa résistance dépend d'une grandeur physique (pression, température, etc.), permettant ainsi sa mesure.

3. Réponse c. La courbe d'étalonnage d'un capteur résistif représente l'évolution de sa résistance en fonction de la grandeur physique auquel il est sensible. Cette courbe est rarement une droite.

▶ S'ENTRAÎNER

4 Lampes en série ou en dérivation

a. Montage I : les trois lampes sont montées en dérivation sur le générateur. La tension à leurs bornes est donc 6,0 V.
Cette tension est la tension nominale, les trois lampes brillent donc normalement et de la même manière (puisqu'elles sont identiques).

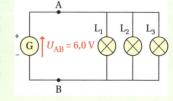

Montage II : les trois lampes sont montées en série avec le générateur. L'intensité I du courant qui les traverse est donc identique. Comme par ailleurs ces lampes ont des caractéristiques identiques, elles brillent de la même façon mais faiblement car la tension à leurs bornes est seulement un tiers de 6,0 V, soit 2,0 V.

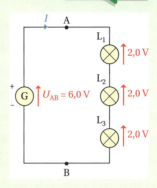

b. La loi de nœuds pour le **montage I** s'écrit :
$I = I_1 + I_2 + I_3$.
Les trois lampes sont identiques donc : $I_1 = I_2 = I_3$ et par conséquent : $I_1 = I_2 = I_3 = \dfrac{I}{3}$. Le courant d'intensité I se partage à parts égales entre les trois lampes.

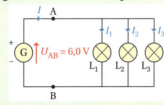

Pour connaître la valeur de l'intensité dans une lampe, il faudrait disposer de sa caractéristique tension-courant afin de déterminer le point de fonctionnement.

c. Montage I : si l'une des lampes grille, les deux autres sont encore soumises à la tension de 6,0 V et elles brillent donc encore normalement.

Montage II : si l'une des lampes grille, le circuit est ouvert, le courant ne peut plus circuler. Toutes les lampes s'éteignent.

d. Montage I : si la lampe L_3 est court-circuitée, les deux autres lampes sont également court-circuitées puisque le montage est en dérivation. En conséquence, la tension aux bornes des lampes étant nulle, celles-ci s'éteignent.

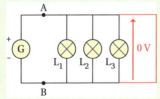

✎ À NOTER

d. Le générateur est également court-circuité. Le coupe-circuit (ou le fusible) dont il est équipé va jouer son rôle pour éviter un échauffement de l'appareil.

Montage II : si la lampe L_3 est court-circuitée, la tension à ses bornes devient nulle et la lampe s'éteint. Le générateur n'alimente plus que les deux autres lampes, chacune sous 3,0 V puisqu'elles sont identiques. Les lampes L_1 et L_2 brillent donc davantage mais pas normalement puisque la tension à leurs bornes reste inférieure à leur tension nominale de 6,0 V.

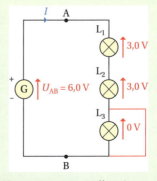

Signaux et capteurs électriques

5 Dipôle ohmique

a. D'après la loi d'Ohm : $U_{AB} = R \times I$ avec $U_{AB} = 12$ V et $I = 250$ mA $= 0,25$ A donc la résistance vaut : $R = \dfrac{U_{AB}}{I} = \dfrac{12}{0,25} = 48$ Ω.

b. La loi d'Ohm : $U_{AB} = R \times I$ conduit : à $I = \dfrac{U_{AB}}{R} = \dfrac{24}{48} = 0,50$ A.

> **À NOTER**
> **b.** La loi d'Ohm est une loi de proportionnalité entre U et I donc en doublant la tension appliquée (passage de 12 V à 24 V), l'intensité est également doublée (de 250 mA à 500 mA).

c. L'application de la loi d'Ohm avec $I = 150$ mA $= 0,15$ A donne :
$U_{AB} = R \times I = 48 \times 0,15 = 7,2$ V.

6 Circuit en série

a. Le montage en série avec les appareils de mesure est schématisé ci-contre. Le courant, partant de la borne + de la pile, doit entrer par la borne A de l'ampère-mètre mesurant l'intensité I. Le voltmètre mesurant la tension U_{PN} doit être branché en dérivation de telle manière que la borne V soit reliée au point P et la borne COM au point N. De la même manière, le voltmètre mesurant la tension U_{AB} doit être branché en dérivation de telle manière que la borne V soit en A et la borne COM en B.

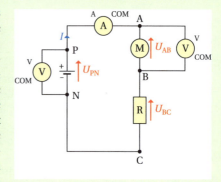

b. La loi des mailles s'exprime $U_{PN} - U_{AB} - U_{BC} = 0$.
Par conséquent la tension U_{BC} aux bornes du dipôle ohmique délivrée par la pile est telle que $U_{BC} = U_{PN} - U_{AB}$ donc $U_{BC} = 4,1 - 2,6 = 1,5$ V.

c. Le moteur et le dipôle ohmique sont montés en série avec la pile donc ils sont traversés par le même courant d'intensité $I = 0,20$ A.

d. D'après la loi d'Ohm : $U_{BC} = R \times I$ donc $R = \dfrac{U_{BC}}{I} = \dfrac{1,5}{0,20} = 7,5$ Ω.

7 Lampe à incandescence

a. La caractéristique tension-courant de la lampe n'est pas une droite passant par l'origine. Elle ne se comporte donc pas comme un dipôle ohmique.

b. La résistance de la lampe est le rapport : $R = \dfrac{U_{AB}}{I}$. En effectuant le calcul pour chaque couple de valeur du tableau, on obtient :

I (mA)	0	16	35	51	58	66	80	89	95	102
U (V)	0	0,25	0,88	1,72	2,16	2,72	3,76	4,72	5,28	6,00
R (Ω)	/	16	25	34	37	41	47	53	56	59

On constate que la valeur de la résistance croît avec la valeur I de l'intensité du courant, or la température du filament croît également avec I. On vérifie donc bien que la résistance de la lampe est fonction croissante de la température du filament.

c. Montage I. Les trois lampes sont en dérivation. Elles sont soumises à la même tension de 4,5 V. Par lecture graphique sur la caractéristique, on détermine l'intensité traversant chacune des lampes : $I_1 = I_2 = I_3 = 86$ mA.

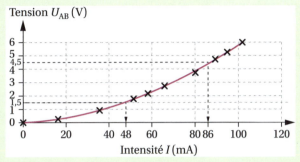

D'après la loi des nœuds, le générateur débite un courant d'intensité $I = I_1 + I_2 + I_3 = 3 \times 86$ mA $= 258$ mA.

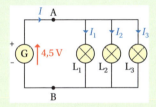

Montage II. Les trois lampes sont en série. L'intensité I du courant qui les traverse est donc identique. Comme par ailleurs ces lampes ont des caractéristiques identiques, la tension à leurs bornes est seulement un tiers de 4,5 V, soit 1,5 V.

Par lecture graphique sur la caractéristique, on détermine $I = 48$ mA. Le générateur débite donc un courant de 48 mA.

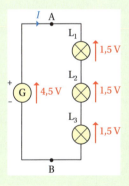

8 Point de fonctionnement

a. La tension délivrée par la pile s'exprime par la relation : $U_{AB} = -r \times I + E$. Lorsque la pile ne fournit pas de courant (en circuit ouvert) : $I = 0$ et par conséquent la tension aux bornes de la pile est : $U_{AB} = E = 9,0$ V.

b. Lorsqu'on court-circuite la pile, la tension à ses bornes est nulle. Par conséquent : $U_{AB} = -r \times I + E = 0$. L'intensité maximale est donc : $I_{max} = \dfrac{E}{r}$ soit $I_{max} = \dfrac{9,0}{5,0} = 1,8$ A.

Signaux et capteurs électriques

c. L'équation $U_{AB} = -r \times I + E$ où $U_{AB} = -5I + 9$ est du type $y = ax + b$ avec $a < 0$. Dans un graphique où I est l'abscisse et U_{AB} l'ordonnée, elle correspond à l'équation d'une droite décroissante dont l'ordonnée à l'origine est $E = 9{,}0$ V.
En utilisant la valeur de I_{max} (correspondant au point d'ordonnée nulle), on obtient l'allure ci-contre pour la caractéristique :

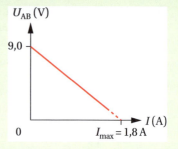

d. La caractéristique de la pile a pour équation :
$U_{AB} = -r \times I + E$ où $U_{AB} = -5I + 9$.
Il s'agit d'une droite passant par les points de coordonnées :
($I = 0$ A ; $U_{AB} = 9{,}0$ V) et ($I = 1{,}0$ A ; $U_{AB} = -5 \times 1{,}0 + 9 = 4{,}0$ V).
La caractéristique du dipôle ohmique a pour équation (loi d'Ohm) : $U_{AB} = R \times I$ avec $R = 10\ \Omega$. Il s'agit d'une droite passant par l'origine et par le point de coordonnées : ($I = 0{,}4$ A ; $U_{AB} = 10 \times 0{,}4 = 4{,}0$ V).

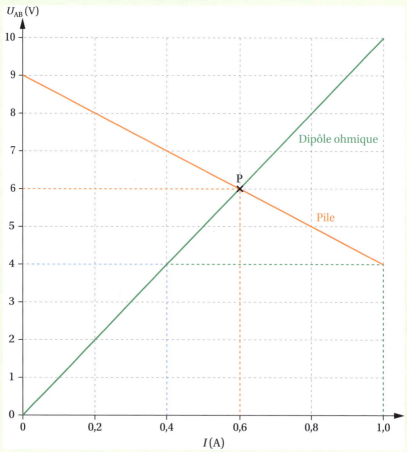

e. La pile et le dipôle ohmique sont traversés par le même courant et la tension à leurs bornes est identique. Le point de fonctionnement P correspond donc à l'intersection des deux caractéristiques.
Ces coordonnées sont ($I = 0,6$ A ; $U_{AB} = 10 \times 0,4 = 6,0$ V).

f. Les coordonnées du point de fonctionnement respectent simultanément les deux équations : $U_{AB} = -r \times I + E$ et $U_{AB} = R \times I$. Par conséquent : $R \times I = -r \times I + E$ donc $(R + r) \times I = E$ et finalement $I = \dfrac{E}{R+r} = \dfrac{9,0}{10+5} = 0,6$ A.
La tension vaut alors $U_{AB} = R \times I = 10 \times 0,6 = 6,0$ V.
On retrouve bien les coordonnées de P obtenues graphiquement : (0,6 A ; 6 V).

9 Capteur de force

a. Le capteur est utilisable pour une force maximale de 20 N. Pour déterminer la portée maximale de la balance, il faut rechercher la masse correspondant à un poids $P = 20$ N. Sachant que l'intensité de la pesanteur est $g = 9,8$ N kg^{-1}. On en déduit que la portée maximale de la balance est : $m_{max} = \dfrac{P}{g} = \dfrac{20}{9,8} = 2,0$ kg.

b. Le modèle mathématique représentant l'évolution de la résistance en fonction de l'intensité de la force est : $R = \dfrac{b}{F}$. Sachant que pour $F = 2,0$ N, la résistance du capteur est : $R = 5,0$ kΩ, on en déduit :
$b = F \times R = 2,0 \times 5,0 = 1,0 \times 10^1$ kΩ · N soit $b = 1,0 \times 10^4$ Ω · N.

c. La relation : $R = \dfrac{b}{F}$ peut aussi s'écrire : $R \times F = 1,0 \times 10^4$ Ω · N. La force et la résistance sont inversement proportionnelles. Cela signifie que lorsque la force est multipliée par un nombre n, la résistance est divisée par n.

▶ OBJECTIF BAC

10 Thermistance

a. On remarque que l'axe des ordonnées (résistance) n'est pas gradué de manière linéaire : l'échelle est plus grande pour les petites valeurs de résistance que pour les grandes valeurs. Il s'agit d'une échelle logarithmique.

b. On constate sur la courbe d'étalonnage que la résistance de la photorésistance décroît lorsque la température augmente. C'est cohérent avec le coefficient de température négatif (CTN).

c. Le conducteur ohmique de résistance R_0 et la thermistance de résistance R (dépendant de la température) sont montés en série et donc traversés par le même courant d'intensité I. La loi d'Ohm pour le conducteur ohmique s'exprime : $U_{AC} = R_0 \times I$ et pour la photorésistance : $U_{CB} = R \times I$.
Par ailleurs, la loi d'additivité des tensions permet d'écrire :
$U_{AB} = U_{AC} + U_{CB}$ donc on obtient :
$U_{AB} = R_0 \times I + R \times I = (R_0 + R) \times I$.
On obtient finalement : $\dfrac{U_{AB}}{U_{AC}} = \dfrac{(R_0 + R) \times I}{R_0 \times I}$ soit $\dfrac{U_{AB}}{U_{AC}} = 1 + \dfrac{R}{R_0}$.

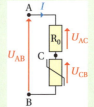

d. Dans l'expression précédente, les valeurs de la tension $U_{AB} = 5{,}0$ V et de la résistance $R_0 = 1{,}0$ kΩ sont des constantes du dispositif. En mesurant la tension U_{AC}, on peut en déduire par calcul la valeur de la résistance R. Une lecture graphique sur la courbe d'étalonnage, permet ensuite de déterminer la valeur de la température correspondante.

e. L'expression $\dfrac{U_{AB}}{U_{AC}} = 1 + \dfrac{R}{R_0}$ devient $\dfrac{R}{R_0} = \dfrac{U_{AB}}{U_{AC}} - 1$ soit $R = \left(\dfrac{U_{AB}}{U_{AC}} - 1\right) \times R_0$.

Pour $U_{AC} = 2{,}5$ V, $R = \left(\dfrac{5{,}0}{2{,}5} - 1\right) \times R_0 = (2 - 1) \times R_0 = R_0$ donc $R = 1{,}0$ kΩ.

Par lecture graphique, on obtient : $T_1 = 44$ °C.

Pour $U_{AC} = 1{,}0$ V, $R = \left(\dfrac{5{,}0}{1{,}0} - 1\right) \times R_0 = 4R_0$ donc $R = 4{,}0$ kΩ et par lecture graphique : $T_2 = 8$ °C.

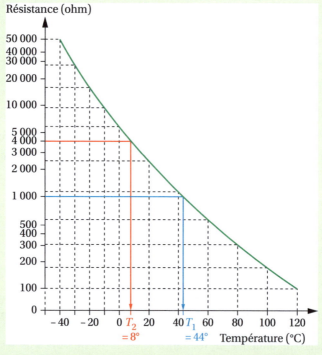

f. La courbe d'étalonnage fournie, compte tenu notamment de l'épaisseur du trait, ne permet pas d'obtenir les températures avec une grande précision. L'incertitude est de l'ordre de ±2 °C.

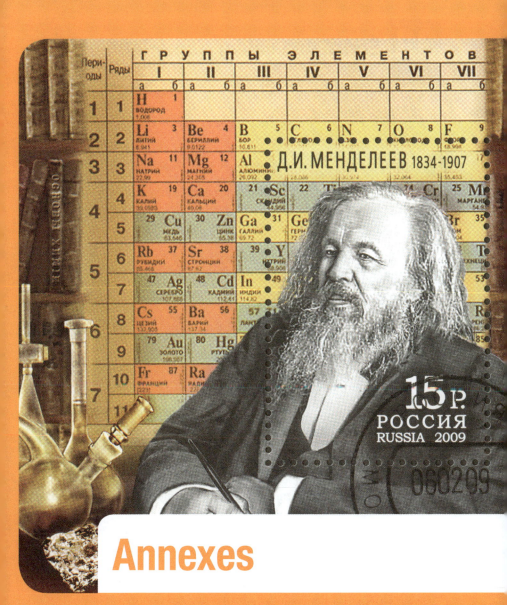

Annexes

39 Écrire une valeur numérique

En bref Toute mesure est inévitablement entachée d'une incertitude qui dépend de l'appareil utilisé, de l'expérimentateur ou de la méthode suivie… Comment écrire raisonnablement la valeur numérique obtenue ?

I Écriture du résultat d'une mesure

■ L'incertitude absolue indique l'intervalle dans lequel se situe la valeur exacte de la grandeur mesurée.

Exemple : La valeur de la longueur L d'une feuille de format A4, mesurée à 1 mm près s'exprime :

$$L = 297 \pm 1 \text{ mm.}$$

Cela signifie que la valeur exacte de L est comprise entre 296 mm et 298 mm.

■ L'incertitude relative est égale au quotient de l'incertitude absolue sur la valeur de la mesure. Elle s'exprime en %.

Exemple : Pour $L = 297 \pm 1$ mm, l'incertitude relative sur la valeur de L est :

$$\text{incertitude relative} = \frac{\text{incertitude absolue}}{\text{valeur de la mesure}} = \frac{1}{297} = 0{,}0034 = 0{,}34\ \%.$$

II Chiffres significatifs

■ L'écriture de la valeur numérique d'une grandeur est donnée avec un nombre de chiffres significatifs en rapport avec l'incertitude liée à sa détermination.

Exemples :

• Si la largeur ℓ de 21 cm d'une feuille A4 est mesurée à 0,1 cm près (1 mm près), on écrit alors : $\ell = 21{,}0 \pm 0{,}1$ cm ou $\ell = 21{,}0$ cm. On dit que la valeur de la largeur mesurée est exprimée avec trois chiffres significatifs.

• Les trois écritures : 297 mm ; 29,7 cm et 0,297 m sont équivalentes. Elles comportent trois chiffres significatifs (le chiffre 0 placé à gauche ne compte pas).

■ Le résultat d'un calcul ne peut pas être plus précis que les données utilisées. Il doit être écrit avec le même nombre de chiffres significatifs que la donnée la moins précise.

Exemple : On calcule la surface S d'une feuille A4 de longueur : $L = 29{,}7$ cm et de largeur : $\ell = 21{,}02$ cm.

$$S = L \times \ell = 29{,}7 \times 21{,}02 = 624{,}294 \text{ cm}^2.$$

Les valeurs des données possédant respectivement trois et quatre chiffres significatifs, le résultat sera donc exprimé avec seulement trois chiffres significatifs, soit : $S = 624$ cm^2.

40 Utiliser la notation scientifique

En bref La notation scientifique permet d'identifier facilement le nombre de chiffres significatifs d'une valeur numérique et son ordre de grandeur.

I Notation scientifique

■ En notation scientifique, un nombre s'exprime sous la forme :

$$a \times 10^n$$

avec $1 \leq a < 10$ et n un nombre entier.

Exemples : $5\,270 = 5,27 \times 10^3$; $0,000\,268 = 2,68 \times 10^{-4}$.

■ En notation scientifique, le nombre de chiffres significatifs apparaît clairement.

Exemple : La valeur du diamètre de la Terre : $D_T = 12\,800$ km $= 1,28 \times 10^7$ m est écrite avec trois chiffres significatifs.

II Ordre de grandeur

■ L'ordre de grandeur est donné par la puissance de dix la plus proche de la valeur considérée. Il se détermine aisément à partir de la notation scientifique.

Exemples :
- L'ordre de grandeur du diamètre terrestre : $D_T = 1,28 \times 10^7$ m est 10^7 m.
- Une année-lumière vaut $9,461 \times 10^{15}$ m donc son ordre de grandeur est 10^{16} m ou encore 10^{13} km.

■ Pour comparer des ordres de grandeur, on calcule leur rapport.

Exemple : Le diamètre de Jupiter est : $D_J = 1,43 \times 10^8$ m. Son ordre de grandeur est donc 10^8 m. La comparaison avec le diamètre de la Terre est donnée par le rapport : $\dfrac{10^8}{10^7} = 10$. Jupiter est environ 10 fois plus grosse que la Terre.

III Calculs avec les puissances de dix

■ Multiplication : $(a \times 10^n) \times (b \times 10^m) = a \times b \times 10^{n+m}$

Exemples : $1,7 \times 10^2 \times 2,1 \times 10^3 = 1,7 \times 2,1 \times 10^{2+3} = 3,6 \times 10^5$

$7,5 \times 10^4 \times 3,2 \times 10^{-8} = 7,5 \times 3,2 \times 10^{4-8} = 24 \times 10^{-4} = 2,4 \times 10^{-3}$

■ Division : $\dfrac{(a \times 10^n)}{(b \times 10^m)} = \dfrac{a}{b} \times 10^{n-m}$

CONSEILS
Vous devez maîtriser les calculs avec les puissances de dix.

Exemple : $\dfrac{5,32 \times 10^7}{2,17 \times 10^3} = \dfrac{5,32}{2,17} \times 10^{7-3} = 2,45 \times 10^4$

INDEX

A

action à distance	171
action de contact	171
alcalin	60
amplitude	218
anion	78
atome	56, 78

C

caisse de résonance	216
capteur électrique	266
capteur résistif	266
caractéristique tension-courant	264
cation	78
changement d'état	102
chauffage à reflux	128
chromatographie	16, 128
chronophotographie	150
chute libre	196
composition massique	12
concentration	34
configuration électronique	58, 60
conservation des éléments chimiques	104, 124
conservation du nombre de charges	106
conservation du nombre de nucléons	106
constante d'Avogadro	84
constante de gravitation universelle	172
corps pur	12
couche externe	58, 78, 80
couche saturée	58, 80
courbe d'étalonnage	38, 266

D

décibel	220
diagramme objet-interactions	171
dilution	36
dipôle électrique	262
dipôle ohmique	264
dispersion de la lumière	242
dissolution	36
distance focale	244
dosage par étalonnage	38
doublet liant	78, 82
doublet non liant	82
duet	80

E

échelle de teintes	38
électron	56
électron de valence	58, 80
élément chimique	56
éluant	16
émission	216
endothermique	82, 102, 104
énergie de liaison	82
énergie massique de changement d'état	102
entité microscopique	78
entité stable	80
équilibre statique	194
espèce spectatrice	104, 124
exothermique	82, 102, 104

F

facteur de dilution	36
famille chimique	60
fission nucléaire	106
force	170
force d'interaction gravitationnelle	172
force exercée par un fil	174
force exercée par un support	174
formule brute	79
foyer	244
fréquence	218, 220
fusion nucléaire	106

G - H - I

gaz noble (ou rare)	60, 80
grandissement	244
hauteur	220
image	244
indice optique	240
intensité de pesanteur terrestre	174
intensité électrique	262, 264
intensité sonore	220
interactions	170
ion	56, 78
ion monoatomique	80
isotope	56, 106

L

lentille	244
liaison de covalence	78
loi des mailles	262
loi des nœuds	262

loi d'Ohm	264
lois de Snell-Descartes	240
longueur d'onde	238, 242

M

masse d'un atome	56
masse volumique	14
mélange hétérogène	12
mélange homogène	12
miscible	12
mole	84
molécule	78, 82
monochromatique	238, 242
mouvement accéléré	150
mouvement ralenti	150
mouvement rectiligne et uniforme	150, 194
mouvement uniforme	150

N

neutron	56
newton (unité)	170
nombre de masse	56
nombre stœchiométrique	126
noyau	56
nucléon	56
numéro atomique	56

O - P

octet	80
période	60, 220
poids	174
point de fonctionnement	264
polychromatique	238
principe des actions réciproques	170
principe d'inertie	192
prisme	242
produits de la transformation	104, 124
propagation	216
proton	56

Q - R

quantité de matière	84
réactif limitant	126
réactifs de la transformation	104, 124
réaction chimique	124
réaction totale	126
réception	217
référentiel	148
référentiel galiléen	192
référentiel terrestre	148

réflexion	240
réfraction	240
règle de stabilité	80
relativité du mouvement	148
repère d'espace	148
résistance	264, 266
révélation	16

S

schéma de Lewis	82
signal électrique	218, 266
signal sonore	216, 218, 220
solubilité	14
soluté	34
solution	34
solution aqueuse	34
solution saturée	14, 34
solvant	34
somme vectorielle	194
son audible	220
spectre lumineux	238, 242
stœchiométrie	126
synthèse chimique	128
système	148

T

tableau périodique	60
température d'ébullition	14
température de fusion	14
température de changement d'état	14
tension électrique	262, 264
test chimique	16
timbre	220
trajectoire	148
trajectoire circulaire	150
trajectoire curviligne	150
trajectoire rectiligne	150
transformation chimique	104, 124
transformation nucléaire	106
transformation physique	102
transmission	216

V

variation du vecteur vitesse	152, 196
vecteur déplacement	152
vecteur force	170
vecteur vitesse	152
vecteur vitesse instantanée	152
vecteur vitesse moyenne	152
vitesse de propagation	216, 238
vitesse moyenne	148

CRÉDITS PHOTOGRAPHIQUES

4	ph ©	Olga Popova/iStock/Getty Images Plus
5-m	ph ©	The Granger Collection, New York/Aurimages
5-b	ph ©	focus finder/Adobe Stock
6	ph ©	John White Photos/Getty Images
7	ph ©	NASA/ESA
9	ph ©	focus finder/Adobe Stock
11	ph ©	Nathalie Benguigui
33	ph ©	Frédéric Hanoteau/Archives Hatier
55	ph ©	Olga Popova/iStock/Getty Images Plus
77	ph ©	Steve Gschmeissner/SPL/Biosphoto
101	ph ©	The Granger Collection, New York/Aurimages
123	ph ©	focus finder/Adobe Stock
145	ph ©	John White Photos/Getty Images
147	ph ©	PVDE/Rue des Archives
169	ph ©	John White Photos/Getty Images
191	ph ©	Alexander_Chernyakov/Adobe Stock
215	ph ©	robertprzybysz/iStock/Getty Images Plus
237	ph ©	NASA/ESA
261	ph ©	ekkasit919/Adobe Stock
283	ph ©	Olga Popova/iStock/Getty Images Plus

Malgré nos efforts, il nous a été impossible de joindre les ayants-droit de certains documents pour solliciter l'autorisation de reproduction, mais nous avons naturellement réservé en notre comptabilité des droits usuels.

Iconographie : Hatier Illustration

Hatier s'engage pour l'environnement en réduisant l'empreinte carbone de ses livres. Celle de cet exemplaire est de :
1.1 kg éq. CO$_2$
Rendez-vous sur
www.hatier-durable.fr

PAPIER À BASE DE FIBRES CERTIFIÉES

Achevé d'imprimer par L.E.G.O. S.p.A. - Lavis (TN) - Italie
Dépôt légal : 05282 - 6/02 - Février 2020